音楽と政治

ポスト3・11クロニクル

宮入恭平

人文書院

音楽と政治　目次

音楽と政治——ポスト3・11クロニクル

まえがき

音楽と政治について語る前に、個人的な音楽経験について触れておこうと思う。一九六八年生まれの僕が音楽と出会ったのは、中学二年生だった一九八二年のことだ。もっとも、僕の人生に大きな影響を与えることになったのは、文字どおりの音楽と接していたのは確かなことだ。もちろん、それ以前から、その当時に出会った音楽だった。それは僕にとって特別なもので、それまで接してきた音楽、つまり、テレビやラジオから流れてくるようなものとは、およそ異なるものだった。そして、結果的に、その当時の音楽との出会いが、アイデンティティ形成と密接にかかわることになった。僕が音楽と出会った一九八〇年代は、軽薄短小が好まれる時代へと移行する過程にあった。世の中のさまざまな流行とともに、音楽作品もまた、そんな時代の波に呑み込まれることになった。そして、平穏な日常に溶け込んだ音楽は、無色透明で無味無臭なものになってしまった。

好むと好まざるとにかかわらず、市場経済のなかで音楽は商品として多くの人びとに消費されるようになった。もちろん、音楽に対する人びとの接し方は千差万別だが、文化産業がつくりだす消費財としての音楽は、売れるための商品にほかならない。そうであるためには、最大公約数の消費者に受け入れられる必要がある。そして、いつのまにか「音楽は中立的なものである」という「幻想」がまかりとおるようになってしまった。だからこそ、「音楽は政治的なものである」という「神話」が成り立つことにもなった。もっとも、災害、疫病や紛争といった有事の際には、平穏な日常に溶け込んだ音楽の価値は空疎なものになってしまう——二〇一一年三月一一日に発生した東日本大震災（3・11）以降に顕在化したさまざまな社会問題は、人びとが自明のものとして抱いていた音楽文化に対する価値基準を揺るがすことになった。

本書では、3・11によって露呈した、音楽と政治の近接性を探る作業を試みる。そのために、3・11を起点として、それ以前に起こった出来事との連続性を紐解きながら、音楽と政治の関係について、さまざまな角度と尺度（分野、時代、そして国境を超えて）から考察することになる。なお、本書で扱う「音楽」については、おもにポピュラー音楽が論点の中心に据え置かれることになる。また、「政治」については、英語のポリティクス（politics）やガバメント（government）と同義としたうえで、「人間集団における秩序の形成と解体をめぐって、人が他者に対して、また他者と共に行う営み。権力・政策・支配・自治にかかわる現象。主として国家の統治作用を指すが、それ以外の社会集団及び集団間にもこの概念は適用できる」とする、『広辞苑』第七版（岩波書店、二〇一八年）の説明に準じたものになる。

序章　カウンターカルチャーの思想

たったひとつの歌だけで、世界が変わることはないだろう。だけど、たとえそうだとしても、僕は歌いつづけるさ。

――ニール・ヤング[1]

いまなお語られる「音楽は政治的なものである」という文脈がつくられたのは、一九六〇年代末から七〇年代初頭にかけてのカウンターカルチャーの影響が大きい。その一方で、資本主義の限界が語られる昨今では、カウンターカルチャーが資本主義に回収され、高度消費社会を牽引してきたという批判的な評価もある。さらに、カウンターカルチャーの特性は、必ずしも左派的なものではないことさえ指摘されている。本章では、音楽と政治の関係を強固なものにした（であろう）カウンターカルチャーの思想を検証しながら、現在への連続性を探ることにする。

「この道しかない」のか？

イギリスの批評家マーク・フィッシャーは、二〇一七年一月に四八歳の若さでみずからの命を絶った。二〇〇九年に刊行された『資本主義リアリズム――「この道しかない」のか？』（*Capitalist Realism: Is There No Alternative?*）が日本語に翻訳されたのは、彼が亡くなった翌年の二〇一八年だった。彼が語る資本主義リアリズムとは、「資本主義が唯一の存続可能な政治・経済的制度であるのみならず、今やそれに対する論理一貫した代替物を想像することすら不可能だ、という意識が蔓延した状態[2]」を指している。彼がこの概念を提唱した二〇〇〇年代後半のイギリス社会には、「事態がよくないとわかっているが、それ以上に、この事態に対してなす術がないということを了解してしまっている」[3]という感覚、言い換えれば、再帰的無能感という諦念と無力感が蔓延していた。それは、イギリスの若者に共有されている暗黙の世界観でもあり、社会に巣食う病理とも無関係ではなかった。もちろん、そんな社会的病理が、資本主義リアリズムによってうながされたのは明らかだ。そもそも、資本主義リアリズムという言葉は、一九六〇年代にドイツのポップアートグループ[4]によって、また一九八四年にはコロンビア大学のマイケル・シャドソンの著書でも用いられている[5]。つまり、マーク・フィッシャーによる造語ではないものの、それまでの解釈（アートや広告）とは異なる文脈から、彼独自の再解釈を試みているというわけだ。そんな彼は、資本主義リアリズムの意味を的確にとらえている言葉として、アメリカの思想家フレドリック・ジェイムソンや、スロベニアの哲学者スラヴォイ・ジジェクが掲げる「資本主義の終わりより、世界の終わりを想像する方がたやすい」というスローガンをあげている[6]。資本主義リアリズムはイギリス社会を前提として描かれているものの、それが日本を含む後期資本主義の社会にも当てはまるのは言うまでもないことだ。

『資本主義リアリズム』の原著が刊行されたのは二〇〇九年、新自由主義の帰結とも呼べる世界的な金融危機をもたらすことになったリーマンショックが起こった翌年だった。それからおよそ一〇年の歳月を経た二〇一八年になってようやく、その翻訳書が日本で刊行されることになった。もっとも、原著の刊行から一〇年という時間の隔たりが、同書の内容を色あせたものにしているわけではない。むしろ、一〇年という歳月を経たからこそ、日本の社会情勢の変化が人びとに資本主義リアリズムをより身近なものにさせたと考えることができるだろう。イギリスでは一九八〇年代にマーガレット・サッチャー元首相が「この道しかない（“There is no alternative” ＝ＴＩＮＡ）」というスローガンをかかげながら、新自由主義にもとづいた規制緩和の政策を推し進めていた。こうした一九八〇年代のイギリス社会を象徴的にとらえた「この道しかない」というスローガンについて、マーク・フィッシャーは「これ以上、資本主義リアリズムを凝縮するスローガンはあり得るだろうか(7)」と語っている。そして、日本では「この道しかない」というスローガンに包含される意味が、この一〇年のあいだで社会のなかにすっかり浸透したように思われる。それは、二〇一二年一二月二六日の発足から二〇二〇年九月一六日まで継続した、自由民主党の安倍晋三を内閣総理大臣とする長期政権とも無関係ではないだろう(8)。安倍元首相は二〇一三年六月に開催された世界経済フォーラム・ジャパンミーティングのオープニング・セッションでおこなわれた演説において、低迷する日本経済を立て直すための方針として、サッチャー元首相を意識しながら、「この道しかない」を意味する「ＴＩＮＡ」を連呼している(9)。


今年は、世界から偉大な指導者が消えてしまいましたね。

マーガレット・サッチャーのことです。

There is no alternative。サッチャー首相の、口癖でした。

ＴＩＮＡと、頭文字をとった四文字言葉まで、有名になりました。

私も、同じです。これ以外の道は、ありません。ＴＩＮＡといつも思って、やっています。

日本の財政を立て直すにも、ＴＩＮＡです。

日本は二〇〇七年からの五年間で、ＧＮＩを五〇兆円ちかく失いました。五〇〇〇億ドル近く、縮んだのです。

ノルウェーとか、アルゼンチンが、まるごと世界から消えたのと同じでありました。

当然、徴税ベースは小さくなって、国債に頼る以外、財政を維持できなくなりました。

これを建て直すには、どうすればいいでしょうか。

やはり、成長しかありません。ＴＩＮＡです。

日本の信用を確保し、経済を持続的な成長の軌道に乗せながら、もう一方の課題。そう、日本の財政規律がロバスト（頑丈）であることを世界に示さなければなりません。

成長なくして、財政再建なし、であります。

ここは、ヨーロッパでも、米国でも、議論の的になっていますね。初めに、財政緊縮ありき、というやり方だと、日本は成長できません。

まずは、成長です。そのための、「アベノミクス」です。

そして、財政再建です。

ですから「アベノミクス」とは、世界経済と、日本経済の、Win-Winですし、経済成長と、財政再建の、Win-Winです。

と、いうより、この、ふたつのWin-Winを追求する以外、日本の選択肢はありません。TINAです。


二〇〇七年九月の失脚から五年後の二〇一二年一二月、再び政権に返り咲いた安倍晋三首相にとって、みずからの経済政策である「アベノミクス」を貫徹させるためには、経済成長と財政再建という「この道しかない」というわけだ。もっとも、安倍政権が新自由主義に根ざした政策を打ち立てていたのかをめぐっては、さまざまな見解があることも事実だ。とは言え、少なくとも新自由主義を掲げたマーガレット・サッチャー元首相のスローガンを連呼する安倍元首相が率いる政権が長期にわたって支持されてきた（あるいは、たとえ支持されないまでも、長期政権が継続してきた）という日本の情勢に鑑みれば、人びとが資本主義リアリズムを実感するには、原著の刊行から一〇年という歳月を経てからの翻訳書の刊行は、まさに好機だったと言えるだろう。もちろん、マーク・フィッシャーは資本主義リアリズムを凝縮した「この道しかない」というスローガンを支持したわけではなく、『資本主義リアリズム』の副題にも掲げているとおり、本当に「「この道しかない」のか？」という疑念を抱きながら、行き過ぎた資本主義のオルタナティブを模索していたのだ。そんな彼の議論では、ポップカルチャー、そのなかでもとくに、音楽に関する言及が重要な役割を果たしている。これまでも音楽は、芸術の名のもとで、無垢で純粋な存在として語られてきた。その一方で、体制に抗う手段として、その粗野な存在が描かれもしてきた。しかし、たとえどのような音楽であれ、資本主義の枠組みから逃れることはできないという事実を目の当たりにすることになる。そして、フィッシャーは同書において、資本主義リアリズムに翻弄されたカート・コバーンを象徴的に描くのだ。

若きカート・コバーンの悩み

一九九四年四月八日、アメリカのロックバンド、ニルヴァーナのカート・コバーンが遺体となって自宅で発見された。享年二七歳、発見されたときにはすでに死後三日が経過していた。致死量のヘロインを摂取していたうえに、みずからの左側頭部を散弾銃で撃ち抜いた自殺だった[10]。遺体の近くには、遺書と思われる書き置きが残されていた[11]。そこには、「だんだんと消えるよりは、燃え尽きてしまう方がいい」(It's better to burn out than to fade away) という、カナダ出身のシンガーソングライター、ニール・ヤングの作品〈マイ・マイ、ヘイ・ヘイ(アウト・オブ・ザ・ブルー)〉の一節が綴られていた[12]。そして、当然のことながら、ヤング自身もその事実を知ることになった。ヤングは自伝のなかでコバーンの類まれなる才能を称賛したうえで、その死に思いを馳せながら、「彼と話をしたかった。音楽なんて気が向いた時にやればそれでいいんだと伝えてあげたかった[13]」と語っている。そして、「彼が死んで、あの書き置きが残されていて、あれは僕のなかでとても大きく響いたんだ。あれには本当に打ちのめされたんだよ[14]」と振り返りながら、そのときの気持ちをみずからのアルバム《スリープス・ウイズ・エンジェルズ[15]》で表現したことを明かしている[16]。フォークシンガーの中川五郎はその日本版の解説で、「聴く側としてはニールのこの最新作をどうしてもカート・コバーンの自殺という悲劇と結び付けて捉えがちになってしまう。何しろカートはニール・ヤングの曲の一節を遺書に引用しているのだし、「色あせて萎れていくより／燃えつきてしまう方がいい」というフレーズは、確かに受け取りようによっては、持続よりも刹那の完全燃焼の人生を勧めているもののようにも思える。そうしたメッセージを自分なりに過激に解釈して、一人の有能なアーティストが自ら命を絶ったのだとしたら、ニールのショックには計り知れないものがあるだろうし、その衝撃が彼の次の作品に投影されるのは、あまりにも当然といえば、当然のことだと言える」と記している。そのうえで、「カート・コバーンの自殺が今回のニール・ヤングの作品に大きな影を落としていることは動かしがたい事実だと思うが、すべてをそのことに結びつけてアルバムを解釈したりすると、とんでもない間違いをおかしてしまうことになるのではないだろうか」とも綴っている。

一九九一年に発売されたセカンドアルバム《ネヴァーマインド》[18]が世界的な売り上げを記録したニルヴァーナは、オルタナティブロック（あるいはグランジ）と呼ばれる音楽ジャンルの代名詞になった[19]。そのフロントマンとして富と名声を得たカート・コバーンだが、彼が心から求めていたものは必ずしも成功（と呼ばれているもの）ではなかった。コバーンの死については彼の生前の言動（「自分が嫌いだ、死にたい」という歌詞[20]や、自殺するわずか一ヶ月前にも鎮静剤の過剰摂取による自殺未遂を図っている[21]）から、意外性よりも必然性を指摘する声が多かったという事実は驚くに値しない。もっとも、コバーンが抱えていた悩みは、ゴシップとして語るにはあまりにも重層的に過ぎるだろう。行き過ぎた資本主義の象徴でもある資本主義リアリズムの文脈と関連づけながら、マーク・フィッシャーはコバーンがみずから死を選んだ背景について言及している[22]。かつて「資本主義は、外部からのエネルギーをいかに回収し、いかに抑圧するかという問題に直面していた[23]」が、いまや「外部的なものをあまりにうまく取り込んだ結果、植民地化し内包し得る「外部」を無くし[24]」てしまうという、真逆の問題を抱えるようになってしまった。もはや、「転用と回復、体制転覆と体制への包摂をめぐるあの旧い闘いは、もう闘い尽くされてしまった[25]」のだ。「かつて体制転覆の力をもつとされた題材の包摂（インコーポレイション）ではなく、そのプレ・コーポレイシヨン、つまり、資本主義文化による欲望、期待、そして希望の先制的なフォーマット文化および形式化に直面している[26]」というのだ。たとえば、「「オルタナティヴ」や「インディペンデント」なるものは、メインストリーム文化の外部にある何かを指すのではない。それらはむしろ、メインストリームに従属したスタイルというばかりか、その中で最も支配的なスタイルにすらなっている[27]」のだ。そして、コバーンほど、こうした「膠着状態を体現した（またそれと闘った）類例はない[28]」というわけだ。そもそも、オルタナティブロックは商業主義のもとで肥大化した「産業ロック」に異議を申し立てるという、メインストリームのオルタナティブとして登場したものだ。しかし、そのオルタナティブ的なものが、もはやメインストリームを牽引すらしているという状況だ。さらに、資本主義が人びとの無意識にまで浸透している資本主義リアリズムにおいては、こうしたオルタナティブのメインストリームへの包摂に疑問を抱くことすらなくなっている。つまり、「コバーンの死は、ロック・ミュージックが抱いたユートピアとプロメテウス的野心の敗北、そしてその消費文化への包摂を告げる決定的な瞬間だった[29]」ということだ。オルタナティブへのこだわりと商業的な成功のはざまで、コバーンはジレンマを抱えることになったのだ。

若きカート・コバーンを悩ませたもの、そして彼を死に追いやったものは、オルタナティブとメインストリームの折り合いをつけなければならないというジレンマだった。そんなコバーンが抱えたジレンマからは、ロックが（いまもなお）抱えるジレンマとの同質性を窺い知ることができるだろう。アメリカにおけるロックの歴史をたどると、そのアンビバレントな立ち位置が透けて見える。もちろん、ロックは音楽産業という文化産業によって、資本主義に回収されてきたものとしてとらえることができる。その一方で、ロックという音楽ジャンルが成立した過程から、体制に抗う音楽としてとらえることもできるだろう。もっとも、「ロックとは何か」という定義を掘りさげれば、さまざまな解釈から答えを見いだすことが可能になる。そのなかでも、一九六五年のニューポート・フォーク・フェスティバルにエレクトリック・ギターを抱えてステージにあがったボブ・ディランに対する観客の否定的な反応は、ロックの定義を紐解くうえでも重要になるはずだ。音楽ジャンル（あるいは音楽用語）としてのロックは一九六五～六七年のあいだに定着したものだが、その成立過程にあるフォークとロックンロールという既存の音楽ジャンルのあいだのせめぎ合いを無視することはできない。[30] 左翼的な政治性を帯びながら反近代主義や反商業主義をかかげたフォークに対して、エレクトリック・ギターという近代的なテクノロジーを駆使するロックンロールは商業主義の象徴だった。ディランによるフォークとロックンロールの融合は、結果的にロックという新しいジャンルの誕生をうながすことになった。音楽ジャンルとしてのロックは、「フォークのイデオロギーを抑圧し、それを商業主義の枠内で実践しようとする」[31] ものになった。つまり、「ロックは商業主義にまみれながら商業主義を嫌悪し、体制的な産業構造のなかで反体制的な価値観を主張するという矛盾を抱え込むことになる」[32] わけだ。

カウンターカルチャーの思想

かつて体制に抗ったカウンターカルチャーが、実際には資本主義と共犯関係にあったのではないかという指摘がある。[33] カナダの哲学者ジョセフ・ヒースとカナダのコラムニストで編集者のアンドルー・ポターは『反逆の神話』で、カウンターカルチャーは反逆を謳いながらも、その内実は消費資本主義を活気づけてきたと主張する。[34]『反逆の神話』の原著（*The Rebel Sell: Why the Culture Can't be Jammed*）が出版されたのは二〇〇四年、それから一〇年後の二〇一四年に翻訳書が出版された。そして、二〇二一年に出版された翻訳書の新版は、（売り上げも含めて）大きな反響を呼ぶことになった。（追記となった「序文 二〇二〇年フランス語新版に寄せて」と、社会学者の稲葉振一郎による「解説」を除いて）本文の内容そのものは変わらないものの、旧版よりも新版が多くの人びとの興味を引き寄せた要因には、新型コロナウイルス感染症（ＣＯＶＩＤ‐19）のパンデミックによる政治や経済に対する人びとの関心が高まりを見せるなか、資本主義のあり方そのものが問われるようになったことが推察できる。カウンターカルチャーとは一九六〇年代の「既成権力や親の世代の価値観に抵抗して、若い世代のアメリカ人が独自の文化を作った現象[35]」であり、「特定の組織や人物によって展開された運動ではなく、多種多様でエキセントリックな文化実践が同時多発的に起こった[36]」のだ。そこには、ドラッグ、フリーセックス、コミューン、そしてロックも含まれている[37]。カウンターカルチャーはある意味で文化実践としてとらえることもできるが、ヒースとポターが批判するのは、文化実践としてのカウンターカルチャーではなく、カウンターカルチャーという社会運動を可能にさせたカウンターカルチャー的思考、つまりカウンターカルチャーの思想というわけだ[38]。

ジョセフ・ヒースとアンドルー・ポターは『反逆の神話』で、マーク・フィッシャーも触れているカート・コバーンの死について言及している。もっとも、フィッシャーがコバーンの死を資本主義リアリズムによってもたらされた悲劇としてとらえるのに対して、ヒースとポターはコバーンが「カウンターカルチャーの思想の犠牲者だった」と辛辣だ。コバーンはみずからを「パンクロッカーだと、「オルタナティブ」音楽の担い手だと思っていながらも、彼のアルバムはミリオンセラーとなった。主に、コバーンのおかげで、かつては「ハードコア」と呼ばれていた音楽が「グランジ」と看板をかけ替えて大衆に売られた。しかし、この人気はコバーンにとって自慢の種になるどころか、つねに困惑のもとだった[39]」というわけだ。そこには、「自分はオルタナティブを裏切って「メインストリーム」になったのか[40]」という葛藤があった。結果として、「コバーンはオルタナティブ音楽へのこだわりとニルヴァーナの商業的成功の折り合いをつけることが、どうしてもできなかった。結局はこの袋小路から抜け出すために自殺した[41]」のだ。そして、「パンクは、ヒッピーのカウンターカルチャーに発する考えのほとんどは拒否したかもしれないが、すっかりうのみにした要素が一つだけあることが、ここにはっきりと見てとれる。これはカウンターカルチャーの思想そのものだということ[42]」なのだと、コバーンは、たとえ無自覚であれ、カウンターカルチャーの思想を体現していたのだとほのめかす[43]。そもそも、メインストリームに抗うオルタナティブというコバーンの姿勢そのものが、そしてみずから命を絶ったコバーンの行為そのものが、カウンターカルチャーの思想を体現しているというわけだ。さらに、ヒースとポターは、「あっさりとは廃れない神話がある。ヒップホップでも同じことのくり返しが見られる」と指摘する。その一方で、フィッシャーは、「ヒップホップではしばしば、若者文化が物事を変えるという「ナイーブ」な希望は、強度に単純化された「リアリティ」の冷酷な肯定にとって代わられた[44]」という見解を示している。自覚的にせよ無自覚的にせよ、ヒップホップの「妥協はしない」という真正性の感覚さえもが、カウンターカルチャーの思想を体現したものとなり、後期資本主義経済の経済的不安定さというリアリティに回収されることになってしまうのだ[45]。

　奇遇にも、マーク・フィッシャーとカート・コバーンは一九六八年、ジョセフ・ヒースは一九六七年、そしてアンドルー・ポターが一九七二年生まれと、ほぼ同世代に属している[46]。もちろん、彼らが同じ境遇に置かれていたわけでもなければ、同じ価値観を共有していたわけでもないが、少なくとも、（国は違えども）同時代を生きたという点において、社会をまなざす共通の認識があったことは間違いないはずだ。そしてそこには、カウンターカルチャー（あるいは、ヒッピー文化）に対する、ある種の否定的な態度が見え隠れする。フィッシャーは「アシッド・コミュニズム[47]」という未完の論考を残しているが、その序文からは資本主義リアリズムのオルタナティブとしてのカウンターカルチャーへの可能性を見いだすことができる[48]。もっとも、「パンクやサイバーゴス文化に親しんできたフィッシャーは、「ラブ&ピース」を掲げるヒッピー文化にどちらかというと反感を抱いてきた[49]」という事実もある。その転機となったのは二〇一一年、フィッシャーの「ヒッピー嫌い（hippyphobia）」に対して異議を唱えたイギリスの文化理論家ジェレミー・ギルバートとの対話だった[50]。ギルバートにとっては、フィッシャーの「ヒッピー嫌い」という態度そのものが「資本主義リアリズムの症候のひとつであった。つまり、ユートピア的理念の拒否には、カウンターカルチャーの失敗は避けがたいという無意識な諦念が横たわっている。（中略）ネオリベラリズムによるカウンターカルチャーの取り込みは、それらのムーブメントの内在的な退行ではなく、あくまでも政治的な敗北を示している[51]」というのだ。そして、「左派が目指すべきはカウンターカルチャーの理念を諦めることではなく、その「可能性の中心」を取り出してくることではないか[52]」というギルバートの問題意識を批判的に受け止めたフィッシャーは、結果として「アシッド・コミュニズム」においてカウンターカルチャーを問い直す作業を試みることになったのだ。こうしたカウンターカルチャーが孕む政治的な問題は、「カウンターカルチャーという概念が一九五〇年代後半から一九六〇年代にかけていかに発達し、左派の運動にいかに影響を与え、そしてとりわけ二一世紀初頭の反消費主義運動にいかに感化を及ぼしたか[53]」を描くヒースとポターからも窺い知ることができる。そのうえで、カウンターカルチャーの思想の源が「文化全般がイデオロギー体系にすぎないのだから、自己も他者も解放するする唯一の方法は、文化にそっくりそのまま抵抗すること[54]」だと指摘するヒースとポターが、無自覚のうちにカウンターカルチャーの思想から多大なる影響を受けていたことは容易に想像ができる[55]。そこで問題になるのは、カウンターカルチャーという一連の社会運動ではなく、そのような実践を生み出す素地となったカウンターカルチャーの思想ということだ[56]。

これが音楽業界だけのことだったら、さほど重大ではなかったはず。だが残念ながら、カウンタカルチャーの思想はこの社会へのぼくらの理解に深く組み込まれており、社会および政治生活のあらゆる面に影響を与えている。最も重要なことには、それが現代のすべての政治的左派の概念のひな型となった。カウンターカルチャーはラディカルな政治思想の土台として、ほぼ完全に、社会主義に取って代わった。だから、カウンターカルチャーは神話にすぎないのだとしても、それは数知れない政治上の結果をもたらして、膨大な数の人を誤らせた神話である。

アイデンティティとしてのロック

ロックをはじめとする音楽はしばしば、カウンターカルチャーとの近接性において語られるようになった[57]。カウンターカルチャーの「「主流文化」(mainstream culture)に取って代わろうとしたオルタナティヴな対抗意識(中略)は、あの時代の、少なくとも先進国の若者の間に充満していた。その体現が、ロングヘアーであり、ジーンズの着用であり、ロックを聴くことであった[58]」というわけだ。ロックは「ヒッピーたちの文化的アイデンティティ形成に一役買うとともに、その後も、音楽的には変化しながらも、ロックのイメージとしての自由やヒューマニズムは保ったままで今日まで続いている。しかし、そこには矛盾がないわけではなかった。(中略)ロックはビジネスであるという現実をヒッピーたちは認めざるを得なかった[59]」のだ。そして、ロックは、まさしく「反逆の神話」になった。もちろん、ロックがカウンターカルチャーと密接な関係にあったのは確かなことだが、少なくとも日本においてロックという音楽ジャンルをとらえると、その意味合いは複雑な様相を呈することになる。欧米ではロックがアイデンティティを体現する音楽として受容されていたが、日本でその役割を担うことになったのはフォークだった。たとえば、一九六九年八月にアメリカのニューヨーク郊外で開催されたウッドストック・フェスティバルは、ロックとカウンターカルチャーの関係を強固なものにした。そして、神話化されたウッドストックは、あるいは同時代的な共同幻想によるものかもしれないが、偶然にも同じ年に日本で開催された全日本フォークジャンボリーと対比されながら語り継がれることになる。もっとも、日本におけるカウンターカルチャーの思想を体現した音楽はあくまでも、ロックではなくフォークだった[60]。それにもかかわらず、ロックがカウンターカルチャーの代名詞になっているのは、「いま現在」を起点としたロックに対する人びとの認識が反映されていることに留意する必要があるだろう[61]。

ロックとカウンターカルチャーとの近接性は、直接的であれ間接的であれ、音楽と政治の関係を顕在化させることになった。そして、この文脈における政治という言葉には、近代以降に成立した政党政治というイデオロギー的な意味合いも含まれる。もっとも、二〇一〇年代半ば以降になると、右翼と左翼（もしくは、保守と革新、あるいはリベラル）の概念は、必ずしもこれまでのようなイデオロギーとして機能しない状況に陥っている。ジョセフ・ヒースとアンドルー・ポターは『反逆の神話』（新版）の「序文　二〇二〇年フランス語新版に寄せて」において、カウンターカルチャーの思想に対する批判は有効であると前置きしながらも、初版から一五年という歳月が流れた二〇一九年時点における変化を綴っている。そもそも、ヒースとポターによる批判は、体制に対抗するという左派的なカウンターカルチャーの特性に向けられたものだった。結果として、「反逆の神話」となったカウンターカルチャーの文化は、高度消費主義を牽引することになった。そして、そこにはロックも含まれているというわけだ。もっとも、こうしたカウンターカルチャーの特性が、ここ一五年のあいだに大きく変容を遂げたというのだ。その顕著な例として、「右派のカウンターカルチャー運動をいみじくも言い表した「オルタナ右翼」の台頭[62]」があげられている。こうした動きを「予期せぬ展開」としながら、ヒースとポターはカウンターカルチャーの政治が左派から右派へ移ったことを指摘する。「左派はポリティカル・コレクトネス（政治的正しさ）に回帰し、国民にますます多くの（公的な）行動のルールを課すことにこだわるようになった。その一方で、ルールを破ることを称賛しだしたのは右派だった。この傾向はとりわけオンラインで顕著だった[63]」というわけだ。「左派にとってカウンターカルチャーの政治はおおかた、ソーシャルメディアの作用によって、美徳シグナリング（SNSの投稿などで自分の政治的な正しさを主張すること）の政治、「意識の高い」アイデンティティ政治にとって代わられ[64]」、「「支配する左派」に見いだせる新しい不寛容をめぐる一定の懸念[65]」が見てとれる。そこには、「「問題のある」とみなされたオンライン上の個人（有名人が増えつつある）が、ボイコット、追放、免職といった刑に処せられる[66]」ようなキャンセル・カルチャーも含まれる。ヒースとポターによるカウンターカルチャーの思想に対する批判は、ある意味で許容できるものだ。その一方で、アイデンティティを体現したカウンターカルチャーの文化実践は、アイデンテイティ政治への連続性として多種多様な社会運動をもたらすことにもなった。それは、必ずしも否定されるものではない。そして、カウンターカルチャーの政治が左派から右派へと移行した（とされる）いまだからこそ、みずからの死によって志なかばで断たれてしまったフィッシャーの「アシッド・コミュニズム」の試みも含め、改めて左派的な「反逆の神話」を再検討する価値はあるだろう。

アイデンティティ政治としてのカウンターカルチャーの思想は、昨今のジェネレーション・レフトによる政治との関与への連続性を想起させる。イギリスの政治理論家キア・ミルバーンによると、ジェネレーション・レフトとは、ある「出来事」をきっかけとして台頭した左傾化する世代を言い表した言葉だ。二〇〇八年のリーマンショックによる経済的な「出来事」によってジェネレーション・レフトが生まれる素地が築かれ、二〇一一年に世界各国で顕在化した抗議運動に見られる政治的な「出来事」によって成立したのだ[67]。その背後にあるのは、新自由主義的な資本主義である資本主義リアリズムの蔓延だ。ジェネレーション・レフトには、新自由主義的な政策のもとで未来に希望を抱けなくなった（一九八〇年代から一九九〇年代にかけて生まれたとされる）ミレニアル世代（ジェネレーションY）が含まれている。さらに、その下の（一九九〇年代後半から二〇〇〇年代にかけて生まれたとされる）Z世代をも巻き込みながら、いまやジェネレーション・レフトは世界的な存在感を示すようになっている。その一方で、日本におけるジェネレーション・レフトの形成は未知数だ。もちろん、日本でも新自由主義的な資本主義に対する批判的な動きが見られるのは事実だ。とくに、日本での象徴的な「出来事」には、二〇一一年三月に発生した東日本大震災が当てはまるだろう。たとえば、その「出来事」をきっかけとして露呈した新自由主義的な政策の歪みに対して声をあげた、ミレニアル世代を中心としたＳＥＡＬＤｓの実践は大きな話題になった[68]。そして、それまでの「若者の政治離れ」という言説は、その時点で修正を迫られることになった。もっとも、二〇一一年の「出来事」によって、日本におけるジェネレーション・レフトの形成がうながされたとは言い難い[69]。確かに、Ｚ世代がさまざまな社会問題に対して自覚的に関与するようになったのは紛れもない事実だ。[70]さらに、二〇二〇年の新型コロナウイルス感染症のパンデミックにおいて、ツイッターデモのようなSNSを介した若い世代による社会運動への参加が顕著になっている。[71]ただし、こうした動きがジェネレーション・レフトの形成に結びつくかどうかには、議論の余地があるだろう。ちなみに、日本では若年層ほど自由民主党を支持する傾向がある。[72]その一方で、アメリカでは民主党のバイデン候補[73]が、イギリスでは左派の労働党[74]が、それぞれ若年層からの支持を受けているという事実がある。ジョセフ・ヒースとアンドルー・ポターがカウンターカルチャーの思想として名指しで批判するカナダのジャーナリストでアクティビストのナオミ・クラインは、地球温暖化を防ぐ手段のひとつとしてグリーン・ニューディールを提唱している。[75]ヒースやポターと同世代でもあるクラインが注目するのは、スウェーデンの環境活動家でZ世代を代表するグレタ・トゥーンベリだ。気候変動に対する政府の無策に抗議するため、二〇一八年にトゥーンベリがはじめた学校ストライキの実践は、SNSで「#FridaysForFuture（未来のための金曜日）」として世界に拡散された。二〇一九年三月には「未来のための世界気候ストライキ」が開催され、一二五ヶ国で二千件の抗議運動が起き、百万人以上の若者が参加し[76]、この実践はしだいに日本でも広がりを見せるようになった。[77]そして、トゥーンベリの「未来のための世界気候ストライキ」には、アメリカ出身のシンガーソングライターでZ世代でもあるビリー・アイリッシュが賛同を表明している。[78]そんなアイリッシュのデビューアルバム《ホエン・ウィー・オール・フォール・アスリープ、ホエア・ドゥー・ウィー・ゴー？》[79]の収録曲である〈オール・ザ・グッド・ガールズ・ゴー・トゥ・ヘル（"all the good girls go to hell"）〉のミュージックビデオは、地球温暖化の脅威を表現した作品に仕上がっている。こうした流れをカウンターカルチャーの思想の系譜と位置づけたときに、はたしてロックはアイデンティティ政治としてのメッセージになるのか、それとも資本主義を牽引する「反逆の神話」になるのだろうか。

注

（1）シンガーソングライターのニール・ヤングは、二〇〇八年二月に国際映画祭のインタビューで、「音楽が世界を変えられる時代は過ぎ去ってしまった。いまの世の中でそんなことを考えるなんて、あまりにも無邪気だろう」と、音楽の限界について語っていた。政治的にリベラルとしても名高い彼の音楽に対する悲観的な声は、インターネットをとおして瞬く間に世界へと広がった。あまりの反響の大きさに後日、みずからのウェブページ上で彼は、音楽の限界を認めつつも、音楽を諦めたわけではないという趣旨の文章を掲載した。"Neil Young: Music Can Actually Save the World, Sort Of" in Rolling Stone on Feb 11, 2008.〈https://www.rollingstone.com/music/music-news/neil-young-music-can-actually-save-the-world-sort-of-108713/〉［二〇二三年四月二日閲覧］.

（2）マーク・フィッシャー／セバスチャン・ブロイ、河南瑠莉訳『資本主義リアリズム――「この道しかない」のか？』堀之内出版、二〇一八年、一〇ページ

（3）同書、六〇ページ

（4）アーティストのジグマー・ポルケやゲルハルト・リヒターがドイツ版のポップアート運動として「資本主義リアリズム」を提唱した（「ジグマー・ポルケ」『美術手帖』［https://bijutsutecho.com/artists/307］二〇二三年四月二日閲覧）。

（5）前掲『資本主義リアリズム』、四八ページ

（6）同書、九～一〇ページ

（7）同書、二四ページ

（8）安倍晋三首相の通算在職日数は、第二次政権からの連続在任日数で二八二二日、第一次政権（二〇〇六年九月二六日から二〇〇七年九月二六日まで）を含む通算在任日数は三一八八日で、いずれも憲政史上最長となっている（「安倍内閣が総辞職　連続在任最長、2822日で幕」『日本経済新聞』二〇二〇年九月一六日）。

（9）安倍晋三元首相の在任期間中には、当日のスピーチが「平成25年6月11日 世界経済フォーラム　JAPAN MEETING オープニング・セッション」として「首相官邸ホームページ」［https://www.kantei.go.jp/jp/］において閲覧可能だった。現在は『政治家発言データーベース』［http://politicalarchive.blog.fc2.com/?mode=m&no=661］（二〇二三年四月二日閲覧）にて確認できる。また、世界経済フォーラム・ジャパンミーティングのレ

ポートも公開されている（「世界経済フォーラム・ジャパンミーティング」［https://www3.weforum.org/docs/JP13/WEF_JP13_Report_JP.pdf］二〇二三年四月二日閲覧）。

（10）カート・コバーンの死については、マイケル・アゼラッド／竹林正子訳『病んだ魂―ニルヴァーナ・ヒストリー』（ロッキング・オン、一九九四年）、ジョセフ・ヒース、アンドルー・ポター／栗原百代訳『反逆の神話―「反体制」はカネになる』（ハヤカワ文庫ＮＦ、二〇二一年）や南田勝也『オルタナティブロックの社会学』（花伝社、二〇一四年）に詳しい。

（11）カート・コバーンの遺書は、カナダの音楽ジャーナリスト、エリック・アルパーのウェブサイトで確認できる（"Kurt Cobain's Suicide Note." On January 9, 2015 in *That Eric Alper*.〈https://www.thatericalper.com/2015/01/09/kurt-cobains-suicide-note/kurt-cobains-suicide-note/〉［二〇二三年四月二日閲覧］）。

（12）〈マイマイ、ヘイヘイ〉はアルバム《ラスト・ネヴァー・スリープス》に収録されている。Neil Young & Crazy Horse. *Rust Never Sleeps*. Reprise Records. 1979. CD.

（13）"Kurt Cobain's Neil Young Reference In His Suicide Note" in *Rock Celebrities*. https://rockcelebrities.net/kurt-cobains-neil-young-reference-in-his-suicide-note/［二〇二三年四月二日閲覧］

（14）Neil Young. *Waging Heavy Peace: A Hippie Dream*. 2012. Blue Rider Press. P. 410

（15）Ibid., p. 410

（16）Neil Young & Crazy Horse. *Sleeps with Angels*. Reprise Records. 1994. CD.

（17）Young, op. cit., p. 410

（18）《ネヴァーマインド》のジャケットには、水中で泳ぐ乳児の写真が使われている（Nirvana *Nevermind*. Geffen. 1994. CD）。このジャケットに関しては、発売当初から懸念の声があがっていた（前掲『病んだ魂』、一九四ページ）。カート・コバーンの自殺から二七年が経過した二〇二一年八月には、三〇歳になったジャケットの張本人であるスペンサー・エルデンがニルヴァーナに対して訴訟を起こした（「『ネヴァーマインド』の裸の赤ちゃん、ニルヴァーナを提訴　「児童ポルノ」と主張」『ＣＮＮ』二〇二一年八月二六日［https://www.cnn.co.jp/showbiz/35175739.html］二〇二三年四月二日閲覧）。それに対して、ニルヴァーナの代理人は反論の声明を発表しており（「ニルヴァーナ、『ネヴァーマインド』の赤ん坊による訴訟について公式の反論を発表」『ＮＭＥ』二〇二一年一二月二四日［https://nme-jp.com/news/110854/］二〇二三年四月二日閲覧）、二〇二一年一月にはエルデンの訴えが退けられている（「ニルヴァーナのジャケ写訴訟、米地裁がモデル男性の訴え退け」『ロイター』二〇二二年一月五日［https://jp.reuters.com/article/people-nirvana-idJPKBN2JF07I］二〇二三年四月二日閲覧）。

(19) 音楽ジャンルとしてのオルタナティブロックやグランジについては、前掲『オルタナティブロックの社会学』に詳しい。

(20) "I Hate Myself and Want to Die" はシングル "Pennyroyal Tea" のB面として発売が予定されていたが、カート・コバーンの自殺によって中止になった。のちに、改めて発売されている。

(21) 前掲『病んだ魂』、三六四ページ

(22) 前掲『資本主義リアリズム』、二七〜二九ページ

(23) 同書、二五ページ

(24) 同書、二六ページ

(25) 同書、二六ページ

(26) 同書、二七ページ

(27) 同書、二七ページ

(28) 同書、二七ページ

(29) 同書、二九ページ

(30) 大和田俊之『アメリカ音楽史―ミンストレル・ショウ、ブルースからヒップホップまで』講談社選書メチエ、二〇一一年、一八二〜一八八ページ

(31) 同書、一八六ページ

(32) 同書、一八六ページ

(33) 本書ではカウンターカルチャーをめぐる議論について、音楽と政治の文脈に関連する最低限にとどめ、詳細は別稿に委ねることにする。なお、カウンターカルチャーに関しては、『反逆の神話』でも取りあげられているシオドア・ローザック／稲見芳勝、風間禎三郎訳『対抗文化の思想―若者は何を創りだすか』（ダイヤモンド社、一九七二年）やE・F・シューマッハー／小島慶三、酒井懋訳『スモール イズ ビューティフル』（講談社学術文庫、

一九九六年）が必読書となっている。

(34) カウンターカルチャーが消費主義に与えた影響については、イギリスの社会学者クリス・ロジェクが著書『カルチュラル・スタディーズ』（Chris Rojek. 2007. *Cultural Studies*. Polity Press.）において「ニート資本主義」という概念を用いながら、カルチュラル・スタディーズの文脈から議論している（クリス・ロジェク／渡辺潤、佐藤生実訳『カルチュラル・スタディーズを学ぶ人のために』世界思想社、二〇〇九年、一七五〜二〇二ページ）。

(35) 竹村修一『カウンターカルチャーのアメリカ―希望と失望の1960年代（第2版）』大学教育出版、二〇一九年、七ページ

(36) 同書、七ページ

(37) 同書、七ページ

(38) 前掲『反逆の神話』、五五三ページ

(39) 同書、五六ページ

(40) 同書、五六ページ

(41) 同書、五七ページ

(42) 同書、五九ページ

(43) ヒッピー（hippie）はアメリカのサンフランシスコを中心とする、カウンターカルチャーの一翼を担った若者たちを指す総称として用いられる。ヘレン・S・ペリーは、一九六〇年代後半のみずからの経験から、サンフランシスコのヘイトアシュベリーにおける若者たちを観察している（ヘレン・S・ペリー／阿部大樹訳『ヒッピーのはじまり』作品社、二〇二一年）。また、ヒッピーに関しては、『スペクテイター　ヒッピーの教科書』（四四号、幻冬社、二〇一九年）や『スペクテイター　日本のヒッピー・ムーヴメント』（四五号、幻冬社、二〇一九年）が参考になる。

(44) 前掲『資本主義リアリズム』、二九ページ

(45) 同書、三〇〜三一ページ

(46) ちなみに、本書の著者も一九六八年生まれであることを添えておく。

(47) Mark Fisher, 2018. "Acid Communism（Unfinished Introduction）." *K-punk: The Collected and Unpublished*

Writings of Mark Fisher (2004-2016). Repeater Books.

（48）マーク・フィッシャーは「アシッド・コミュニズム」の序文で、一九六〇～七〇年代の「自由であり得たはずの世界の亡霊」について言及している（ibid. p. 753）。フィッシャーは資本主義リアリズムを強固なものにした新自由主義について、「六〇年代末から七〇年代初めに開花した民主社会主義やリバタリアン的コミュニズムで試みられた実験を、想像すらできなくなるまで破壊することを目指したプロジェクト」(ibid. p. 754.) だと述べている。「アシッド・コミュニズム」は、一九六〇～七〇年代の「自由であり得たはずの亡霊」を取り払う作業に抗うための試みというわけだ。また、政治理論家のキア・ミルバーンは、新自由主義を三つの歴史区分から考察している政治理論家のウイル・デイヴィーズの議論を援用しながら、一九七〇年代の新自由主義を分析する方法として、フィッシャーが資本主義リアリズムからアシッド・コミュニズムへと視点を移す過程を説明している（キア・ミルバーン／斎藤幸平監訳・解説、岩橋誠、萩田翔太郎訳『ジェネレーション・レフト』堀之内出版、二〇二一年年、六四～六六ページ）。ミルバーンは、フィッシャーが「富を共有し支配関係が存在しない社会の実現へ向かう、束の間でもくり返し立ち現れてくる可能性を潰し続けるメカニズムとして資本主義を理解するようになった」（同書、六六ページ）と指摘する。フィッシャーは、アシッド・コミュニズムの根幹を成す、「新自由主義が妨害した一九七〇年代の社会的および政治的可能性に特に興味を抱くようになった」（同書、六六ページ）というわけだ。

（49）木澤佐登志「気をつけろ、外は砂漠が広がっている―マーク・フィッシャー私論」『現代思想』六月号、青土社、二〇一九年、六八ページ

（50）同書、六八ページ

（51）同書、六八ページ

（52）同書、六八ページ

（53）同書、一六ページ

（54）同書、四七ページ

（55）たとえば、みずからのパンク経験を語りながら、カウンターカルチャーの思想の誤りを指摘している（前掲『反逆の神話』、一七六～一八一ページ）。

(56) 同書、六〇ページ

(57) カウンターカルチャーをめぐる議論のなかでも、音楽に関する記述は散見される。たとえば、前掲『カウンターカルチャーのアメリカ』には「解放のメタファーとしてのロック音楽」、また、中山悟視編著『ヒッピー世代の先覚者たち―対抗文化とアメリカの伝統』(小鳥遊書房、二〇一九年)には村上東「ウッドストック世代のロックとその先輩たち」、飯田清志「エルヴィス・プレスリーの文化的定位」、藤井光「ニルヴァーナとバーニングマン」といった論考が収められている。もちろん、音楽をめぐる議論のなかには、カウンターカルチャーに関する記述が数多ある。

(58) 福屋利信『ロックンロールからロックへ―その文化変容の軌跡』近代文藝社、二〇一二年、一二八ページ

(59) 前掲『カウンターカルチャーのアメリカ』、三一ページ

(60) 社会学者の南田勝也は、一九六〇年代の日本におけるロックの概念について言及している(南田勝也『ロックミュージックの社会学』青弓社、二〇〇一年、一〇七~一三八ページ)。

(61) 音楽学者の輪島裕介は、一九八〇年代後半の音楽ジャーナリズムによって、「七〇年前後においては「フォーク側」のものだった「メッセージ性」が日本ロックの「本質」として読み替えられている」ことを指摘している(輪島裕介「『はっぴいえんど神話』の構築―ニューミュージック・渋谷系・日本語ロック」『ユリイカ』九月号、青土社、二〇〇四年、一八六ページ)。

(62) 前掲『反逆の神話』、一五~一六ページ

(63) 同書、二五~二六ページ

(64) 同書、一八ページ

(65) 同書、二八ページ

(66) 同書、三〇ページ

(67) 前掲『ジェネレーション・レフト』、一七〇~一七一ページ

(68) SEALDsの正式名称は「自由と民主主義のための学生緊急行動」。集団的自衛権を行使できるようにする安全保障関連法案に反対する関東の学生らが、二〇一五年五月に設立した。ラップ音楽に合わせて声を上げるデモや、デザインを工夫した広報物などでも若者をひきつけた。一六年七月の参院選を活動の区切りとし、同八月

に解散した（『朝日新聞』二〇一七年一〇月七日付、夕刊）。

(69) 若者の労働・貧困問題に取り組む法人「ポッセ」の事務局長である渡辺寛人は、日本におけるジェネレーション・レフトの形成が困難な現状と、その可能性について考察している（渡辺寛人「日本における「ジェネレーション・レフト」の可能性を探る―新自由主義に対抗するための変革ビジョンとオーガナイズを」『POSSE vol. 48』堀之内出版、二〇二一年、六八～八五ページ）。

(70) 「ジェネレーション・レフトの衝撃」という特集では、社会問題と向き合うZ世代の声が綴られている（同書、三一～五七ページ）。また、Z世代の実情については、竹田ダニエル『世界と私のＡｔｏＺ』（講談社、二〇二二年）に詳しい。

(71) 「＃多様な社会運動～新たな時代を切り拓く～」『連合ダイジェスト』［https://www.jtuc-rengo.or.jp/digestnews/monthly/6544］二〇二三年四月二日閲覧

(72) 「なぜ若者は自民党に投票するのか？」『ＮＨＫ』二〇二一年一一月二四日［https://www.nhk.or.jp/politics/articles/feature/72512.html］二〇二三年四月二日閲覧

(73) 'The 2020 election shows Gen Z's voting power for years to come' in CNBC on Nov 18, 2020. 〈https://www.cnbc.com/2020/11/18/the-2020-election-shows-gen-zs-voting-power-for-years-to-come.html〉［二〇二三年四月二日閲覧］

(74) 'How Britain voted in the 2019 general election' in YouGov on Dec 17, 2019. 〈https://yougov.co.uk/topics/politics/articles-reports/2019/12/17/how-britain-voted-2019-general-election〉［二〇二三年四月二日閲覧］

(75) ナオミ・クライン／中野真紀子、関房江訳『地球が燃えている―気候崩壊から人類を救うグリーン・ニューディールの提言』大月書店、二〇二〇年

(76) 「未来のための金曜日―グレタ・トゥーンベリ16歳、大人に「おとしまえ」を求めてストライキ」『ＷＩＲＥＤ』二〇一九年九月一三日［https://wired.jp/special/2019/greta-thunberg-climate-crisis/］二〇二三年四月二日閲覧

(77) 「グレタ・トゥーンベリの気候変動ストライキが、東京の若者にもたらした『気づき』」『ＷＩＲＥＤ』二〇一九年一一月一五日［https://wired.jp/2019/11/15/fridaysforfuturetokyo/］二〇二三年四月二日閲覧

(78) 「ビリー・アイリッシュ、新作ＭＶで気候変動の危険性を訴える『時間がない』」『ローリング・ストーン・ジャ

パン』二〇一九年九月五日［https://rollingstonejapan.com/articles/detail/31871］二〇二三年四月二日閲覧

（79） Billie Eilish. *When We All Fall Asleep, Where Do We Go?* ［Album］ Universal Music. 2019.

第1章　「音楽の力」が意味するもの

今僕たちには、歌う事しかできませんが、
音楽が何かの力になればいいなと思います。
——スキマスイッチ(1)

音楽と政治の関係を再認識させるきっかけになったのは、二〇一一年に発生した東日本大震災だった。そして、その直後に蔓延した「音楽の力」という言説は、有事の際の音楽のあり方に一石を投じることになった。チャリティの名のもとで、音楽は復興支援の旗印となって用いられた。もちろん、義援金や支援金は被災者にとって大きな恩恵をもたらしたが、「音楽の力」言説をめぐっては資本主義リアリズムとしての音楽産業が生み出した負の遺産も見え隠れする。本章では、有事の際に顕在化する「音楽の力」に付随する政治性について考えてみる。

震災前夜

音楽産業がつくりだす商品として、ポピュラー音楽は日常的に消費されている。そして、文化産業によって提供される商品としての音楽という文脈では、ライブ・エンタテインメント市場の興隆が注目されるようになっていた。それは二〇〇〇年代になってから顕在化し、二〇一〇年代には音楽産業がライブの可能性に期待を寄せるほどになっていた。ぴあ総研の調査によると、二〇一五年には舞台と音楽を含めたライブ・エンタテインメント全体の市場規模が五千億円を超え、音楽に限定しても三千億円を突破した（図1）。興隆を続けるライブ・エンタテインメント市場は、少なくとも二〇二〇年に席巻した新

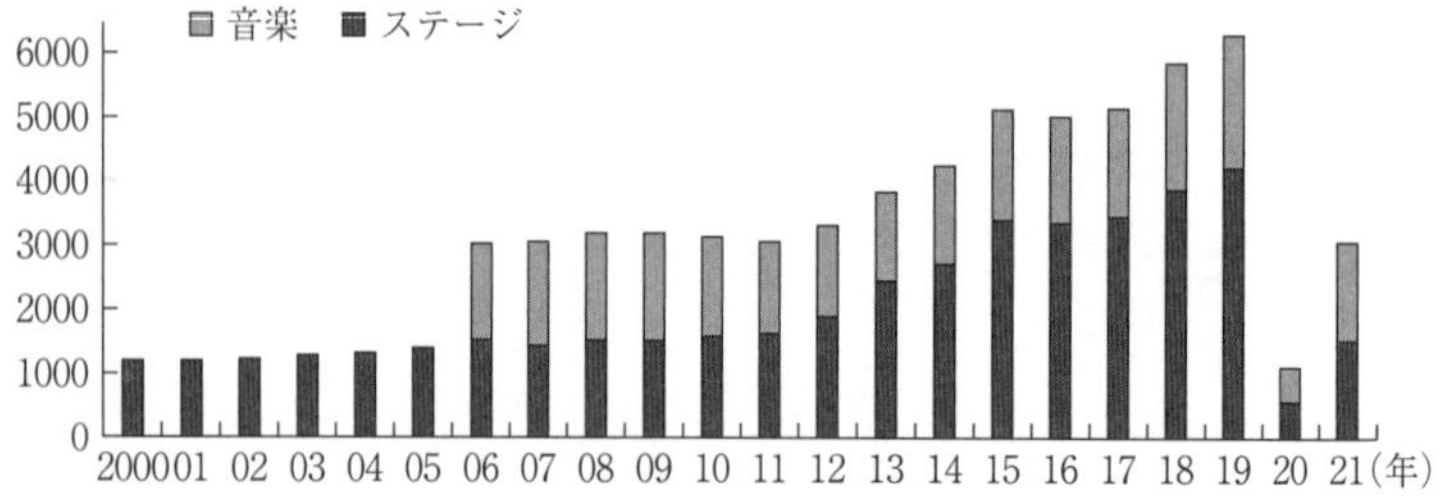

図1　ライブ・エンタテインメント市場規模の推移（2000〜2021年）
出典：『ライブ・エンタテインメント白書』（ぴあ総研）より集計

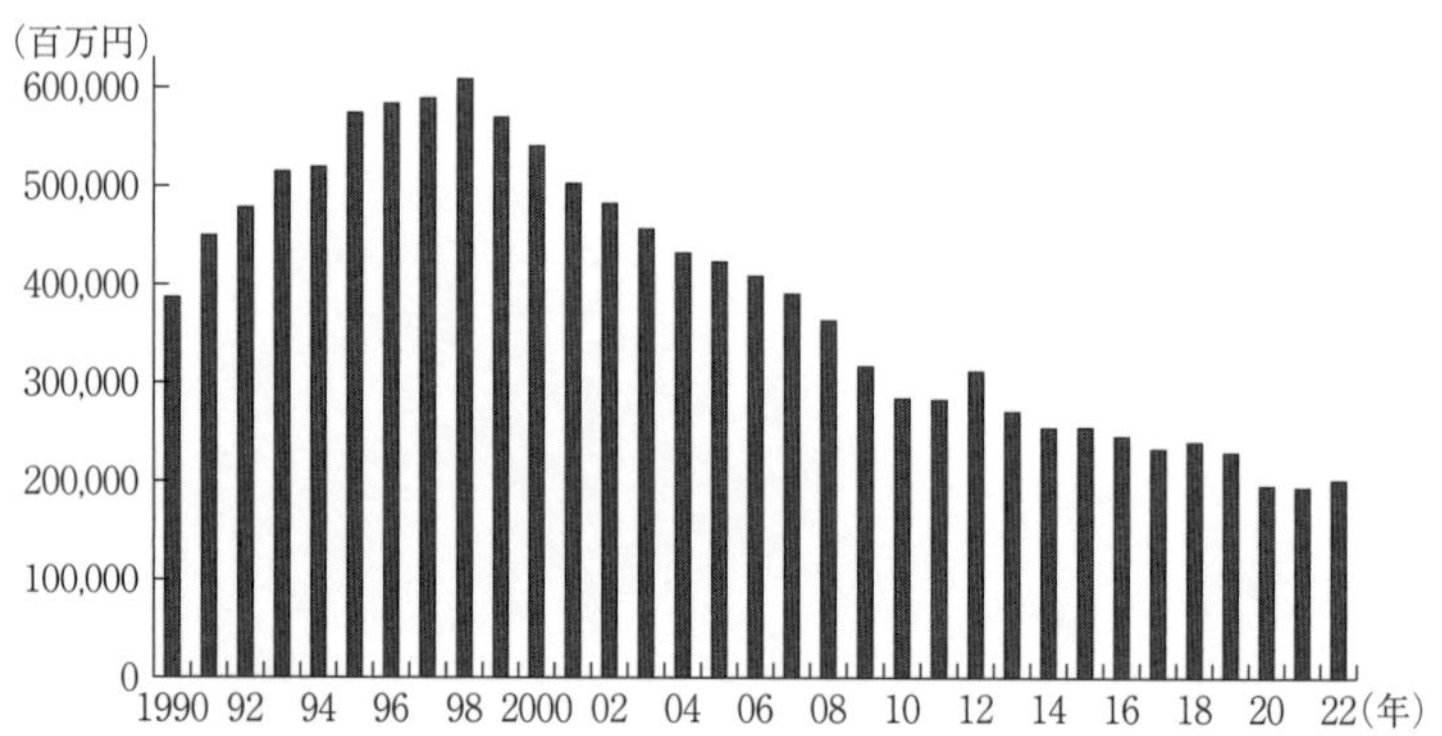

図2　音楽ソフト市場規模の推移（1990〜2022年）
出典：日本レコード協会より集計

型コロナウイルス感染症のパンデミックに直面するまで、音楽産業にとって欠かすことのできない存在になっていたのだ[2]。しかしその一方で、一九九八年をピークに低迷が続くCD市場は、規模の縮小に歯止めがかからない状態にある（図2）。ライブ・エンタテインメント市場の興隆とCD市場の低迷という構図については、その相関関係に議論の余地があるものの、一般的に広く認知されるようになっている。そして、いまとなっては信じられないかもしれないが、かつてCD市場が音楽産業を支えていた時代があった。

一九九〇年代をとおして、

音楽産業はバブル景気に浮き足立っていた。一般的に、日本のバブル景気は一九八〇年代末葉から一九九〇年代初頭のわずかな期間だったと言われている。もちろん、それはあと追いの解釈にすぎないが、一九九〇年代の半ばになると時代の空気が変わりはじめていたことは明らかだ。たとえ言葉には出さなくても、バブルの終焉を肌で感じていた人たちは少なくなかったはずだ。ただし、社会の一般的な肌感覚と比べると、音楽産業は少し事情が違っていた。一九九〇年代初頭に弾けていたはずのバブルが、音楽産業では膨らみ続けていたのだ。そんな音楽産業を支えたのが、CD市場だったというわけだ。あたかも工業製品のように量産された音楽作品は、CDの売り上げを伸ばすことになった。こうした状況を後押ししたのは、一九九〇年代の音楽を取り巻く環境だった。それはまた、J-POPという音楽ジャンルが広く波及しようとしていた時期でもあった。新たに登場したJ-POPという音楽ジャンルは、音楽作品を工業製品のごとく量産する音楽産業にとって重要な資源になった[3]。では、実際のところ、当時のJ-POPにはどれほどの商品価値があったのだろうか。一九九〇年代のCDシングルの売り上げをみると、J-POPが音楽産業を支える主力商品だったことがわかる。一九九〇年代の一〇年間をとおして、百万枚を超えるミリオンセラー作品の数は突出していたことが理解できる[4]（図3）。その要因としてあげられるのが、工業製品としてのJ-POPということになる。そして、J-POPが量産されることになった背景としてあげられるのが、それを可能にさせたタイアップソングの興隆とカラオケのブームだ[5]。

音楽産業が量産した工業製品としてのJ-POPは、一九九〇年代の音楽を取り巻く環境の循環によって生み出されたものだ。一九八八年に誕生したCDシングルは、一九九〇年代のCDバブルを牽引する音楽産業の主力商品になった。そして、CDシングルの購買意欲に貢献したのが、テレビドラマの主題歌に起用されたタイアップソングだった。CDの売り上げと同様に、テレビドラマは視聴率の低迷に悪戦苦闘している。しかし、一九九〇年代のテレビドラマは、いまでは信じられないほどの驚異的な数

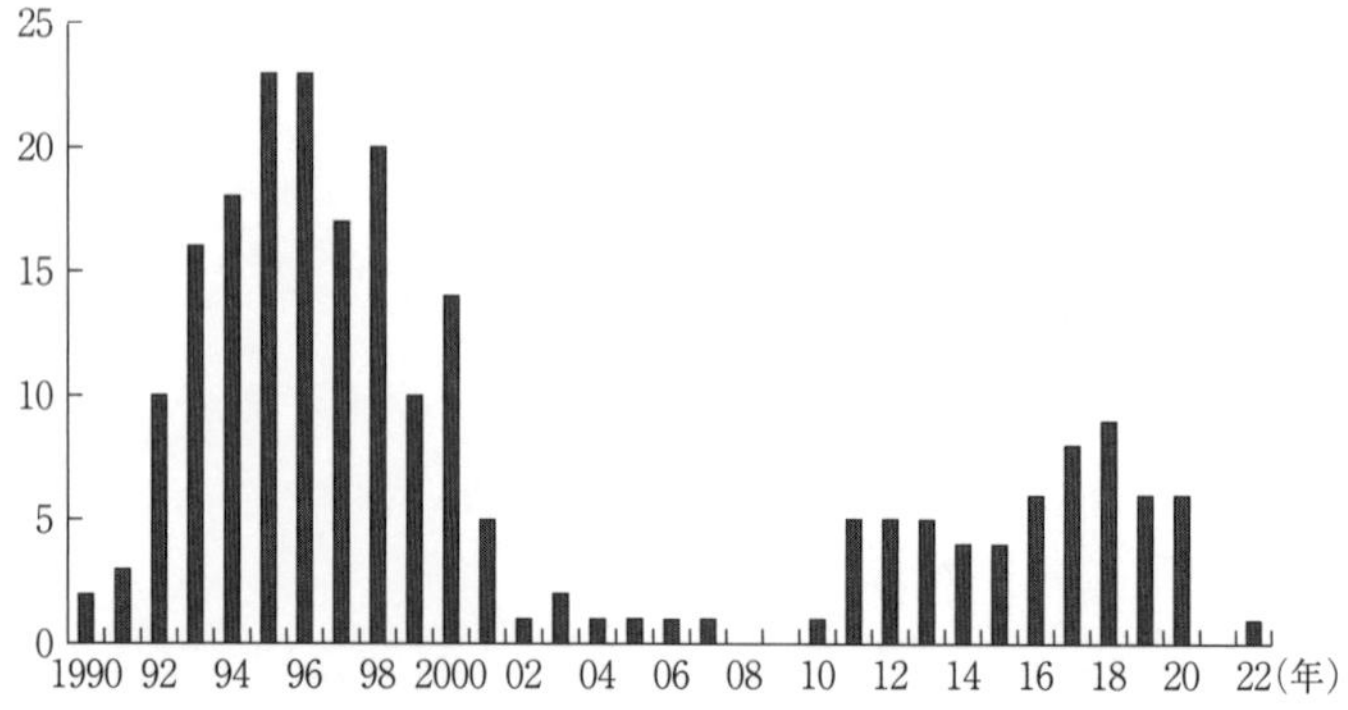

図３　ミリオンセラー作品数（シングル）の推移（1990〜2022年）

出典：日本レコード協会より集計

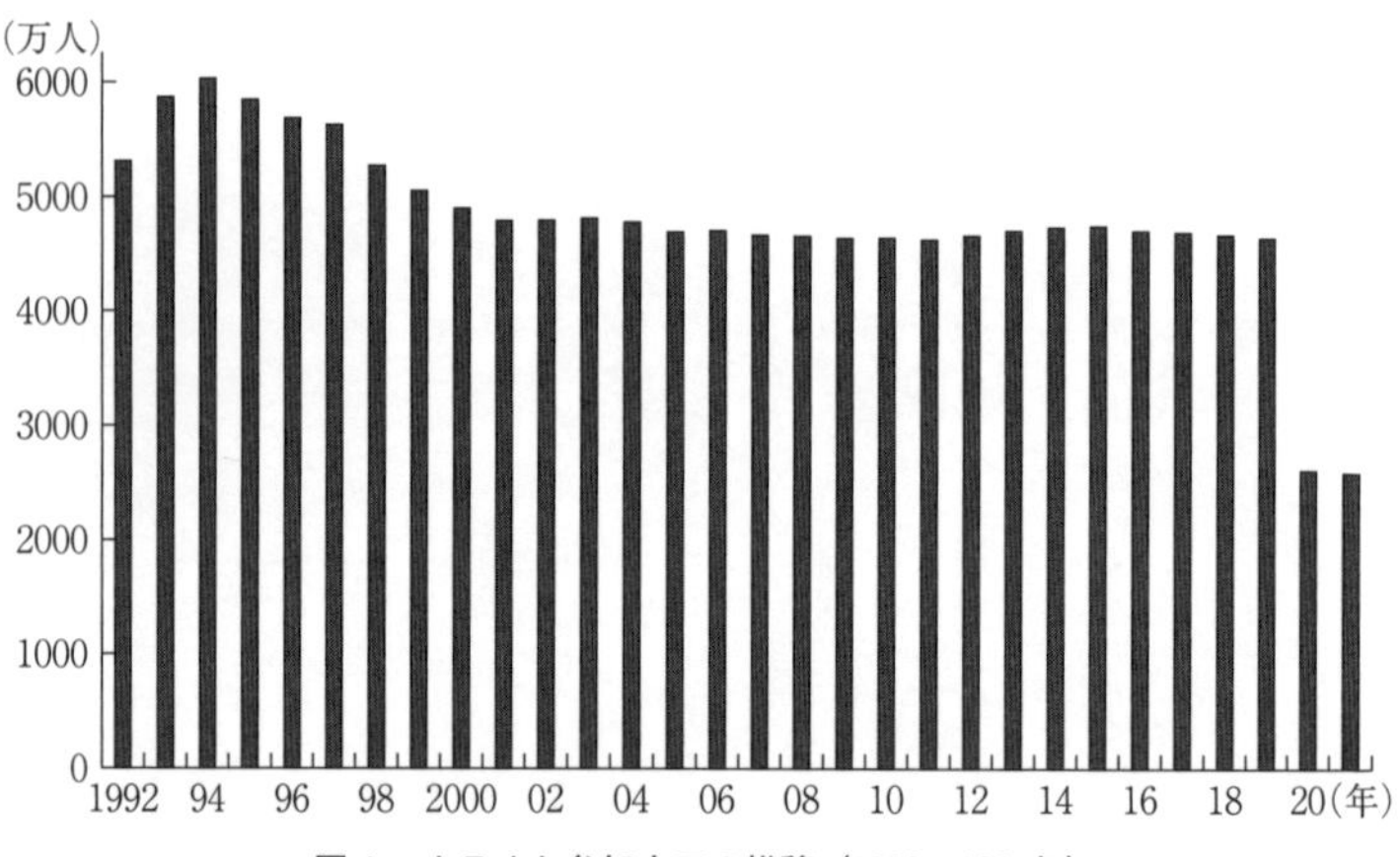

図４　カラオケ参加人口の推移（1992〜2021年）

出典：全国カラオケ事業者協会より集計

字を獲得していた。たとえば、一九九〇年代に視聴率三〇パーセント以上を記録したテレビドラマは一六作品で、主題歌がミリオンセラーになったのは一一作品、そのうち四作品は二〇〇万枚以上の売り上げを記録している。(6) テレビドラマのタイアップは、CDの売り上げを左右する大きな要因のひとつになり得たのだ。もっとも、高視聴率ドラマの主題歌ということだけが、人びとのCD購買意欲を高める唯一の要因だったわけではない。テレビドラマの主題歌として量産されたCDシングルは、一九九〇年代にブームとなったカラオケで歌うための格好の商品として消費された(図4)。つまり、自覚的にせよ無自覚的にせよ、高視聴率のドラマで耳にした主題歌をカラオケで歌うために、そのCDを購入するというわけだ。そして、カラオケボックスを舞台としたカラオケのブームは、既存の音楽コミュニケーションのあり方を一変させてしまった。カラオケボックスという閉ざされた空間では、仲間うちで盛りあがることが重視された。そこで享受される音楽は、少なくとも仲間うちで共有される必要があった。音楽そのものの内容よりも、その利用価値が問われるようになったというわけだ。カラオケボックス的な音楽コミュニケーションに求められるものは、その場を盛りあげるための誰もが知っている音楽であり、高視聴率のドラマ主題歌はまさにうってつけだった。(7) こうした音楽コミュニケーションのあり方を変容させたカラオケのブームは、音楽作品の量産をうながす一端を担うことになったのだ。

工業製品としてのJ-POPの量産によってもたらされたCDバブルの背景には、タイアップソングとカラオケブームという一九九〇年代の音楽を取り巻く環境の循環があった。もちろん、一九九〇年代の音楽産業がCDバブルの恩恵を受けていたことは間違いない。ただし、一九九〇年代の音楽産業を取り巻く状況を基準にすると、ことの本質を見誤る恐れがある。つまり、音楽産業のCDバブルは、一九九〇年代という一定の期間限定的な現象にすぎなかったということだ(図5)。もちろん、九〇年代後半にCD市場規模がピークを迎えたのは事実で、その時期の状況を音楽産業の理想的なあり方としてとらえるのは自然なことだ。しかしそれは、バブル崩壊後の「失われた二〇年」を克服しようと、バブル期

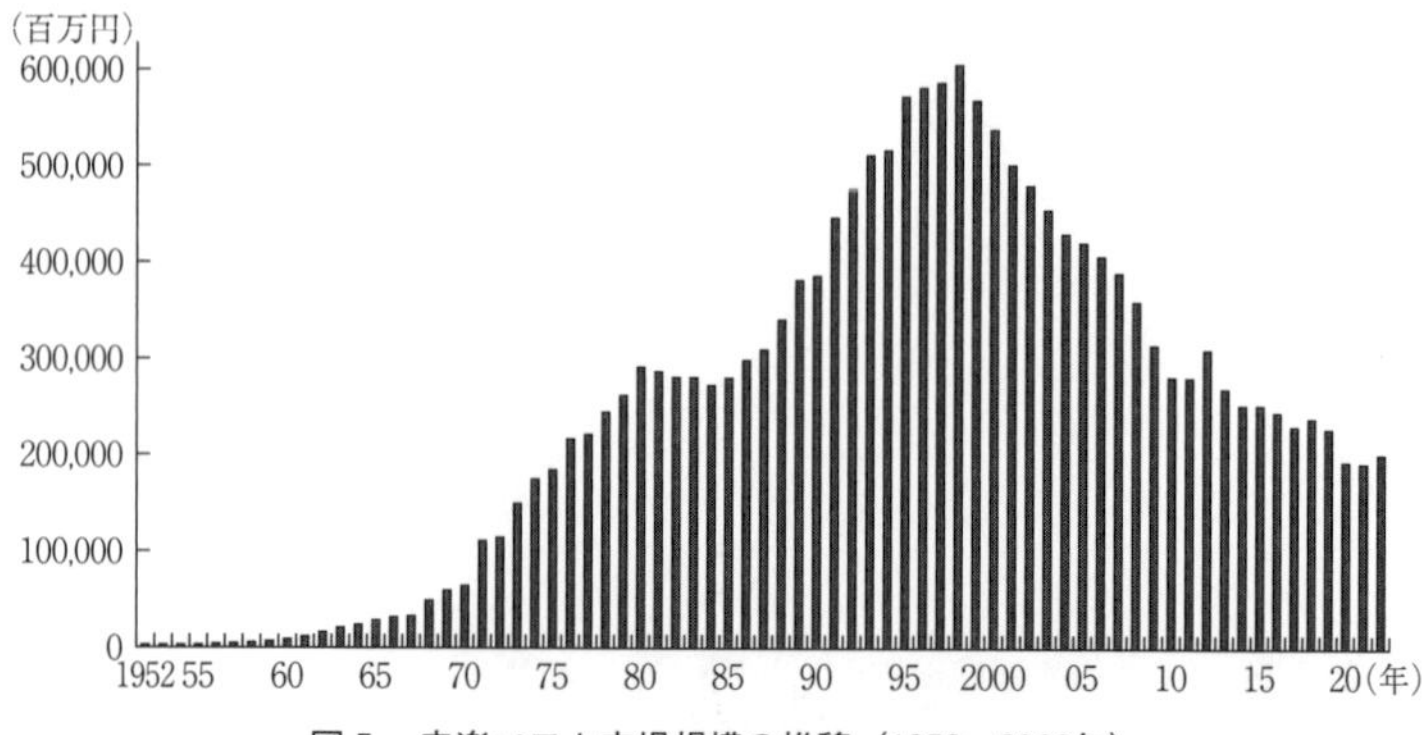

図5　音楽ソフト市場規模の推移（1952〜2022年）

出典：日本レコード協会より集計

の経済状況を理想とする心性と共通する。音楽産業のCDバブルは、バブル景気と同様に、それ自体が異常な状況だったことを自覚しなければならないはずだ。その意味においては、音楽産業みずからが、過度な資本主義に対する思考停止とも呼べる資本主義リアリズムとも結びつく、新自由主義と共犯関係にあったという見方もできるだろう(8)。

一九九八年にピークを迎えたCD市場だが、二〇〇〇年代に入るとその規模は減少の一途をたどることになる。そこで音楽産業が注目したのが、ライブ・エンタテインメント市場だった(図6)。「低迷するCD市場」と「興隆するライブ・エンタテインメント市場」という構図は、二〇〇〇年代以降の音楽産業を語るうえで常套句にさえなっている。CD市場の低迷は日本に限ったことではなく、世界的な潮流になっている(図7)。もっとも、日本は世界の動向とは異なることにも注意しなければならない。日本のCD市場が低迷していることは事実だが、CDを含む有形のコンテンツと、インターネット配信やストリーミングなどを含む無形のデジタルというメディアの違いによるシェアの比率をみると、日本は圧倒的に有形コンテンツの割合が高いことが理解できる(図8、9)。その背景には、日本の音楽産業が慣例としておこなってきた再販制度と特約店制度がある。また、「AKB商法」

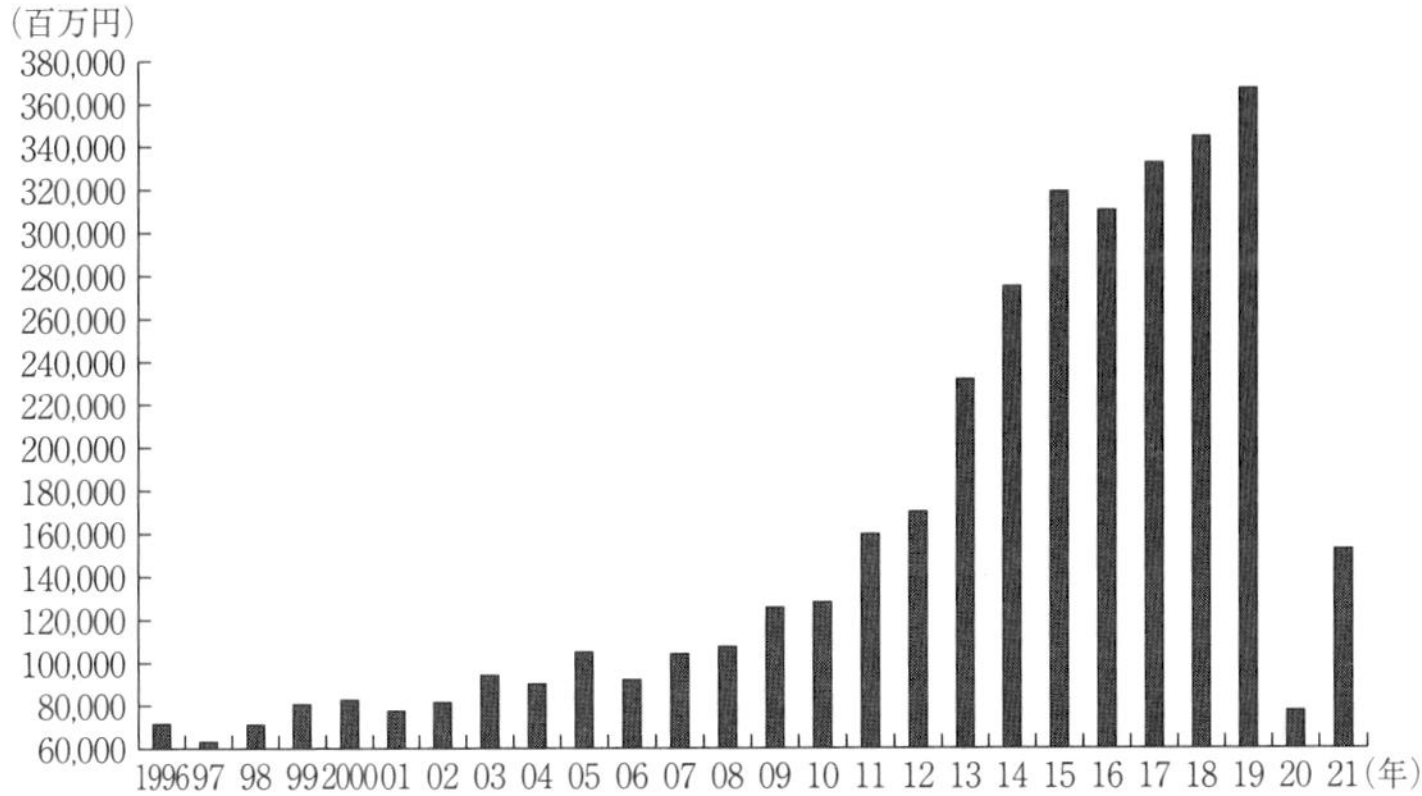

図６　ライブ・エンタテイメント市場の推移（1996〜2021年）

出典：コンサートプロモーターズ協会より集計

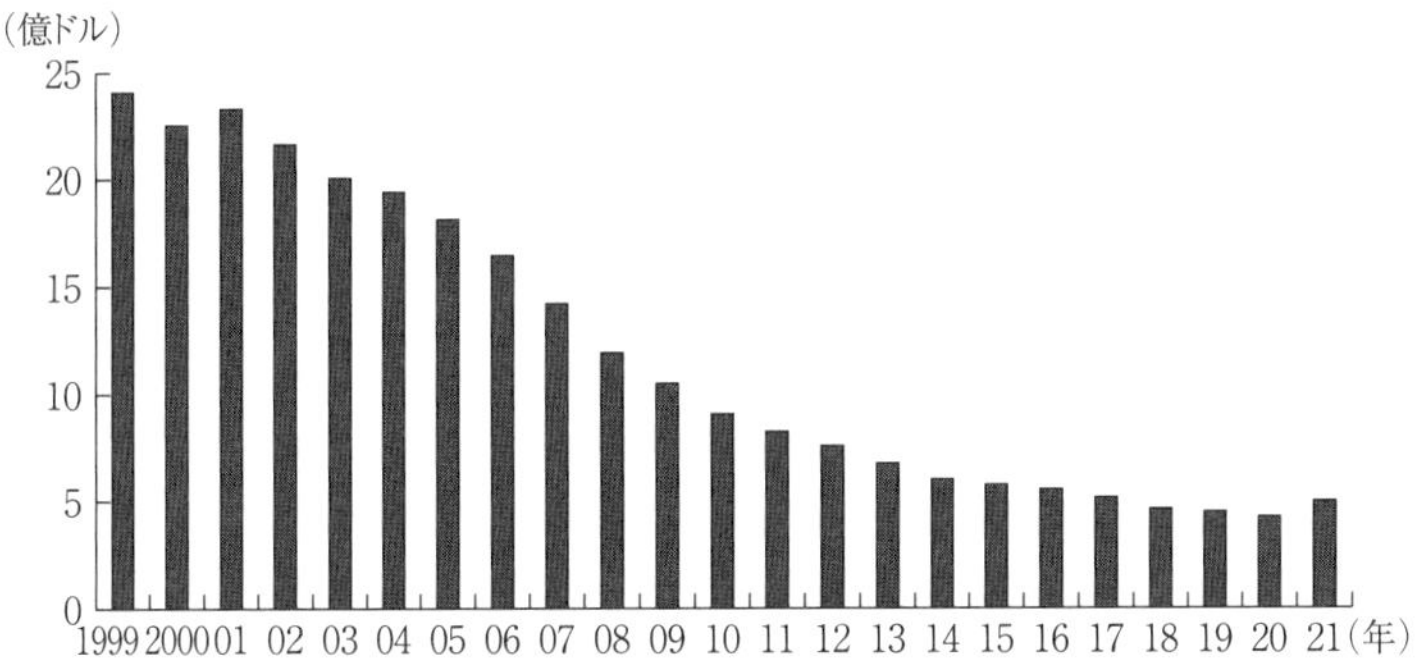

図７　世界の音楽ソフト市場規模の推移（1999〜2021年）

出典：『The Record』（日本レコード協会機関誌)、国際レコード産業連盟（IFPI）より集計

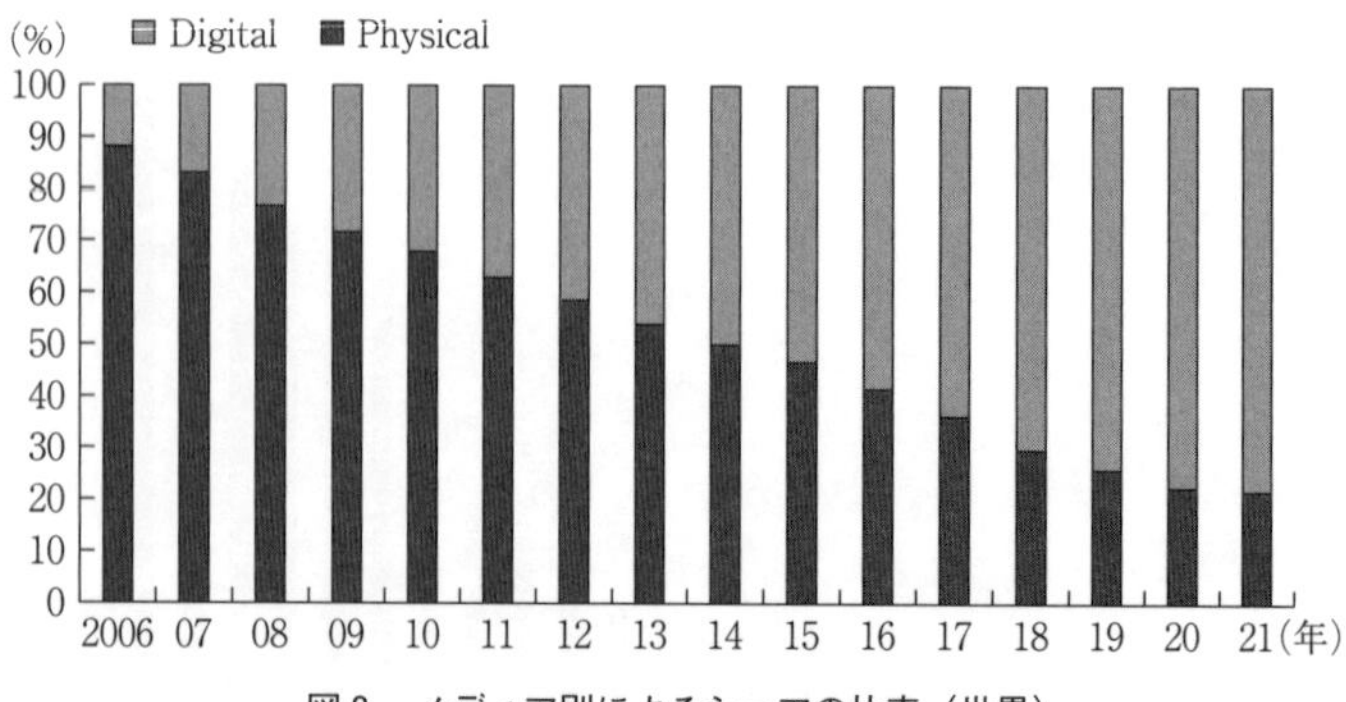

図８　メディア別によるシェアの比率（世界）

出典：『The Record』（日本レコード協会機關誌）、国際レコード産業連盟（IFPI）より集計

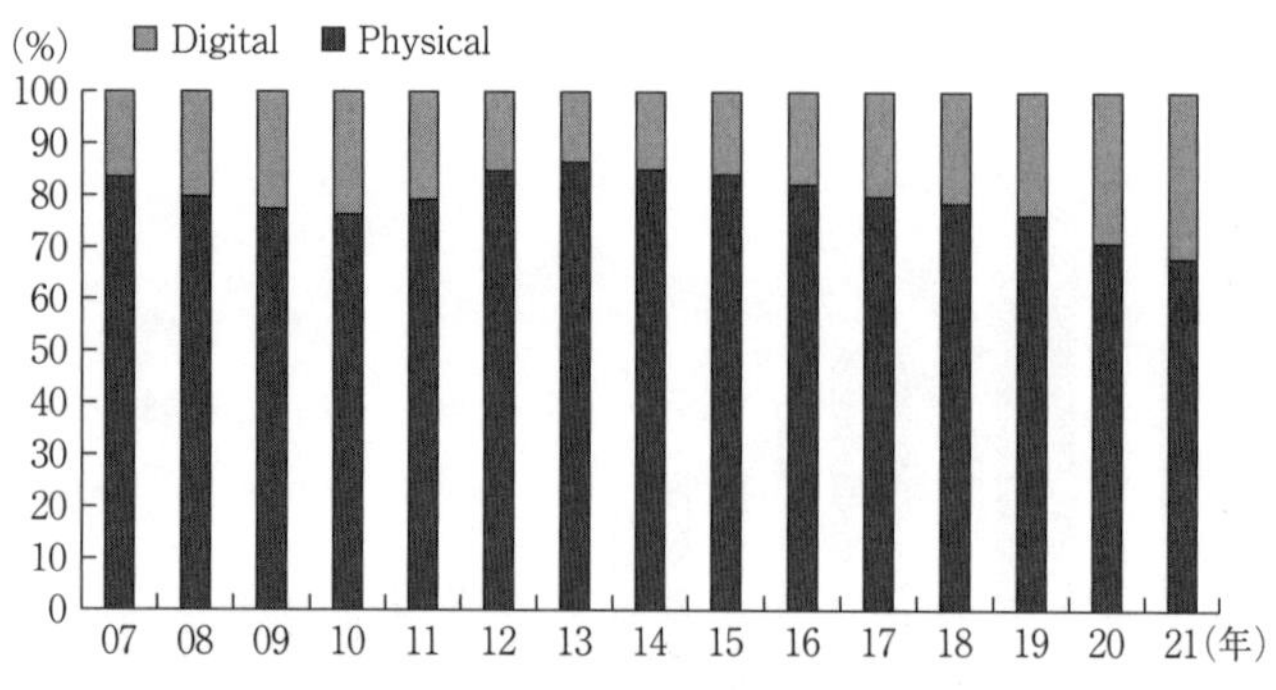

図９　メディア別によるシェアの比率（日本）

出典：日本レコード協会より集計

という言葉で揶揄された販売促進方法による二〇一〇年代のミリオンセラーの増加も、日本の音楽市場を特異なものにしている要因になっている。[9] 日本の音楽市場ではデジタルよりも有形コンテンツが優位な状況にあることは事実だが、それでもCDの市場規模はピーク時と比べて明らかに減少を続ける一方で、配信の市場規模は伸びを示している。[10] 確かに二〇〇〇年代前半にはCDバブルの余韻が残っていたが、音楽産業は既存の価値観の転換を迫られることになる。[11] そして、二〇〇〇年代後半には、「興隆するライブ・エンタテインメント市場」に大きな期待を寄せることになった。[12] 実際にライブ・エンタテインメント市場の興隆は、低迷するコンテンツ市場を抱える音楽産業にとって願ってもない好機だった。CDの売り上げが減少するなか、音楽産業ではライブの可能性への期待が高まっていた。そして二〇一一年以降も、ライブの可能性は期待されるべきはずだった——少なくとも、あの瞬間までは……。

アフターマス

二〇一一年三月一一日金曜日、午後二時四六分に発生した東日本大震災は、日本社会に大きな影響をもたらした。そして、当然のことながら、その影響は音楽文化にも及ぶことになった。そもそも、娯楽的要素が高い（とされている）ポピュラー音楽を含むポピュラー文化は、有事の際にその必要性が問われる運命にある。人びとが必要最低限の日常生活を送るうえで、ポピュラー文化はあくまでも余剰にすぎない。ましてや、有事の際の「今日を生きること」にさえ途方に暮れる人びとにとって、ポピュラー文化は生きるために必要不可欠なものから真っ先に除外されてしまう「不要不急」のものだ。言い換えれば、ポピュラー文化の存在意義が問われているのかもしれない。有事の際には、ポピュラー文化で雨風を凌げることもなければ、空腹が満たされることもないのだ。平時においては、ポピュラー文化が当たり前のものとして存在している。だからこそ、その存在意義を改めて考えることが希薄になるのも当たりまえの話だ。3・11前夜の音楽産業では、ライブの可能性への期待が高まっていた。その前提にあったのは、一九九〇年代のCDバブルだ。そこで、音楽を消費財としてとらえる意識が形成されることになった。こうした意識は、音楽を商品として提供する音楽産業の側にだけではなく、消費する人びとの側にも浸透していた。そして、そのような意識が共有されるようになったのは、一九九〇年代の音楽を取り巻く環境によるところが大きい。もちろん、現代の超高度資本主義社会における消費文化のなかで、音楽が商品として消費されることを否定するのは不毛なことだ。そして、そのような音楽に対する認識は、人びとに広く共有されている。ましてや、有形のコンテンツであろうと、無形のライブ・エンタテインメントであろうと、それは表面的な違いにすぎない。わたしたちが日常生活のなかで接しているのは、好むと好まざるとにかかわらず、消費財としての音楽だ。[13]それは、有事の際に「不要不急」と呼ばれてしまうような、あくまでも余剰にすぎないものなのだ。

3・11発生直後、つまり有事の際に、日本国内では余剰としてのポピュラー文化は「不要不急」であるという論調が優勢になった。[14]「自粛」や「不謹慎」が正当化されるなか、日常のいたるところで、まるで喪に服したかのような光景が見られるようになっていた。通常のテレビ番組は報道特番へと差し替えられ、コマーシャルも被災地や被災者を配慮したものが優先された。[15]そして、音楽産業も例外ではなかった。低迷するCD市場にさらなる追い打ちをかけるように、多くの新譜CDの発売が見送られることになった。[16]さらに、音楽産業がその可能性に期待をしていた興隆するライブ・エンタテインメントにも影響は及び、予定されていた多くのコンサートやイベントの中止や延期が相次いだ。[17]そうしたなか、「歌うことしかできませんが……」という言葉とともに、インターネット上の動画サイトYouTubeにみずからのパフォーマンスをアップしたスキマスイッチは、「自粛」や「不謹慎」という文脈のもとで批判を受けることになった。[18]この「歌うことしかできませんが……」という発言をめぐって、インターネットではちょっとした騒動が巻き起こった。TBSの情報番組『情報7daysニュースキャスター』(二〇一一年三月二六日放送)の「編集長は見た!空気の読めない人達」というコーナーで、司会進行役のビートたけしは、3・11に想定外の行動をとった八人を例としてあげながら、皮肉交じりの毒舌で紹介した。そのなかの一例には、「「僕らは歌うことしかできません」と言って全然知らない歌を延々歌う全然知らない歌手」があった。名指しこそされなかったものの、インターネットではこれがスキマスイッチではないかという憶測が飛び交ったのだ。真偽のほどは定かではないが、「歌うことしかできません」という言葉がスキマスイッチを連想させてしまったのだ。[19] もちろん、スキマスイッチの行為に悪意があったわけではない。[20] それにもかかわらず多くの批判が噴出したのは、余剰としてのポピュラー文化という意識が広く共有されていたからに違いない。[21] 平時においては何ら差し障りのないものでさえも、有事の際には「自粛」や「不謹慎」に相当してしまう。結局のところ、ポピュラー文化はあくまでも余剰にすぎないというわけだ。そのような認識を踏まえたうえで、ビートたけしは3・11直後におこなわれた雑誌のインタビューで、「よく「被災地にも笑いを」なんて言うヤツがいるけれど、今まさに苦しみの渦中にある人を笑いで励まそうなんてのは、戯れ言でしかない。しっかりメシが食えて、安らかに眠れる場所があって、人間は初めて心から笑えるんだ。悲しいけど、目の前に死がチラついてる時には、芸術や演芸なんてのはどうだっていいんだよ」と、みずからの立ち位置について冷静に語っている。[22]

はたして、3・11で露呈したものは何だったのだろうか。3・11は、地震や津波という直接的な損害をもたらした一次的な被害だけにとどまることなく、それにともなう二次的な被害、さらには三次的な被害をももたらした。[23] もちろん、一瞬のうちにいくつもの街を廃墟と化させてしまった地震や津波による被害が甚大だったことは言うまでもない。しかし、そうした一次的な被害を免れた地域や人びとも、二次的、三次的な被害を受けることになった。そして、時間の経過とともに3・11は国難としてとらえられるようになり、「自粛」や「不謹慎」に取って代わった「がんばろう！日本」や「絆」という言説が、被災国としての日本社会を覆い尽くすようになった。そのような状況のなかで、余剰としてのポピュラー文化、ひいては余剰としてのポピュラー音楽は何を担うべきかが問われることになったのだ。

「音楽の力」が意味するもの

3・11直後の社会に渦巻く「自粛」や「不謹慎」の空気は、音楽産業にも大きな影響を及ぼすことになった。そもそも、余剰としてのポピュラー音楽は、有事の際に生活のための必要最低限の条件から真っ先に除外されてしまうものだ。とは言え、そのような状況のなかでも、文化産業として機能している音楽産業は利益を得ることが優先される。そこで、音楽産業は苦肉の策として、「自粛」や「不謹慎」に取って代わった「がんばろう！日本」や「絆」という言説のもとで、音楽の持つ力を声高に訴えかけるようになったのだ(24)。もちろん、音楽が人びとに大きな影響を与えることは紛れもない事実だ。そして、音楽には人生を変えてしまうほどの力があることも確かなことだ(25)。それにもかかわらず、「音楽の力」言説には、ある種の違和感がつきまとう。ここで改めて、「音楽の力」とはどのようなものなのかを検討する必要があるだろう。

欧米では有事の際に、「音楽の力」が有効に機能してきた。それは、音楽がチャリティと結びつくことによるところが大きい。その先駆的な存在としていまなお語り継がれているのは、一九七一年にアメリカで開催されたバングラデシュの難民救済のためのイベント「バングラデシュ・コンサート」だ(26)。そして、このイベントは、のちに音楽とチャリティの結びつきを強固なものにしたふたつのプロジェクトへと継承されることになった。ひとつは、一九八四年にエチオピアの飢餓救済のためにおこなわれた「バンド・エイド」（イギリス）、そしてもうひとつは、一九八五年にアフリカの飢餓救済のためにおこなわれた「USA・フォー・アフリカ」（アメリカ）だ。どちらのプロジェクトにも、世界的に知名度のある数多くのアーティストが参加しており、音楽とチャリティの関係を広く認知させるきっかけになった(27)。その後も、音楽はチャリティとの結びつきを保ちながら、大きな力を発揮するための重要な役割を担ってきた。そして、二一世紀に入ったばかりのアメリカは、音楽とチャリティの強固な結びつきを世界に向けて発信することになった。それが、世界を震撼させた二〇〇一年九月一一日のアメリカ同時多発テロ（9・11）だった。テロが発生してからわずか一〇日後の九月二一日には、9・11の犠牲者を悼み称えるチャリティ番組が生放送された。『アメリカ―ア・トリビュート・トゥ・ヒーローズ』と題した番組は、全世界でおよそ九千万人が視聴し、寄付金は一億五千万ドル以上にも及んだ[28]。

二〇〇〇年代には自然災害へのチャリティも数多くおこなわれており、そこでもまた音楽が多大なる貢献を果たしている。二〇〇五年八月二八日にアメリカ南東部で発生したハリケーン・カトリーナでは、被災者や被災地を支援するためのコンサートやチャリティ番組が企画され、賛同した多くのアーティストが参加した。その結果、チャリティ番組に寄せられた義援金は数千万ドルにも及ぶことになった[29]。二〇一二年一〇月にアメリカ東海岸で発生したハリケーン・サンディでは、一一月二日に『ハリケーン・サンディ―カミング・トゥゲザー』がテレビで放映され、二三〇〇万ドルの寄付金が集まった[30]。また、一二月一二日には「ザ・コンサート・フォー・サンディ・リリーフ」が開催され、テレビ、ラジオやインターネットで生中継されたイベントの義援金は、チケットの収益を含めて五千万ドルになった[31]。さらに、アメリカ国内にとどまらず、国外で起こった自然災害へのチャリティもおこなわれている。二〇一〇年一月一二日にハイチ共和国で発生した地震では、一〇日後に『ホープ・フォー・ハイチ・ナウ』と題したチャリティ番組が放映され、五八〇〇ドルの義援金が集まった[32]。また、二〇一〇年は音楽とチャリティの関係を強固なものにしたプロジェクト「USA・フォー・アフリカ」から二五年という節目の年でもあったことから、「ウィ・アー・ザ・ワールド25・フォー・ハイチ」がリリースされた[33]。そして、言うまでもなく二〇一一年の3・11においても、アメリカを含めた世界各国から、日本へ向けて多くの支援の手が差し伸べられることになった[34]。

日本国内においても、有事の際に音楽が大きな力を発揮してきたのは事実だ[35]。そして、当然のことながら、3・11の際にも音楽が果たした役割は大きかった。たとえば、オムニバスCDや楽曲配信[36]、あるいはチャリティを掲げたイベント[37]による収益は、被災地や被災者への義援金に充てられた。結果的に、多くの人たちが「がんばろう！日本」や「絆」という言説に裏付けられた「音楽の力」を実感することになったのだ[38]。また、欧米では多額の義援金を集めるための重要な役割を担ったチャリティ番組は、日本でも「音楽の力」言説をともないながら放映されることになった[39]。とくに象徴的だったのは、3・11発生から二週間あまりが経った二〇一一年三月二七日に放映された、フジテレビの『上を向いて歩こう―うたでひとつになろう日本』という特別番組だ[40]。もちろん、この番組がチャリティとして成立していたことは間違いない。ただし、欧米で放映されたチャリティ番組と比べると、純然たるチャリティとは異なる背景が見え隠れする。そもそも、この番組が放映されるにいたった経緯には、同じ時間帯に開催されるはずだった世界フィギュアスケート選手権が中止になったという事実がある。穴埋めの代替番組を放映しなければならなくなり、そこで企画されたのがこのチャリティ番組だったというわけだ。さらに、この番組の放映によって、どれほどの義援金が集まったかどうかは定かでない[41]。むしろ、そこでは「音楽の力」言説ばかりが誇張され、チャリティの側面がおざなりになってしまった。それは、テレビのチャリティ番組に限ったことではなく、音楽産業による「音楽の力」言説の流布としてとらえることができるだろう。

チャリティにおける音楽の役割は大きく、その影響力も大きいことは間違いない。それにもかかわらず、少なくとも欧米と比べて日本でチャリティが有効に活用されにくいのは、音楽産業がポピュラー音楽の存在意義を自覚することなく、みずからの正当性を主張しているという点にあるだろう。日本ではチャリティが、目的ではなく手段として利用されているようにさえ思われる。つまり、音楽産業は「音楽の力」言説を正当化させるためにチャリティを利用したということだ。もちろん有事の際には、被災地や被災者に思いを寄せるのは疑いようもない事実だ。そして、3・11の際には「音楽の力」の名のもとに、音楽産業は被災地や被災者に寄り添うことを強調してきた。それをうながしたのは、3・11前夜に構築された音楽に対する認識にほかならない。もちろん、「音楽の力」が、物理的にも精神的にも、被災地や被災者に大きな恩恵をもたらしたのは明らかだ。それと同時に、「音楽の力」を強調してまでも、音楽産業が余剰としてのポピュラー音楽に必然性を付与しなければならなかったのも事実だ。こうした両義性が、「音楽の力」言説に違和感を抱かせているのだ。そして、ここで改めて評価しなければならないのは、「音楽の力」の質ということになるだろう。奇しくも3・11は、有事の際の「音楽の力」の有用性を問うことになったのだ。

はたして、3・11という有事の際に、いったい誰が音楽を必要としたのだろうか？　そもそも、音楽そのものが求められたのだろうか？　3・11で露呈したのは、有事の際におけるポピュラー音楽の存在意義だ。平穏な日常生活のなかでは、ポピュラー音楽が自明のものとして存在している。その自明性には、音楽産業が提供する消費財としてのポピュラー音楽を人びとが消費するという認識も含まれる。そして人びとは、何の疑いを抱くこともなく音楽と接しているのだ。3・11では、平穏な日常のなかでは無自覚になりがちな、余剰としてのポピュラー音楽のあり方が問われることになった。そして、そこで必要になったのが、「音楽の力」言説の流布だった。3・11は、義援金を寄付することによって被災地や被災者を支援するという直接的な力と同時に、精神的な支えとなって人びとに寄り添うという間接的な力があることを知らしめた。3・11直後の「自粛」や「不謹慎」から、時間の経過とともに取って代わった「がんばろう！日本」や「絆」という言説の変化に呼応するかのように、音楽産業は「音楽の力」言説のもとでポピュラー音楽の存在意義を誇示しながら、みずからの正当性を主張するようになった。そこからは、被災者や被災地を支援することになった「音楽の力」の可能性を見いだすことができる。しかし、それと同時に、「音楽の力」に頼らざるを得ない音楽産業の内実も窺い知ることができる。3・11が多くの人びとに、ポピュラー音楽の存在意義を自覚的に意識する機会を与えたことは間違いない。そして、もしかしたら、ポピュラー音楽の自明性を問い直す契機にもなり得たはずだった——3・11からわずか二ヶ月後には、「自粛」や「不謹慎」という言説も希薄になり、それに取って代わった「音楽の

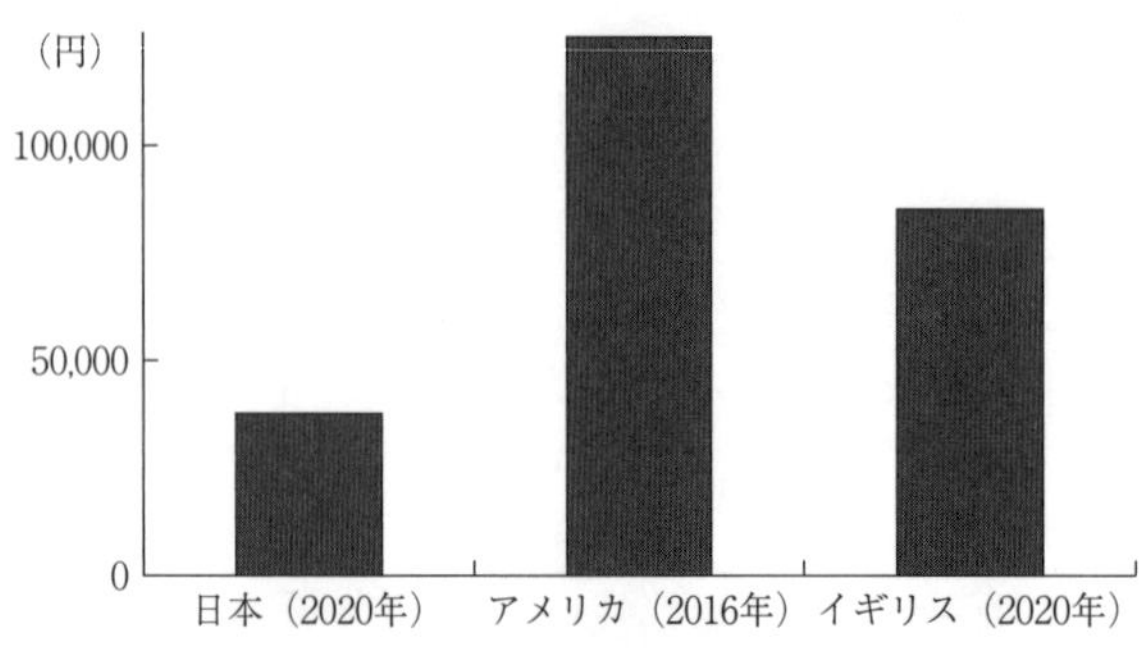

図10　個人の平均寄付金額（年間）

出典：『寄付白書2021』（日本ファンドレイジング協会、2021年）より集計

力」言説に頼る必要もなく、余剰としてのポピュラー音楽は消費財として、平穏な日常のなかに溢れるようになっていた[42]。

チャリティと政治性

音楽とチャリティの結びつきは、その関係が強固な欧米に比べると日本では希薄になりがちだ。それは、欧米と日本の日常的なチャリティに対する認識の違いによるところが大きい。日本と欧米の社会、経済、あるいは文化の違いは、人びとのチャリティに対する接し方に大きな影響を及ぼしている[43]。具体的なデータから読み解くと、個人の年間寄付金額の平均は、アメリカが最も多い一一五五ドル（一二万五六六四円）、イギリスが六二四ポンド（八万五四三二円）、そして日本が最も少ない三万七六六七円となっている（図10）。また、直近一ヶ月の寄付者率では、イギリスが最も多い五九パーセント、アメリカが四五パーセント、そして日本が最も少ない一二パーセントとなっている（図11）。もっとも、欧米と比べてチャリティに対する認識が希薄な日本でさえも、3・11が人びとのチャリティに対する態度を積極的なものにしたのは事実だ（図12）。そして、そこで音楽がチャリティと結びついたのも間違いない。実際のところ、3・11を契機として、個人寄付推計総額は二〇一〇年の四八七四億円から、二〇二〇年の一兆二一二六億円と増加している[44]（図13）。ただし、寄付者率の増加は二〇一

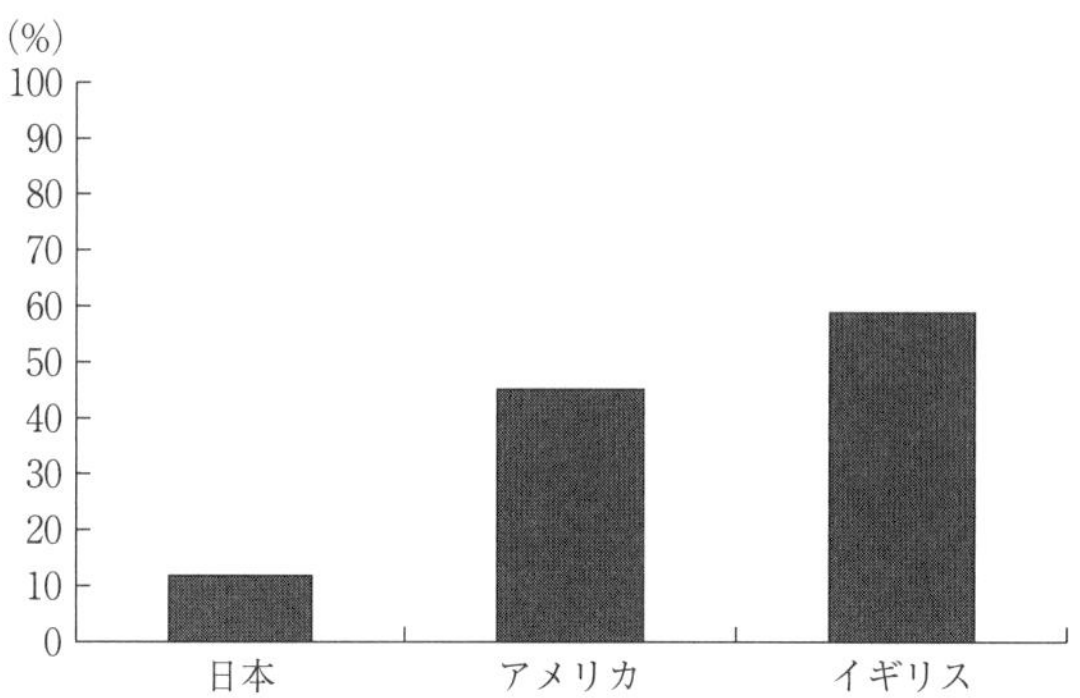

図11　直近1ヶ月の寄付者率（2021年）

出典：『寄付白書2021』（日本ファンドレイジング協会、2021年）より集計

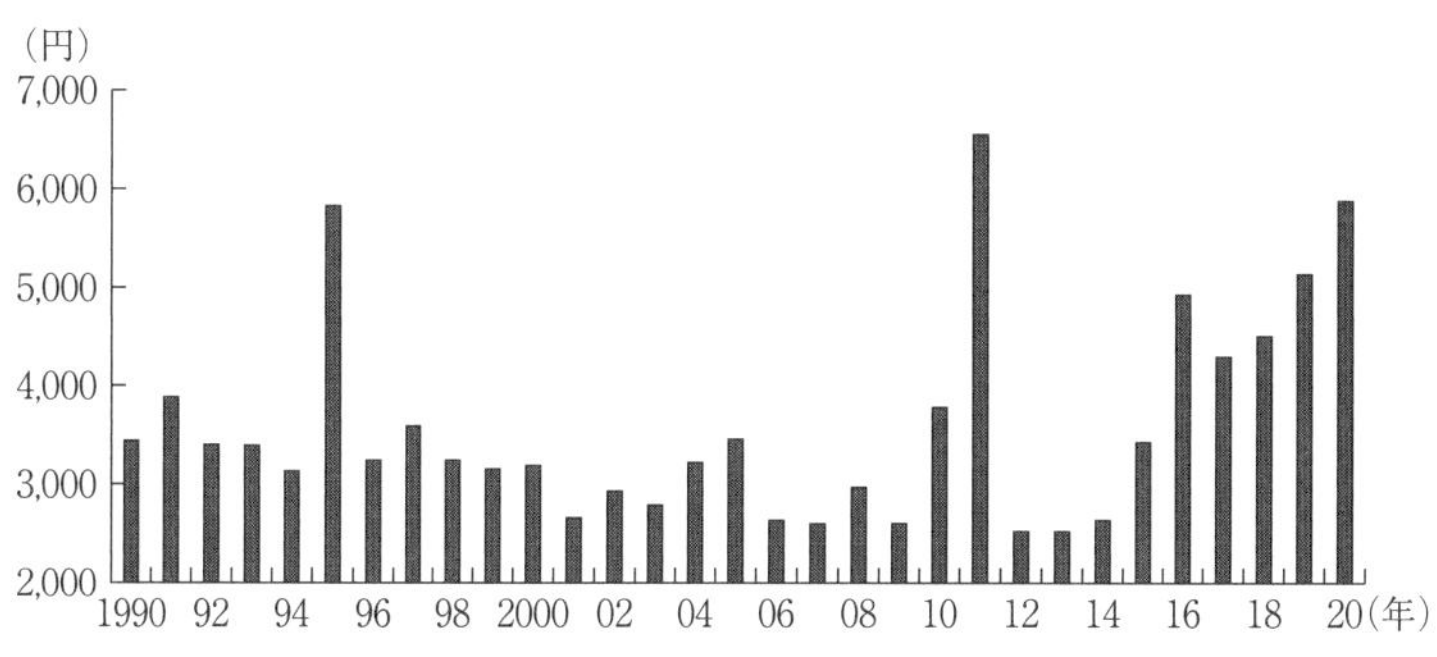

図12　世帯別平均寄付の推移

出典：総務省「家計調査　家計収支編」（全国二人以上の世帯）より集計

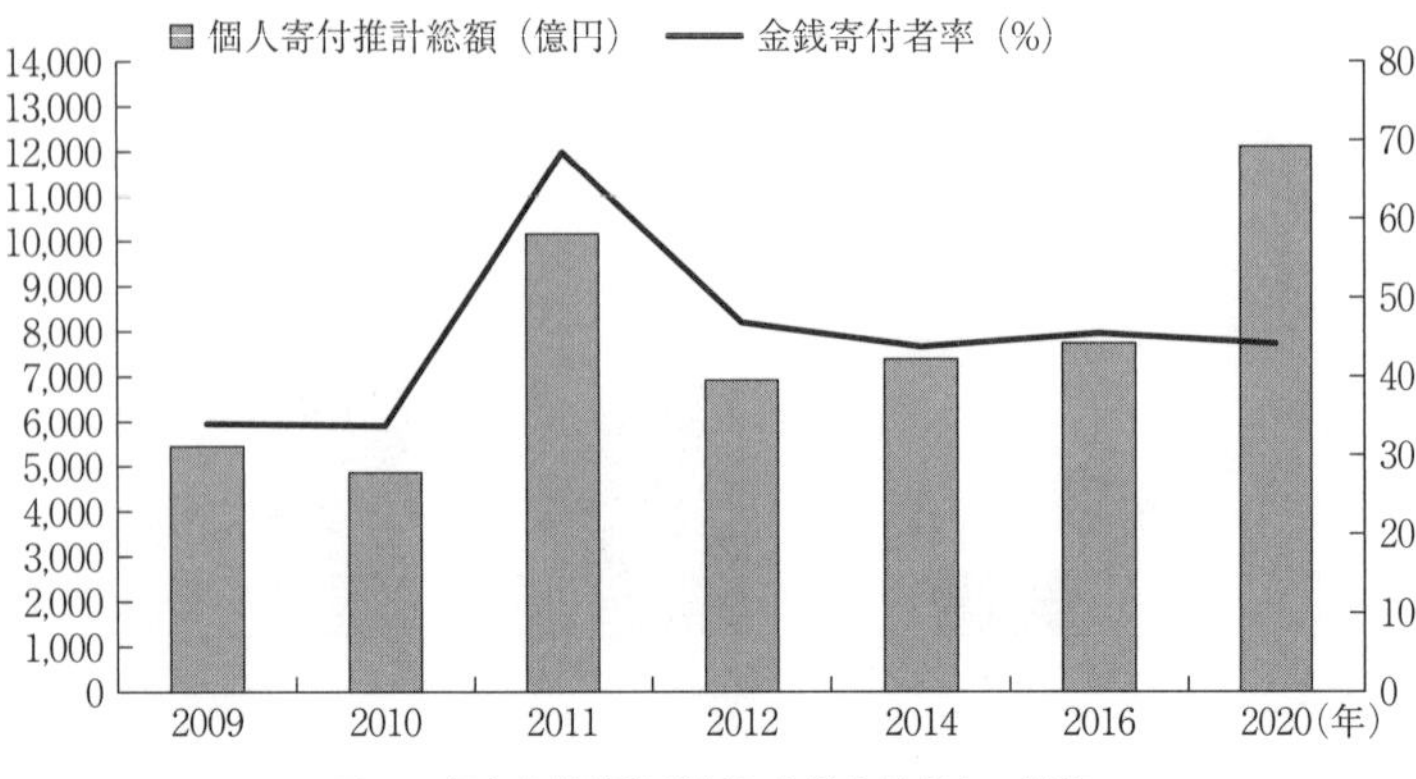

図13　個人寄付推計総額と金銭寄付者率の推移

出典：『寄付白書2021』（日本ファンドレイジング協会、2021年）より集計

〇年の三三・七パーセントから二〇二〇年の四四・一パーセントの伸びにすぎない[45]（図13）。こうした状況から、日本ではチャリティを掲げた「音楽の力」が有効に機能しているのかについては、検討の余地があるだろう。

　個人のチャリティへ関与する度合いについては、イギリスが突出して高いことは明らかだ。今日のイギリスに見られるチャリティに対する人びとの態度は、歴史的な変遷から形成されてきた背景によるところが大きい[46]。もっとも、ここでの目的ではチャリティの全貌を理解することではなく、あくまでも音楽とチャリティの関係を紐解くことだ。音楽とチャリティの結びつきを世界的に印象づけたのは、一九八四年の「バンド・エイド」と一九八五年の「USA・フォー・アフリカ」だった。そして、ふたつのプロジェクトの帰結として、一九八五年七月一三日に開催されたのが「ライヴ・エイド」だった。一九八〇年代のイギリスでは、チャリティが再評価されることになった。それは、「国家福祉を前提にした国民経済の国際競争力の低下と世界的な新自由主義的傾向を敏感に読み取った、一九七九年からのサッチャー政権による福祉削減政策、および「社会などというものはありません」という発言や、「ヴィクトリア時代への回帰」すなわち福祉依存ではなく自助努力を強調する姿勢と関連している」[47]のだ。歴史的に「チャリティの伝統を誇るイギリスは、戦後の四〇年ほど、チャリティを忘れていた[48]」時代を経て、一九八〇年代に顕在化した新自由主義的な政策によってチャリティが見直されることになった。そのような時代の空気のなかで、一九八四年一〇月に放映されたエチオピア飢饉に関するBBCの報道番組は、イギリス世論に大きな課題を投げかけた。その番組に衝撃を受けたアイルランド出身のボブ・ゲルドフは、スコットランド出身のミッジ・ユーロと〈ドゥ・ゼイ・ノウ・イッツ・クリスマス？〉を書きおろし、「バンド・エイド」を主導することになった。クリスマスに合わせて発売された作品は、三〇〇万枚を売り上げ、数百万ポンドの収益はエチオピア救済のために寄付された。イギリスでのプロジェクトはアメリカの「USA・フォー・アフリカ」へと伝播し、〈ウィ・アー・ザ・ワールド〉は全世界で一〇〇〇万枚の売り上げを記録した。さらに、ゲルドフは「バンド・エイド・トラスト」を設立し、「ライヴ・エイド」を開催することになった。ロンドンのウェンブリー・スタジアムとフィラデルフィアのジョン・F・ケネディ・スタジアムをメイン会場としてイギリスとアメリカで同時開催されたイベントは、世界一五〇ヶ国の一九億人がテレビで視聴したとされ、一億五千万ポンドの寄付金が集まった。まさに、「史上空前のチャリティ・イベント」が開催されたのだ[49]。

「チャリティの伝統を誇るイギリス」という文脈からは、「エチオピアの飢餓を救おうと一九八五年に世界を巻き込んで行われた大コンサート「ライヴ・エイド」はイギリス（アイルランド）のアーティストが中心となって始まったものだし、その二〇周年を意識して、二〇〇五年には七月のスコットランドで開かれたG8サミットに合わせて、ふたたびイギリスがリードする形で「ライヴ8」と題する世界をつなぐ大コンサートが開催された[50]」という連続性が確認できる。二〇〇五年七月六日からスコットランドでおこなわれたG8首脳会議に先駆けて、七月二日にアフリカ支援を訴えるチャリティ・イベント「ライヴ8」が開催された。ネット中継は一七万五千人、テレビ番組は二九〇万人が視聴し、会場の観客は全世界九ヶ国で数百万人規模に及んだ。そして、開催趣旨であるアフリカの貧困問題にも一定の成果をあげることができた。ボブ・ゲルドフはU2のボノ（アイルランド出身）と共に各国首脳と会談し、その結果、G8はアフリカへの政府開発援助額の倍増で合意することになった。[51] アフリカ支援という「ライヴ・エイド」からのチャリティ・イベントとしての流れを汲んだ「ライヴ8」は、チャリティの文脈を大きく超えて、より政治色の濃いものになっていたのだ。もっとも、チャリティは政治と乖離したものではなく、むしろ密接な関係があるものだ。ところが、3・11直後の日本における「音楽の力」言説に含まれるチャリティの文脈には、政治から距離を置こうとする姿勢が見え隠れする。そして、日本における音楽とチャリティに対する態度は、一九八〇年代から現在にいたるまで変わっていないのかもしれない。[52]

史上空前のチャリティ・イベントとして成功を収めた「ライヴ・エイド」だが、「レイシスト的と言わざるを得ないアフリカ表象のありかたといい、市場性といい、イギリスにおける数百年に及ぶチャリティの伝統の枠内に位置付けられる[53]」という側面もある。そこからは、チャリティと政治の近接性を窺い知ることもできる。マーク・フィッシャーは、「資本主義におけるイデオロギーの役割とは、プロパガンダのように何かに対して明示的な主張を行うことではなく、むしろ資本があらゆる主観的信念に依存しないで機能できるという実態を隠蔽することになる[54]」と述べている。そして、（ボノのような）グローバル・エリートによって企画された「ライヴ8」を「ハイパー商業主義のイベント」と辛辣に断言する。[55] そのうえで、「一九八五年における最初の「ライブ・エイド」コンサート以来、今にいたるまでのイデオロギー的強要では、「思いやりのある人々」こそが、政治問題の解決や制度の改変を通過する必要もなく、そのまま飢餓に終止符を打つことができる、という主張が繰り返されてきた[56]」と述べている。

もちろん、「ライヴ・エイド」や「ライヴ8」がチャリティであることに間違いないが、それは日本におけるチャリティの文脈で理解すると真意を見誤りかねない。少なくとも日本では、チャリティが孕む政治性について自覚的に議論される機会が少なかった。それを踏まえながら、改めて音楽とチャリティの関係を見直す必要はあるだろう。

注

（1）3・11発生から二日後の二〇一一年三月一三日に、被災者に向けて〈奏〉（二〇〇四年リリース）を演奏する動画が投稿された。YouTube のページには、「今僕たちには、歌う事しかできませんが、音楽が何かの力になればいいなと思います」という、彼ら自身によるコメントが添えられている（「スキマスイッチ 奏（かなで）」[http://www.youtube.com/watch?v=wtjzyniws9o] 二〇二三年四月二日閲覧）。

（2）ぴあ総研の調査によると、二〇一五年のライブ・エンタテインメント市場規模は、二〇一二年から四年連続で過去最高を更新しており、市場全体では五一一九億円、音楽市場だけでも三四〇五億円を記録している（「ライブ・エンタメ市場規模は4年連続で過去最高。音楽市場が大幅に伸長」『ぴあ』[http://corporate.pia.jp/news/detail_live_enta2016.html] 二〇二三年四月二日閲覧）。ただし、二〇一六年の市場規模は前年比を二パーセント下まわり、市場全体では五〇一五億円、音楽市場だけでは三三七二億円になっている。これは、首都圏を中心に、改修にともなう閉鎖や老朽化による解体が相次ぐことによってライブ会場が不足する「二〇一六年問題」のために、公演数が減少したことが影響していると考えられる（「ライブ会場不足問題が表面化。2016年ライブ・エンタテインメント市場は微減となるも、高水準を維持」『ぴあ』[http://corporate.pia.jp/news/detail_live_enta2017.html] 二〇二三年四月二日閲覧）。その後は堅調な伸びを示したものの、二〇二〇年の新型コロナウイルス感染症による損失は大きな打撃となった。音楽産業へのコロナ禍の影響については、第7章で説明している。

（3）工業製品としてのJ-POPについては、宮入恭平『J-POP文化論』（彩流社、二〇一五年）に詳しい。

（4）二〇一〇年代に増加したミリオンセラーは、「AKB商法」と呼ばれる販売促進方法によるところが大きい（さやわか『AKB商法とは何だったのか』太陽図書、二〇一三年）。

（5）タイアップソングとカラオケがCDの売り上げに及ぼす影響については、柴那典『ヒットの崩壊』（講談社現代新書、二〇一六年）、速水健朗『タイアップの歌謡史』（洋泉社新書y、二〇〇七年）や前掲『J-POP文化論』に詳しい。

（6） ミリオンセラー作品は売り上げ順に、『素顔のままで』（米米CLUB〈君がいるだけで〉二八九・五万枚）、『101回目のプロポーズ』（CHAGE & ASKA〈SAY YES〉二八二・二万枚）、『東京ラブストーリー』（小田和正〈ラブ・ストーリーは突然に〉二五八・八万枚）、『あすなろ白書』（藤井フミヤ〈TRUE LOVE〉二〇二・三万枚）、『ロングバケーション』（久保田利伸〈LA LA LA LOVE SONG〉一八五・六万枚）、『愛という名のもとに』（浜田省吾〈悲しみは雪のように〉一七〇・三万枚）、『ずっとあなたが好きだった』（サザンオールスターズ〈涙のキッス〉一五四・九万枚）、『家なき子』（中島みゆき〈空と君のあいだに〉一四六万枚）、『妹よ』（CHAGE & ASKA〈めぐり逢い〉一四六万枚）、『ひとつ屋根の下2』（Le Couple〈ひだまりの詩〉一五五・五万枚）、『誰にも言えない』（松任谷由実〈真夏の夜の夢〉一四三・二万枚）となっている。ドラマの視聴率とミリオンセラーについては、以下を参考にしている（「90年代プレイバック2」[http://www.sonymusic.co.jp/Music/International/Special/90sreunion/popup/02.html] 二〇一八年三月一〇日閲覧、「大手芸能事務所に支配された『平成テレビドラマ全史』」[http://gendai.ismedia.jp/articles/-/52620] 二〇二三年四月二日閲覧、前掲『タイアップの歌謡史』、一四九〜一七〇ページ）。

（7） 宮台真司、石原英樹、大塚明子『増補 サブカルチャー神話解体―少女・音楽・マンガ・性の変容と現在』ちくま文庫、二〇〇七年、一七五〜一七七ページ

（8） 資本主義リアリズムについては、序章で説明している。

（9） 山口哲一「やっとSpotifyが始まった「世界2位」日本の音楽市場の現状と展望」『nippon.com』[https://www.nippon.com/ja/currents/d00262/#auth_profile_0] 二〇二三年四月二日閲覧

（10） 二〇二二年の割合は、有形コンテンツの六五・八パーセントに対して、デジタルが三四・二パーセントとなっている（『日本のレコード産業2023』日本レコード協会、二〇二三年、一ページ）。

（11） インターネットの普及や人びとの嗜好の変容といった社会的な背景は、音楽産業に大きな影響を及ぼすことになる。こうした状況は、前掲『ヒットの崩壊』で触れられている。

（12） 津田大介、牧村憲一『未来型サバイバル音楽論』（中公新書ラクレ、二〇一〇年、二三四〜二四四ページ）、毛

利嘉孝『ポピュラー音楽と資本主義』(せりか書房、二〇〇七、一八八ページ)など。また、ライブ市場の拡大を受けて、ライブ・エンタテインメントが脚光を浴びる時代になったという記事が掲載された(八木良太「大型イベントなど、ライブ市場は拡大」『エコノミスト』二〇〇八年七月二九日号、三六~三七ページ)。また、音楽評論家の湯川れい子は、「ひとことで言うなら、レコード業界は不況、ライブは盛況というのが、一〇年の音楽業界を総括する言葉だと思う」と語っている(『現代用語の基礎知識 二〇一一年版』自由国民社、二〇一一年、一二〇九ページ)。

(13) もちろん、音楽に商品価値が見いだされたのは、最近のことではない。たとえば、録音技術が確立する以前の一九世紀末から二〇世紀前半には、「ティン・パン・アレー」として知られた楽譜を出版する音楽出版産業が台頭していた。ここでは、あくまでも震災前夜の状況を描写するために、一九九〇年代の音楽環境の循環によって形成された、音楽を消費財としてとらえる意識に注目している。

(14) 3・11直後の論調は、コロナ禍における「文化は不要不急か」という議論への連続性としてとらえることができる。この話題については、第7章で扱っている。

(15) 「東日本大震災の災害報道 発災後2週間のテレビとラジオ」『放送研究と調査』61-5、七八~八一ページ、NHK放送文化研究所編、二〇一一年五月

(16) エイベックスでは、二〇一一年三月二三日~三一日にかけて予定していたCDやDVDなど六一七タイトルの発売を延期した。3・11により、物流ルートの確保が難しくなったことに加え、消費者の心情に配慮したためだった(「エイベックスは震災後に株価急落、安室奈美恵など67タイトルが発売延期に」「東洋経済オンライン」二〇一一年三月一五日 [http://toyokeizai.net/articles/-/6253] 二〇二三年四月二日閲覧)。

(17) 3・11発生直後から、コンサートやイベントの中止や延期は相次いだ(「舞台や演劇も震災で公演中止・変更」『朝日新聞』二〇一一年三月二三日)。いつ終わるとも分からない余震への不安は、多くの観客を収容するコンサートやイベントの中止や延期を余儀なくさせた。また、原発事故にともなう電力不足は、ライブ・エンタテインメントの華やかな演出を困難にさせた。さらに、「自粛」や「不謹慎」という言説は、オーディエンスをライブ・エンタテインメントから遠ざけることになった。結果的に、3・11の影響により最初に倒産したのは、福岡市に本社を置くイベント企画・運営企業のビーアイシーだった。3・11の影響で企画していた人気アーティストのコ

ンサートが中止や延期となったことが、倒産の大きな要因になった（「震災倒産第1号…イベント会社、人気バンドの公演中止が原因か」「夕刊フジ」二〇一一年三月二五日［https://www.zakzak.co.jp/entertainment/ent-news/news/20110325/enn1103251551019-n1.htm］二〇二三年四月二日閲覧）。なお、３・11関連による倒産は、一二年が経過した二〇二三年二月二八日現在、累計二〇一九件に達している（「東日本大震災から12年、震災関連倒産は累計２０１９件に」『東京商工リサーチ』［http://www.tsr-net.co.jp/news/analysis/20230307_02.html］二〇二三年四月二日閲覧）。

（18）冒頭でボーカルの大橋卓也が「歌うことしかできませんが、聞いてください」と語りかけ、常田真太郎のピアノ演奏に合わせて「奏」を歌っている。

（19）震災を振り返って、ビートたけしは著書のなかで、「震災直後はとにかく、自粛、自粛ってムード一辺倒だった。その代わりかどうかはわかんないけど、いろんな芸能人が被災地に殺到してたよな。被災者支援のステージに炊き出し……。「僕たちには歌しかない」とか言って、よく知らない歌手までこぞって東北に行ってたもんだ」と語っている。このことから、ビートたけしがテレビ番組で取り上げたのがスキマスイッチではないことが想像できる（ビートたけし『ヒンシュクの達人』小学館新書、二〇一三年、四二ページ）。

（20）宮城県出身の富澤たけし（サンドウィッチマン）は自身のブログに、スキマスイッチからのメッセージを公開している。「きっと音楽が出来ることも少しはあるのかなと……」という動画を投稿した動機とも思われる言葉のあとに、「現場の空気が全く分からないので「そんな不謹慎なものいらない」「そんなの見る余裕がない」「節電中にYouTubeなんて以てのほか」と感じられる人がたくさんいるとは思います。お前は何も知らないと思われても全然大丈夫です」という言葉が綴られている（「できること」『富澤たけしオフィシャルブログ』二〇一一年三月一四日［https://ameblo.jp/takeshi-tomizawa/entry-10830895781.html］二〇二三年四月二日閲覧）。

（21）ビートたけしは、「オイラたち芸人にできることがあるとすれば、震災が落ち着いてからだね。悲しみを乗り越えてこれから立ち上がろうって時に、「笑い」が役に立つかもしれない。早く、そんな日がくればいいね」と語っている（前掲『ヒンシュクの達人』、三八ページ）。いまとなっては明らかなことだが、残念ながらスキマスイッチの行為は時期尚早だったというわけだ。

（22）ビートたけし「「被災地に笑いを」なんて戯れ言だ」（インタビュー）『週刊ポスト』二〇一一年四月一日号、一

二一〜一二二ページ、小学館（前掲『ヒンシュクの達人』、三七〜三八ページ）

(23) ３・11による福島第一原子力発電所の事故は、二次的、三次的な被害を拡大させた最も大きな要因のひとつと考えられる。そして残念なことに、事故から一〇年以上が経過した現在もなお、原発問題は解決していない。

(24) ３・11から二ヶ月後におこなわれたクレジットカード会社のアンケート（二〇一一年五月七日〜八日、回答者総数は一五万七五三四人）によると、「あなたに力をくれる歌はありますか？」という問いに対して、「はい」が七三・五パーセント、「いいえ」が二六・五パーセントという結果がでている（「永久不滅デイリサーチ」『セゾンポイントモール』[https://aqfr.net/aqfdr/view.php?eid=99174] 二〇二三年四月二日閲覧）。また、同じ時期に発売された雑誌では、「勇気が出る 心が安らぐ映画・音楽・本」という特集記事が組まれ、映画や本とともに、有事の際にはたす音楽の役割が語られている（『日経エンタテインメント！』２０１１年６月号、日経ＢＰ、二〇一一年）。

(25) 筆者自身も音楽によって人生を大きく変える経験をしている。こうしたことから、個人的な主観になってしまうが、音楽には大きな力があると考えている。

(26) ジョージ・ハリスン、エリック・クラプトン、ボブ・ディラン、ビリー・プレストン、リンゴ・スター、などが参加した（「バングラデシュ・コンサートを成功に導いたミュージシャンたちの想い」『TAP the POP』[http://www.tapthepop.net/live/19906] 二〇二三年四月二日閲覧）。

(27) 「バンド・エイド」の〈ドゥ・ゼイ・ノウ・イッツ・クリスマス？〉には、ボブ・ゲルドフ、フィル・コリンズ、ボノ、スティング、ポール・マッカートニーなどが参加、「ＵＳＡ・フォー・アフリカ」の〈ウィ・アー・ザ・ワールド〉には、ライオネル・リッチー、マイケル・ジャクソン、ブルース・スプリングスティーン、ボブ・ディラン、スティービー・ワンダー、ポール・サイモンなどが参加している（別冊宝島編集部編『ライヴ・エイドの奇跡』宝島社、二〇〇五年、二三〜二六ページ）。また、「バンド・エイド」を呼びかけたボブ・ゲルドフの提唱により、一九八五年には「ライヴ・エイド」（同書）、二〇〇五年には「ライヴ・エイト」（「ライヴ８、世界的なチャリティーイベントを振り返る」『ＢＡＲＫＳ』[https://www.barks.jp/news/?id=1000013779] 二〇二三年四月二日閲覧）が開催されている。なお、二〇一八年に公開されたフレディ・マーキュリーの自伝的な映画『ボヘミアン・ラプソディ』の世界的な大ヒットにより、クイーンが出演した「ライヴ・エイド」が再び注目されることになった。

(28) ブルース・スプリングスティーン、U2、トム・ペティ、スティービー・ワンダー、フェイス・ヒル、マライア・キャリー、ディキシー・ティックス、ニール・ヤング、ビリー・ジョエル、セリーヌ・ディオン、スティング、ボン・ジョヴィ、ポール・サイモン、シェリル・クロウ、ウィリー・ネルソンなどが出演した（「AMERICA: A TRIBUTE TO HEROES」『WARNER MUSIC JAPAN』[https://wmg.jp/compi/discography/3102/]）。二〇〇一年当時はインターネット普及率が五三・九パーセントだったことから、テレビによる義援金の募集が最も効果的だった。ちなみに、日本では〇一年のインターネット普及率が四四パーセントだった（総務省『平成14年版情報通信白書』[https://www.soumu.go.jp/johotsusintokei/whitepaper/ja/h14/html/E1041400.html] 二〇二三年四月二日閲覧）。

(29) 『リアクト・ナウ―ミュージック&リリーフ』（二〇〇五年九月一〇日放送）には、マルーン5、シンプル・プラン、ジョン・メイヤー、シェリル・クロウ、ポール・マッカートニー、ニール・ヤング、ブライアン・ウィルソン、レイナード・スキナード、メリッサ・エスリッジ、モトリー・クルー、グー・グー・ドールズ、スティング、アラン・ジャクソン、カニエ・ウエスト、ケリー・クラークソン、ローリング・ストーンズ、U2などが出演した（"Top Acts Added To 'ReAct Now' Hurricane Special" on Billboard. [https://www.billboard.com/music/music-news/top-acts-added-to-react-now-hurricane-special-61557/] cited on April 2, 2023.）。また、『シェルター・フロム・ザ・ストーム―ア・コンサート・フォー・ザ・ガルフ・コースト』（二〇〇五年九月一〇日放送）には、ランディ・ニューマン、U2、アリシア・キーズ、ニール・ヤング、マライア・キャリー、ポール・サイモン、ロッド・スチュワート、シェリル・クロウ、カニエ・ウエストなどが出演し、およそ三千万ドルの義援金が寄せられた（「ReactNow」『America TV Film Notes』[http://americatvfilmnotes.web.fc2.com/ReactNow.html] 二〇二三年四月二日閲覧）。

(30) ニュージャージー出身のブルース・スプリングスティーン、ボン・ジョヴィ、ロングアイランド出身のビリー・ジョエル、クリスティーナ・アギレラ、メアリー・J・ブライジなどが出演した（「「サンディ」義援金に一晩で18億円、B・ジョエルら呼び掛け」『ロイター』[https://jp.reuters.com/article/tk0546407-storm-sandy-concert-idJPTYE8A406820121105] 二〇二三年四月二日閲覧）。

(31) ブルース・スプリングスティーン、ボン・ジョヴィ、ビリー・ジョエル、アリシア・キーズ、デイヴ・グロール、エディ・ヴェダー、カニエ・ウエスト、ポール・マッカートニー、ザ・フー、ロジャー・ウォーターズ、エリック・クラプトン、ザ・ローリング・ストーンズなどが出演した(「史上最大のチャリティーコンサートの収益金は5000万ドル!」『MOVIE WALKER』[https://moviewalker.jp/news/article/35563/]二〇二三年四月二日閲覧)。

(32) コールドプレイ、ブルース・スプリングスティーン、スティービー・ワンダー、クリスティーナ・アギレラ、スティング、ビヨンセ、マドンナ、ジャスティン・ティンバーレイク、ジェニファー・ハトドン、U2、などが出演、司会は俳優のジョージ・クルーニーが務めた(「ハイチ救援を呼びかけた『Hope for Haiti Now』、ライヴ音源がiTunesで配信開始」『BARKS』[https://www.barks.jp/news/?id=1000057678]二〇二三年四月二日閲覧)。

(33) クインシー・ジョーンズ、ライオネル・リッチーの呼びかけで、セリーヌ・ディオン、カニエ・ウエスト、ジャスティン・ビーバー、ウィル・アイ・アム、ファーギー、アッシャー、メアリー・J・ブライジ、LL・クール・J、スヌープ・ドッグ、などが参加した(「ハイチ地震救済のための「WE ARE THE WORLD 25 FOR HAITI」、モバイル配信」『BARKS』[https://www.barks.jp/news/?id=1000059681]二〇二三年四月二日閲覧)。

(34) 3・11直後から、海外のアーティストからも多くの支援が寄せられた。たとえば、二〇一一年五月四日には『Songs for Japan』(ジョン・レノン、U2、ボブ・ディラン、レッド・ホット・チリ・ペッパーズ、レディー・ガガ、ビヨンセ、ブルーノ・マーズ、マドンナ、エミネム、ブルース・スプリングスティーン、ボン・ジョヴィ、ジャスティン・ビーバー、アデル、エンヤ、エルトン・ジョン、ジョン・メイヤー、クィーン、ノラ・ジョーンズ、などの作品がオムニバスで収録された)と題したアルバムが発売されたが、それに先駆けて三月二五日にはインターネット配信がおこなわれていた(「SONGS FOR JAPAN」『ソニー・ミュージック』[http://www.sonymusic.co.jp/Music/International/Special/songsforjapan/]二〇二三年四月二日閲覧)。そのようななかで、二〇一一年八月七日にアメリカのカリフォルニアで、「M.U.S.E. Benefit For Japan Relief」(ジャクソン・ブラウン、クロスビー・スティルス&ナッシュ、ジャクソン・ブラウン、ボニー・レイット、ドゥービー・ブラザーズ、ジョン・ホールなどが参加)と題したチャリティ・イベントが開催された(「ジャクソン・ブラウンらによる32

年ぶりのNO NUKES 第2弾 "M.U.S.E. Benefit For Japan Relief"」『rockinon.com』二〇一一年八月一〇日[https://rockinon.com/news/detail/56042?rtw]二〇二三年四月二日閲覧)。ちなみに、このイベントの中心となる「M・U・S・E」については、第2章で詳しく説明している。

(35) 欧米のイベントほど大掛かりなものではないが、たとえば、二〇〇三年に音楽プロデューサーの小林武史が中心となって設立したプロジェクト「ap bank」(『ap bank』[http://www.apbank.jp/]二〇二三年四月二日閲覧)は、災害時にチャリティ活動をおこなっている。また、エイズ患者やHIV感者に対する偏見をなくそうという目的で一九九三年にはじまった「Act Against AIDS」は、二〇二〇年七月の終了まで二七年ものあいだ継続した(「Act Against AIDS「THE VARIETY」とは」『ジャラス』[http://jaras-web.net/aaa-the-variety]二〇二三年四月二日閲覧)。また、シンガーソングライターの泉谷しげるは特筆すべき存在と言えるだろう。一九九三年の北海道・奥尻島救済キャンペーン、九四年の長崎・普賢岳噴火災害救済チャリティーコンサート、一九九五年の阪神・淡路大震災救済のチャリティ、二〇一〇年の宮崎口蹄疫のチャリティ、そして当然のことながら3・11の際にも積極的に支援活動をおこなっている(「泉谷しげるプロフィール」『トランジスターレコード』[http://transistor-record.com/artist-2/izumiya/]二〇二三年四月二日閲覧、「宮崎口蹄疫チャリティ公演に泉谷、今井美樹、TERU出演」『音楽ナタリー』[https://natalie.mu/music/news/38389]二〇二三年四月二日閲覧、「泉谷しげるがアキバでチャリティーライブ 政府や東電にもの申すも…メイドやコスプレイヤーにはやや照れ」『シネマトゥデイ』二〇一一年四月一七日[https://www.cinematoday.jp/news/N0031747]二〇二三年四月二日閲覧)。ほかにも大小かかわらず、数多くの音楽が関与する支援活動がおこなわれているのは言うまでもないことだ。

(36) 二〇一一年四月二日~九月三〇日の期間限定で、『アイのうた』(AI、青山テルマ、エレファントカシマシ、加藤登紀子、スピッツ、徳永英明、DREAMS COME TRUE、ナオト・インティライミ、長渕剛、福山雅治、松田聖子、山崎まさよし、ほか全七八アーティストの作品がオムニバスで収録された)がインターネット配信のみで販売された(「配信限定『アイのうた~東日本大震災チャリティ・アルバム』発売」『ユニバーサルミュージック』[https://www.universal-music.co.jp/press-releases/2011-04-01/]二〇二三年四月二日閲覧)。また、二〇一一年四月二〇日には、桑田佳祐、福山雅治、高橋優、Perfume、ONE OK ROCK、ポルノグラフィティ、ほかアミューズに所属するミュージシャンやタレントなど総勢三七組五四名がチーム・アミューズとして参加した「Let's Try Again」の配信がはじまった（「桑田佳祐率いる〝チーム・アミューズ!!〟、チャリティーソング『Let's try again』完成」『ＢＡＲＫＳ』二〇一一年四月一五日［https://www.barks.jp/news/?id=100069082］二〇二三年四月二日閲覧）。

（37）『日経エンタテインメント！』（二〇一一年六月号、日経ＢＰ、二〇一一年、四六～四七ページ）には、二〇一一年四月二〇日までのチャリティ・イベントが一覧表として掲載されている。また、アイドルグループのＡＫＢ48を中心とするＡＫＢグループは、３・11直後の二〇一一年三月一四日に「誰かのために」プロジェクトを発足させ、継続的にイベントを開催しており、一三年三月一二日までに総額一三億四万五九〇四円の義援金が集まったことを報告している。このプロジェクトは現在も運営を継続しているものの、コロナ禍以降は規模が縮小されている（「『誰かのために』プロジェクト」『ＡＫＢ48公式サイト』［https://www.akb48.co.jp/darekanotameni/］二〇二三年四月二日閲覧）。

（38）音楽産業が関与する大規模なものから、ライブハウスなどで自発的に義援金を募る小規模なものまで、「音楽の力」の名のもとにさまざまなイベントがおこなわれた（「東日本大震災はロックの現場に何をもたらしたか」『ＢＥＡＳＴ』［http://www.beeast69.com/feature/131］二〇二三年四月二日閲覧）。

（39）３・11から四ヶ月後の二〇一一年七月一六日には、ＴＢＳの「音楽の日」が七時間四〇分にわたって放映された。（「ＴＢＳ特番「音楽の日」にＰｅｒｆｕｍｅ、ＳＫＥ48、ＳＭＡＰ、キスマイら出演決定」タワーレコード［https://tower.jp/article/news/2011/07/14/80133］二〇二三年四月二日閲覧））。また、翌年の二〇一二年三月七日には、日本テレビの「音楽のちから２０１２」が三時間にわたって放映された（「日テレ系 音楽の祭典「音楽のちから２０１２」出演！」ソニーミュージック［https://www.sonymusic.co.jp/artist/JUJU/info/394479］二〇二三年四月二日閲覧）。こうした「音楽の力」を掲げた音楽番組は、３・11から一〇年以上が経過した現在も継続して放映されている。３・11を契機に生放送の超大型音楽番組が増加した背景は、前掲『ヒットの崩壊』（一〇三～一〇五ページ）に詳しい。

（40）この番組には、ＡＩ、ａｉｋｏ、伊藤由奈、エレファントカシマシ、加山雄三、喜納昌吉、木村充揮、倉木麻衣、コーラスジャパン（布施明／杏里／鈴木雅之／松浦亜弥／堂珍嘉邦）、ゴスペラーズ、近藤房之助、坂本冬美、さだまさし、JUJU、スガシカオ、TUBE、氷川きよし、一青窈、平原綾香、藤井フミヤ、槇原敬之、松任谷由実、南こうせつ、森山直太朗、森山良子、ゆず、LOVE PSYCHEDELICO（五〇音順）が出演した（「FNS音楽特別番組『上を向いて歩こう』うたでひとつになろう日本」『フジテレビジョン』[https://www.fujitv.co.jp/b_hp/110327fns/index.html] 二〇一三年四月二日閲覧）。ただし、残念なことに、この日の視聴率は同日の同時間帯に放映されたTBSのドラマ『3年B組金八先生 ファイナル最後の贈る言葉』の一九・七パーセントにはおよばなかった（「〝金八〟最後の授業は視聴率19・7％で幕、瞬間最高は27・6％」（『ORICON NEWS』二〇一一年三月二八日 [https://www.oricon.co.jp/news/86007/full/] 二〇一三年四月二日閲覧）。ちなみに、この番組のプロデューサーが『TV LIFE』（学研）に連載中のコラム「KIKCHY FACTORY」がウェブに掲載されている。そこに、「裏の『金八先生ファイナル』に遠く及ばず視聴率的には惨敗」という一文が書かれている（「レポート」『音組』[http://www.fujitv.co.jp/otogumi/kikchyfactory/tvlife290.html] 二〇一三年四月二日閲覧）。

（41）フジテレビでは、二〇一一年度のCSR（企業の社会的責任）活動の一環として、番組による3・11への取り組みを紹介している。そのなかのひとつとしてこの番組をとりあげ、「東日本大震災の被災地の復興を願って27組のアーティストが生放送で熱唱。アーティストの出演料は全てFNSチャリティキャンペーン事務局を窓口として義援金とした」と報告している。もちろん、番組内でも義援金の呼びかけはあったが、結果的に報告されたのは、「出演者の出演料が義援金にまわされた」というもので、欧米のチャリティ番組のような多額の義援金を集めるには至らなかったと考えられる（「フジテレビのCSR活動 2011年度活動報告」『フジテレビジョン』[http://www.fujitv.co.jp/csr/activities_report_2011/report_effort2011.html] 二〇一三年四月二日閲覧）。

（42）AKB48のシングル「everyday、カチューシャ」（二〇一一年五月二五日発売）が六月六日付オリコンのシングル初動売上（発売日から一週間の売上枚数）で一位（一三三・四万枚）を記録した。これによって、Mr.Children のシングル「名もなき詩」（一九九六年二月五日発売）の記録（一二〇・八万枚）が一五年四ヶ月ぶりに更新されることになった。ここで特筆すべきは、この記録更新が3・11からわずか二ヶ月後だったという点だ（「AKB48新曲、〝シングル史上最高〟の初週売上133・4万枚」『ORICON NEWS』二〇一一年五月三一日 [https://www.oricon.co.jp/news/88249/full/] 二〇一三年四月二日閲覧）。

(43)『寄付白書2017』日本ファンドレイジング協会、二〇一七年、九六〜一一五ページ
(44)二〇一二年以降に個人寄付金額が増加した要因には、『寄付白書』の集計方法に「ふるさと納税」が加算されたこともあげられる。また、二〇二〇年の大幅な増加には、コロナ禍も大きく関与している。
(45)『寄付白書2021』日本ファンドレイジング協会、二〇二一年、二七ページ
(46)金澤周作『チャリティの帝国─もうひとつのイギリス近現代史』岩波新書、二〇二一年
(47)前掲『チャリティの帝国』、二二四ページ
(48)同書、二二四ページ
(49)ライヴ・エイドが開催される経緯については、同書(二一五〜二一七ページ)、および前掲『ライヴ・エイドの軌跡』(二三〜二七ページ)に詳しい。
(50)金澤周作『チャリティとイギリス近代』京都大学学術出版会、二〇〇八年、九〜一〇ページ
(51)前掲ウェブサイト「ライヴ8、世界的なチャリティーイベントを振り返る」
(52)フリーライターの河田拓也は、日本での「ライヴ・エイド」特別番組が悪評だった背景として、「誰もが「善意」、「チャリティ」というものに対して、構えている分過剰に観念的で、ナイーブだった」と述べている(前掲『ライヴ・エイドの奇跡』、九七ページ)。
(53)前掲『チャリティの帝国』、二二七ページ
(54)マーク・フィッシャー/セバスチャン・ブロイ、河南瑠莉訳『資本主義リアリズム─「この道しかないのか?」』堀之内出版、二〇一八年、三七〜三八ページ
(55)同書、四一〜四二ページ
(56)同書、四四ページ

第2章　抵抗の音楽

誰かがベトナム戦争についての感傷的な曲を歌うなんて、わたしには耐え難いことだ。実際に、わたしが耐えられないのは、おぞましいものを題材に取り上げて商品に仕立てて消費価値を絞り出す、そんな作品なのだ。

――テオドール・アドルノ[1]

はからずも3・11は、チャリティによって被災地や被災者を支援するという直接的な力と同時に、音楽の作品が精神的な支えとなって人びとに寄り添うという間接的な力があることを知らしめた。そして、復興に向けて歩みを進めた「絆」や「がんばろう！日本」という言説とともに、それが音楽産業によって利用されることになったとしても、（ポピュラー）音楽の存在意義を示す手段としての「音楽の力」言説が流布した。本章では、物理的にも精神的にも「音楽の力」が果たした役割とは別の側面から、もうひとつの「音楽の力」について考えることにする。

〈ずっとウソだった〉が問いかけたもの

3・11が発生してからしばらくは、余剰としてのポピュラー音楽の存在意義が問われることになった。そこで音楽産業が強調したのは、「音楽の力」言説による自己肯定だった。もちろん、有事の際の「音楽の力」は否定されるものではない。実際のところ、義援金や支援金という形となって、音楽が被災者や被災地に大きな恩恵を与えているのは確かなことだ。しかし、それと同時に、「音楽の力」を誇張することにも違和感を覚えてしまう。過剰なまでの「音楽の力」言説はむしろ、もともと持ち得たはずの「音楽の力」を安っぽいものに仕立てあげてしまったのだ。もちろん、「音楽の力」言説が流布した背景からは、未曾有の被害をもたらした3・11を乗り越えようとする人びとの思いを窺い知ることができる。それと同時に、人びとが期待を寄せていたはずの「音楽の力」の限界も見え隠れするようになっていた。そのようなときに、ある作品によって、もうひとつの「音楽の力」の役割が見いだされることになったのだ。

3・11から一ヶ月あまりが経過した二〇一一年四月七日、シンガーソングライター斉藤和義の作品〈ずっと好きだった〉の替え歌〈ずっとウソだった〉がYouTubeに投稿された。その歌詞は、3・11によってもたらされた福島第一原子力発電所事故について書かれたものだった。「この国を歩けば原発が五四基　教科書もCMも言ってたよ　安全です」という皮肉からはじまり、「ずっとウソだったんだぜ　やっぱバレてしまったな　ほんとウソだったんだぜ　原子力は安全です」と核心をつく歌詞からは、明らかに反原発というメッセージが読みとれる。その投稿からまもなく、所属事務所の意向によって動画は削除されることになった。しかし、そのときにはすでに、コピーされた動画がインターネット上に拡散していたのだ。この件に関して斉藤自身からの見解がなかったことから、この動画が誰によって投稿されたのか、その真相が明らかにされることはなかった。もっとも、所属事務所は、動画の人物は斉藤本人で、斉藤自身によって撮影されたことに間違いがないことを公表している[(2)]。実際に、動画が投稿された翌日の二〇一一年四月八日には、斉藤みずからが震災支援として開催した「斉藤和義 on USTREAM『空に星が綺麗』」というインターネット番組の生中継のライブで、物議をかもした〈ずっとウソだった〉を披露したのだ[(3)]。こうした斉藤の行為に批判的な態度をとったのが、ミュージシャンの水野良樹（いきものがかり）だった。斉藤の動画がYouTubeに投稿された翌日、つまり、斉藤がインターネットのライブ生中継で〈ずっとウソだった〉を歌った二〇一一年四月八日に、水野はツイッターへ

「やっぱり俺はこの歌詞の方が好きだな。この歌詞のまま、歌える世界も好きです。斉藤和義『ずっと好きだった』[4]」や「（中略）俺は斉藤和義さんの音楽が大好きだけど、『ずっとウソだった』は大嫌いだよ[5]」といったいくつかのツイートを投稿したのだ。水野による一連のツイートは紛れもなく、みずからの作品の替え歌を動画として投稿した斉藤に対する批判的なコメントだった。

水野良樹のコメントについては、インターネットで賛否両論のさまざまな意見が飛び交うことになった。その反響の大きさから、三日後の二〇一一年四月一一日には、「斉藤和義さんの『ずっとウソだった』を僕が「大嫌い」だと発言したことについて、その当時よりはいくらか頭の整理もできましたので、発言すれば不可避的に誤解が生まれるのはもちろん重々理解しているものの、その誤解を少なくするためにも、できうる限りのご説明をしたいと思います[6]」というツイートを皮切りとして、水野自身が改めてツイッターにみずからの見解を投稿した。一〇回以上にもわたって連投されたツイートは、「そもそも僕は音楽に政治的な主張、姿勢（斉藤さんの場合は、怒りでしたが）を直接的に乗せることについて、とても懐疑的な人間です[7]」という、水野が自分自身の音楽に対する姿勢を綴ったコメントからはじまった。ラブソングなども含めたあらゆる音楽が政治的な主張を孕んでいることに同意しながらも、水野は音楽にみずからの主義主張を乗せることに対して、ある種の抵抗感を覚えているようだ。その理由として、水野は「自分が身を懸けるポップミュージックとは、あらゆるものに対する世の価値意識に、直接、間接を問わず、意識的、無意識的を問わず、影響を与える宿命性を帯びている[8]」と考え、「音楽にあからさまに主義主張を乗せることが、本来複雑な因子が絡み合って構成されている問題を、むやみに単純化する危険性について危惧している。歌詞というスキームで言えば、限られた字数で伝えられることでどうしても生まれる誤解曲解が音楽の特性ゆえに作者の意思に反して広範化してしまう[9]」という恐れがあることを示唆しているのだ。

音楽と接するうえで水野良樹は、みずからの主義主張が作品に反映されることを回避する必要があるという立場を強調する。しかし、だからといって、水野自身がミュージシャンとして尊敬している斉藤和義の立ち位置を否定しているというわけではない。たとえば、「身を顧みず、自分の怒りを表現された行動に対しては、強い敬意を持っています。また、その行動そのものを押しつぶそうとするものがあるとするならば、僕は、音楽という方法論をとるかは別として、斉藤さんと同様に、怒りを表明します。有り体に言えば言論弾圧は、最も嫌うものです[10]」と、斉藤の表現方法に一定の理解を示している。その一方で、「ただ、あの曲と、あの曲を受けての諸手を挙げた賞賛の嵐が、専門家でも意見の分かれるような高度で複雑な因子が絡む問題を、単純化してしまう危険性が垣間見えたこと、そしてそれを指摘する者への（語弊はありますが）逆圧力のようなものを感じた[11]」という発言から、斉藤の実践方法に一定の距離を置いているのは明らかだ。そして、こうした水野の態度から垣間見えるのは、3・11よりも以前から築きあげられてきた音楽の需要（あるいは受容）が、自覚的にせよ無自覚的にせよ、人びとに浸透しているという事実だ。そこには、音楽に包含されるメッセージの希薄化が見え隠れしている。社会学者の宮台真司は、音楽からメッセージが抜け落ちた転換点として、カラオケがブームになった一九九二年をあげている。ドイツの思想家ヴァルター・ベンヤミンの「アウラの喪失」にならいつつ、人びとがカラオケで音楽と接するようになったことで、音楽は単なるコミュニケーション・ツールになり、もはや歌が思想を表すことはなく、目の前に与えられたものをコンサマトリー（自己充足的）に受け取ることが一般化したというのだ[12]。こうしたカラオケによって歌われる音楽は、J-POPというジャンルとなって消費されることになった。一九九〇年代初頭にはバブル景気の破綻を目の当たりにした日本社会だが、音楽産業は一九九〇年代をとおして堅調な市場を維持していた。とくに、CD市場の興隆は顕著で、音楽産業は空前のCDバブルの恩恵を受けていたのだ[13]。そもそも、商品価値を重視しながら最大公約数の消費者を対象としたJ-POPには、メッセージが包含される必然性がなかった。むしろ、音楽が無色透明で無味無臭なものであることこそが、最大公約数的に消費される価値基準になったというわけだ[14]。

すでに一九九〇年代前半の時点で指摘されている音楽に包含されるメッセージの希薄化は、ポスト3・11の社会にも見られた[15]。もちろん、いまでも音楽に何らかのメッセージが含まれているのは事実だ。もっとも、この文脈におけるメッセージとしてふさわしいのは、最大公約数の消費者に向けられた、無色透明で無味無臭なものということだ。ここで重要になってくるのは、誰もが分かち合えることのできる共感だ。そして、最近の音楽聴取の傾向を踏まえるならば、どちらの立場が正しいかどうかはさておき、斉藤和義よりも水野良樹に賛同する意見が多数派になるのは当然の展開としてとらえることができる。たとえば、この件に関しては大学の授業で毎年のように扱っているのだが、学生が賛同する意見で多数派になるのは、斉藤ではなく水野の見解になる傾向がある。こうした学生の認識は、世代による音楽に対する価値観と大きく関係しているのは紛れもない事実だ。たとえば、水野は一九八二年一二月一七日生まれ、斉藤は一九六六年六月二二日生まれで、ふたりのあいだには一六年という年齢の開きがある。もちろん、生活環境や文化資本によって、個々の音楽経験が異なってくるのは当然のことだ。それと同時に、あるいはそれ以上に、世代による音楽経験の差異は、個々の音楽に対する価値観にも大きな影響をおよぼすことになる。水野が斉藤に唱えた異議は、あくまでも水野が経験してきた音楽文化が前提になっているのは確かだ。そして、水野自身の音楽経験を踏まえたうえでの音楽に対する価値観は、最近の大学生にも共有されているといって差し障りないだろう。あるいは、最近の大学生にとって、カウンターカルチャー（の思想）の影響を受けているであろう、斉藤の音楽に対する価値観は理解の範疇を超えたものになっていると言い換えることができるかもしれない。

〈ずっとウソだった〉が問いかけたものは、もうひとつの「音楽の力」の存在だったのかもしれない。あるいは、それまであまりにも自明視されてきた、音楽の需要（や受容）の意味を問い直すための試みだったとも言えるだろう。そして、それを具現化させたのは、3・11という未曾有の災害だった。少なくとも一九九〇年代以降、3・11以前のポピュラー音楽を取り巻く状況においては、最大公約数的に受けいれられる無色透明で無味無臭の音楽が優先されてきた。それは、需要と供給の循環によって、自然発生的につくられた環境としてとらえることができる。もちろん、その是非についてはさまざまな見解があるものの、実際のところ、そのような環境が常態化していたことは明らかだ。そして気がつけば、可能な限り多くの人びとの共感を得られるものこそが、あたかもポピュラー音楽に与えられた使命であるかのように認識されてきた。そんな音楽に対する価値観は、知らず知らずのうちに人びとの心性として内面化されてきた。そして、3・11以降の「音楽の力」言説となって広く流布したのは、まさにこうした価値観をともなった音楽だったのだ。

反原発と音楽

3・11によってもたらされた福島第一原子力発電所事故は、奇しくも人びとに「音楽の力」を問い直す機会を与えることになった。3・11直後に蔓延した「音楽の力」言説は、あくまでも「音楽は人びとに寄り添うものである」という前提があってこそ成立していた。そして、はからずも「音楽の力」言説は、音楽の持つ力の可能性と同時に、その限界も露呈してしまうことになった。こうしたなかで、物議をかもしたのが斉藤和義の〈ずっとウソだった〉というわけだ。ここで改めて、「音楽の力」の意味が問い直されることになったのだ。最大公約数の消費者に受け入れられる、無色透明で無味無臭な音楽が常態化していたなかで、〈ずっとウソだった〉の特異性は際立つものになった。もちろん、そのような作品をつくった当の斉藤にとって、それはみずからの表現方法にひとつにすぎなかったはずだ。[16] それにもかかわらず、水野良樹の批判にもみられるように、斉藤の行為は必ずしも広く容認されるものではなかった。それは、宮台真司が指摘するメッセージの希薄化という、人びとの音楽に対する価値観として理解することができる。つまり、原発問題という物議をかもすような作品は、人びとの心性として内面化された音楽とは一線を画するものだったわけだ。そのような価値観が蔓延するなかで、斉藤は「音楽の力」を問い直す機会をもたらしたのだ。

斉藤和義の〈ずっとウソだった〉は、原子力発電所の存在に異議を唱える内容だった。それは、言うまでもなく、3・11による原発事故が発端となったものだ。実際のところ、斉藤の異議申し立てに共感を覚えた人は、必ずしも少数派だったわけではない。3・11がもたらした原発事故によって、平時には日常生活のなかで意識することのない原発問題について、多くの人びとが自覚的になったのは想像に難くない。もっとも、3・11発生直後の日本社会では、原発問題に対してあからさまに反対することはタブー視される風潮があったのは確かなことだ。そして、それは音楽産業でも例外ではなかった。その背後にあるのは、国内でおこなわれてきた原発政策だ。広島と長崎に原子力爆弾を投下された被爆国であるにもかかわらず、第二次世界大戦後の日本は「原子力の平和利用」のもとで原発を推進してきた。やがて、原発を推進する政治家、官僚、産業界、学者、マスコミによる、いわゆる「原子力村」と呼ばれた「原発共同体」が形成され、原発の「安全神話」がつくられることになったのだ[17]。いまでこそ、原発に対する批判的な意見は数多く聞こえてくるが、少なくとも3・11以前の日本社会では、原発は安全なエネルギーという認識が共有されていた。仮に、原発に対して懐疑的な見方をしていた人びとでさえも、表立って異を唱えることはよしとされない環境が整っていたのだ。そんな「安全神話」が恣意的につくられたものだということを露呈したのが、3・11によって引き起こされた原発事故だったというわけだ。

確かに、斉藤和義の〈ずっとウソだった〉が音楽業界に与えた影響は大きかったが、それは水野良樹が批判したような音楽作品そのものに対する評価だけを意味するものではない。むしろ、音楽業界が憂慮したのは、政治的な思惑を孕んだ原発という題材を扱ったことによって生じる不利益だった。斉藤の〈ずっとウソだった〉の動画をめぐっては、結果として拡散に歯止めをかけることはできなかったものの、所属レコード会社のビクターがYouTubeに配信の停止を求めたという経緯がある[18]。そもそも、音楽業界が原発に関して神経質になるのは、原発政策を推進した「原発共同体」との密接な関係があったからだ。言い換えると、原発に関与する産業界の企業を親会社とするレコード会社は少なくないということだ。奇しくも斉藤の〈ずっとウソだった〉の動画拡散は、かつて反原発を掲げた作品をつくったミュージシャンの忌野清志郎を想起させることになった。忌野が率いたRCサクセションの《カバーズ》は、往年の洋楽作品に忌野自身が意訳詞をつけたカバーアルバムだ。そして、そこに収録されていた〈ラブ・ミー・テンダー〉と〈サマータイム・ブルース〉の二曲が、のちに物議をかもすことになった。あるいは、その後の音楽業界の規範ともなった、原発問題を扱うことがタブー視される風潮を生み出すきっかけになったのかもしれない。このアルバムは一九八八年八月六日に、RCサクセションが当時所属していたレコード会社の東芝EMIから発売される予定だった。しかし、実際には親会社である東芝からの圧力（あるいは意向）により、このアルバムが東芝EMIから発売されることはなかった[19]。同じような理由から、ブルーハーツの〈チェルノブイリ〉という作品も、三菱電機を親会社とする所属レコード会社のメルダックからの発売中止を余儀なくされている。もちろん、資本主義の論理では、親会社の意向を汲む必要がある。つまり、RCサクセションやブルーハーツの問題では、レコード会社によるある種の忖度が働いたということだ[20]。

原発をめぐる音楽作品が相次いで発売中止という事態にまで及んだのは、一九八八年に起こった出来事が大きく影響している。それは、一九八六年四月二六日にウクライナ（旧ソビエト連邦）で発生した、その当時としては史上最悪だったチェルノブイリ原子力発電所事故だ[21]。世界的に原発の存在意義が問われるなか、原発問題を扱ったRCサクセションやブルーハーツの作品が、レコード会社の親会社に対する忖度によって発売中止になったというわけだ。そして、この問題が生じて以降、少なくとも音楽が反原発という微妙で繊細な話題を扱うことは、自覚的にせよ無自覚的にせよ、避けられる傾向にあった。それは、社会全体が、「平成」という新しい時代の幕開けとともに迎えたバブル景気に浮き足立っていたことと、必ずしも無関係ではないだろう。実際のところ、一九九〇年代に入ってから日本では、大手音楽産業がつくりだす音楽作品が反原発に触れることはタブー視されるようになっていたのだ。たとえば、『ミュージック・マガジン』の増刊号で特集された「原発、核兵器の廃絶を訴える歌」にリストアップされている日本人ミュージシャンの曲には、小室等と六文銭〈ゲンシバクダンの歌〉（一九七〇年）、加藤登紀子〈原発ジプシー〉（一九八一年）、RCサクセション〈サマータイム・ブルース〉（一九八八年）、ザ・ブルーハーツ〈チェルノブイリ〉（一九八八年）、佐野元春〈警告どおり 計画どおり〉（一九八八年）、ランキン・タクシー〈誰にも見えない 匂いもない〉（一九八九年）、ECD〈Recording Report 反原発REMIX〉（二〇一一年）、RUMI〈邪悪な×××〉（二〇一一年）、斉藤和義〈ずっとウソだった〉（二〇一一年）、そして制服向上委員会〈ダッ！ダッ！脱・原発の歌〉（二〇一一年）がある。[22] ここから理解できるのは、一九九〇年代の作品が抜け落ちている点だ。もちろん、この時期に日本から原発問題を扱った音楽作品がまったく姿を消してしまったわけではない。しかし、少なくとも大手音楽産業が関与した作品が極端に少なかったのは明らかだ。

その一方で、一九八〇年代前半には、日本でも音楽による反原発の動きが活発におこなわれていた。しかも、少なからず大手音楽産業が関与していたのも事実だ。それをうながすきっかけになったのは、一九七九年三月二八日、アメリカのペンシルベニア州スリーマイル島で発生した原子力発電所事故だった。この原発事故を受けて、シンガーソングライターのジャクソン・ブラウンが中心となり、ジョン・ホール、ボニー・レイット、グラハム・ナッシュらとともに「M・U・S・E（Musicians United for Safe Energy＝安全なエネルギーを求めるミュージシャン連合）」を立ち上げたのだ。そして、スリーマイル島原発事故から半年後の一九七九年九月には、ニューヨークのマディソン・スクエア・ガーデンで五日間にわたって原子力発電所建設の反対を訴えるイベント「NO NUKES」が開催された。[23] こうしたアメリカの動きに呼応するかのように、一九八〇年代に入ってから、日本でも反原発を訴えるイベントが開催されるようになったのだ。そのきっかけとなったのは、核兵器に関するプロパガンダ映像を集めたドキュメンタリー映画『アトミック・カフェ』の公開だ。翌年の一九八三年には日本でも公開され、それに連動するかのように、「音楽を通じて反核を訴えよう」を掲げて開催されたのが、第一回アトミック・カフェ・ミュージック・フェスティバルだった。[24] 一九八六年にはチェルノブイリ原子力発電所事故が起こり、日本でも反原発の声が高まるようになったが、残念ながら「アトミック・カフェ・ミュージック・フェスティバル」は反原発イベントとしての機能を十分に発揮することのないまま、一九八七年に姿を消すことになってしまった。[25]

　過去にさかのぼって、一九八〇年代には日本でも、音楽によって反原発を掲げる気運が高まっていた。そして、少なくとも一九八八年にRCサクセションやブルーハーツの作品が発売中止になるまで、大手音楽産業がつくりだす音楽にも反原発のメッセージが含まれていたのは確かなことだ。それからおよそ四半世紀の時を経て、改めて音楽が持つメッセージの意味を公の場で問うことになったのが斉藤和義の〈ずっとウソだった〉というわけだ。3・11直後に蔓延した「音楽の力」言説は、音楽が持つメッセージの重要性を再認識させることになった。もっとも、そこに含まれるメッセージは、最大公約数の消費者を対象とした無色透明で無味無臭のものだった。つまり、そこでは多くの人びとに容認される共感というメッセージが重要だった。その一方で、最大公約数的な消費からはみだしたメッセージは、少なくとも大手音楽産業から発信されるのは稀なことだった。そして、そこには〈ずっとウソだった〉も含まれるというわけだ。もっとも、音楽が社会的なメッセージを孕むのは、決して稀なことではない。歴史をたどれば、音楽は、無色透明で無味無臭どころか、社会の変革を左右するほどの存在だったことは明らかだ。[26] もちろん、音楽が社会を変革させてきたと言い切るには無理があるかもしれないが、その役割を過小評価することはできないだろう。そして、当然のことながら、日本も例外ではない。それと同時に、音楽は社会的なメッセージを孕んでいるという事実が、少なくとも一九九〇年代の大手音楽産業によって、無効化されてしまったという側面を無視することはできない。むしろ、求められる音楽は大手音楽産業がつくりだす無色透明で無味無臭なものであるという認識が、人びとの規範となって共有されてきたのだ。

抵抗の音楽

福島第一原子力発電所事故は、ポスト3・11の社会的な反原発の動きをうながすきっかけになった。もっとも、当初はインターネットを中心に反原発の動きが広まりつつあったものの、テレビや新聞といった既存のマスメディアでの露出度はきわめて低かった。そして、大手音楽産業も同じような状況に置かれていた。そこからは、いわゆる「原発共同体」への忖度が透けて見える。音楽産業はみずからの存命のために、あくまでも人びとの共感を訴えるメッセージを発信することに躍起になった。そのような雰囲気のなかで、斉藤和義の〈ずっとウソだった〉は、音楽が社会的なメッセージを孕んでいるという事実を再確認させることになった。そして大手音楽産業からも、主流にこそならないものの、反原発というメッセージが発信されるようになった。このような流れになったのは、斉藤の〈ずっとウソだった〉が大きく影響しているのは間違いないだろう。斉藤に追随するように、音楽を手段として現状に対する異議申し立てをおこなうアーティストが現れるようになった。そもそも、斉藤が〈ずっとウソだった〉を歌ったのは、斉藤みずからの音楽経験が大きくかかわっていると思われる。つまり、斉藤が影響を受けた音楽がどのような立ち位置だったのかということだ。ここで、斉藤の〈ずっとウソだった〉を批判的に評価した水野良樹との音楽に対する価値観の違いが明確になる。そして、斉藤の音楽経験で重要になるのは、一九六〇年代後半から一九七〇年代初頭に世界を席巻した、既存の体制に異議を申し立てるカウンターカルチャーの思想だ。つまり、斉藤が〈ずっとウソだった〉で強調したのは、一九九〇年代以降に人びとが規範とした音楽に対する認識とは別のものだったわけだ。

斉藤和義の〈ずっとウソだった〉が大きな反響をよんだ理由は、作品そのものの内容に加えて、知名度のあるメジャーなアーティストが自発的におこなった行為だったことにある。もっとも、斉藤が物議をかもすような作品を書くようになったのは、3・11が直接のきっかけではない。むしろ、以前からさまざまな社会問題を意識した、いわゆる「抵抗の音楽」とも呼べる作品をつくってきた。とは言え、アーティスト自身の表現方法が、必ずしも大手音楽産業の意向に沿うとは限らない。言い換えれば、大手音楽産業の枠組みのなかで、アーティストはあくまでも許容範囲内での表現方法を実践しなければならない。[27]そして、ここに大きなジレンマが生じてくる。つまり、「抵抗の音楽」を表現するために、自己矛盾に陥ってしまう可能性があるということだ。少なくとも大手音楽産業の枠組みのなかで活動するアーティストは、本人の意思とは関係なく、資本主義の論理で活動せざるを得ない。こうしたジレンマは、ポピュラー音楽の避けられない宿命となっているのだ。たとえば、最近のポピュラー音楽の文脈で語られる「抵抗の音楽」は、カウンターカルチャーによってうながされた、音楽による異議申し立てという思考に沿ったものだ。そこで確立したのがアイデンティティとしての音楽であり、その中心的な役割を担ったのがロックだったというわけだ。[28]

繰り返しになるが、歴史をたどれば音楽が、たとえ状況そのものが変わらなかったとしても、社会の変革に何かしら関与してきたことは明らかだ。そのうえで、現状のポピュラー音楽文化を語るときに、カウンターカルチャーとポピュラー音楽の強固な結びつきは重要になる。とくに、ポスト3・11のポピュラー音楽文化は、カウンターカルチャーによって定着した「抵抗の音楽」という文脈を踏まえて議論する必要があるだろう。たとえば、カウンターカルチャーの時代には、一九六〇年代後半に泥沼化の様相を呈したベトナム戦争の反対が掲げられた。そこではラブ&ピース（愛と平和）の名のもとで、ポピュラー音楽も反戦に大きく寄与することになった。アイデンティティとしての音楽のもとで、当時の若者は既存の価値観に異議を申し立てたのだ。そして、それは日本でも例外ではなかった。カウンターカルチャーの思想は、しばしば、アイデンティティとしての音楽と等価に語られてきた。[29]現在のポピュラー音楽の文脈で語られる「抵抗の音楽」は、まさにその流れを汲んだものとしてとらえることが可能だ。そして、そこではしばしばアイデンティティとしての音楽に含まれる政治性が強調されている。音楽文化ではポスト3・11を契機として、こうしたカウンターカルチャーの思想を孕んだ音楽の議論が顕在化したのだ。それは、賛否両論の物議をかもした、斉藤和義の〈ずっとウソだった〉にも共通することだ。もっとも、カウンターカルチャーが消費社会を積極的にうながしたという指摘には耳を傾ける必要があるだろう[30]。

体制への異議申し立てとしての「抵抗の音楽」は、はからずも資本に回収される運命にあった。そして、それは「ロックの死」という象徴的な言説として、いまなお語り継がれている。もちろん、言うまでもなく「ロックの死」はメタファーにすぎず、実際にロックが終焉を迎えたわけではない。むしろ、ロックそのもののあり方と、それに対する人びとの認識とのあいだに生じた隔たりが、メタファーとしての「ロックの死」という言葉を生み出すことになったのだ。つまり、ロックに含まれる「抵抗の音楽」という意味合いが希薄になり、ロックのアイデンティティは有名無実なものになってしまったというわけだ[31]。そして、この文脈で「ロックの死」と密接に関連してくるのが資本主義ということになる。つまり、ロックが資本に回収されるそのたびごとに、「ロックの死」が語られてきたというわけだ[32]。もっとも、ロックをはじめとするポピュラー音楽は、そもそも資本主義の論理で機能する音楽産業によって生み出されたものだ。こうした立ち位置からの議論は、資本に回収される「ロックの死」が語られる以前から、ドイツの思想家テオドール・アドルノが文化産業批判として一貫して主張してきたものだ[33]。一九六〇年代後半、ベトナム戦争反対を掲げた「抵抗の音楽」に対してインタビューに応えるアドルノは、「あらゆるポピュラー音楽は、どれだけモダニストを装っても、過去の古い体質、消費、そして享楽への陶酔から逃れることができない。だから、そこに新しい機能を付加しようにも、表面的なものにとどまってしまう[34]」と語っている。そのうえで、ベトナム戦争という題材でさえも消費財として資本主義に回収してしまう、ポピュラー音楽のあり方を批判するのだ。

テオドール・アドルノによるポピュラー音楽への辛辣な評価は、それまでの彼自身の主張から考えれば驚くに値しない。文化産業やポピュラー音楽について批評してきたアドルノの見解については、これまで賛否を含む多くの議論が展開されてきた。なかには、アドルノに対する批判的な評価も少なくはない。もっとも、ここで注目すべきは、いまから半世紀前に「抵抗の音楽」に対して辛辣な評価をしているアドルノの見解が、現在でも有効に機能しているという点だ。つまり、たとえ「抵抗の音楽」であろうとも、資本に回収されてしまう運命にあるということだ。カウンターカルチャーによってうながされたロックをはじめとするポピュラー音楽は、人びとに「抵抗の音楽」という共通認識を抱かせたのは間違いない。そして、それが結果的には資本に回収されてしまうのも確かなことだ。もっとも、だからと言って、ポピュラー音楽の存在意義が否定されるわけではない。そして、ポスト3・11のポピュラー音楽文化を考えるうえで、「抵抗の音楽」は単なる資本の論理で語ることのできない重要な役割を担っていることを理解する必要があるはずだ。

もうひとつの「音楽の力」の可能性

斉藤和義の〈ずっとウソだった〉は、もうひとつの「音楽の力」の可能性をポスト3・11の社会に広く知らしめることになった。それは、3・11直後に蔓延した「音楽の力」言説へのアンチテーゼとしても理解できる。そんな斉藤の音楽経験からは、カウンターカルチャーの思想に影響を受けたアイデンティティとしてのロックが見え隠れしている。そして、ある程度の世代までの音楽経験では、ロックは思想を体現した音楽であるという共同幻想としてとらえることができる。そもそも、音楽経験とは、音楽作品だけにとどまらず、そこに含まれる価値観や思考なども含めての受容を意味するものだ。そして、斉藤の音楽経験にも、価値観や思考までをも含めての音楽作品の受容という意味が込められているわけ

表1　オリコン初動売上記録（2011年5月30日付現在）※オリコンのデータをもとに集計

順位	タイトル	アーティスト	万枚	発売日
①	名もなき詩	Mr.Children	120.8	1996/2/5
②	Addicted To You	宇多田ヒカル	106.8	1999/11/10
③	だんご3兄弟	速水けんたろう、茂森あゆみ	102.6	1999/3/3
④	Winter, again	GLAY	95.6	1999/2/3
⑤	LOVE PHANTOM	B'z	95.1	1995/10/11
⑥	君がいるだけで	米米CLUB	92.5	1992/5/4
⑦	誘惑	GLAY	84.1	1998/4/29
⑧	CAN YOU CELEBRATE?	安室奈美恵	82.8	1997/2/19
⑨	Wait & See ～リスク～	宇多田ヒカル	80.4	2000/4/19
⑩	Don't Leave Me	B'z	79.1	1994/2/9

だ。もっとも、そのような音楽経験は、すべての世代に共有されているわけではない。それは、斉藤への水野良樹による批判からも明らかだ。つまり、ある世代までは思想を体現するアイデンティティとしてのロックが共有されているものの、必ずしもそれがすべての世代に浸透しているわけではないということだ。それは、斉藤を批判した水野の見解に代表されるように、既存の音楽に対する一般的な価値観が、一九九〇年代以降に蔓延したポピュラー音楽の規範となっていることからも理解できる。だからこそ、3・11直後の社会では優勢だったポピュラー音楽の規範に対して、アイデンティティとしてのロックが露呈したことは意味深いことなのだ。

3・11が契機となって、ポピュラー音楽の規範が問い直される兆しが見えかけたのは確かなことだ。それでも、パラダイムシフトは起こらなかった。大手音楽産業によって生みだされ、広く容認されるようになった、最大公約数の消費者を意識した無色透明で無味無臭なポピュラー音楽という認識は、たやすく覆されることがなかったというわけだ。それを象徴する出来事は、3・11が発生してからわずか三ヶ月足らずの、二〇一一年六月六日付オリコン週間ランキングで起こった。二〇一一年五月二五日に発売されたAKB48の〈everyday、カチューシャ〉が、発売日から一週間の売り上げを示す初動売上記録を塗り替えることにな

表2　オリコン初動売上記録（2023年3月27日付現在）※オリコンのデータをもとに集計

順位	タイトル	アーティスト	万枚	発売日
①	さよならクロール	AKB48	176.3	2013/5/22
②	僕たちは戦わない	AKB48	167.3	2015/5/20
③	ラブラドール・レトリバー	AKB48	166.2	2014/5/21
④	Teacher Teacher	AKB48	166.1	2018/5/30
⑤	真夏のSounds good!	AKB48	161.7	2012/5/23
⑥	センチメンタルトレイン	AKB48	144.9	2018/9/19
⑦	翼はいらない	AKB48	144.1	2016/6/10
⑧	サステナブル	AKB48	138	2019/9/18
⑨	フライングゲット	AKB48	135.4	2011/8/24
⑩	everyday、カチューシャ	AKB48	133.4	2011/5/25

ったのだ。それまでの歴代一位の記録は、一九九六年二月五日に発売されたMr.Childrenの〈名もなき詩〉が保持していた一二〇・八万枚だった（表1）。そんな〈名もなき詩〉を一二・六万枚も上まわる一三三・四万枚の売り上げを記録したのが、〈everyday、カチューシャ〉だったというわけだ[35]。もちろん、AKB48が3・11以降に被災地や被災者へのチャリティ活動をおこなってきた事実は評価に値するもので、「音楽の力」の文脈からも理解することができる[36]。その一方で、AKB48がオリコンの初動売上記録を一五年四ヶ月ぶりに更新したという事実は、消費財としてのポピュラー音楽による「音楽の力」の存在意義を露呈することにもなった。

AKB48のCD売り上げが突出したのは、3・11直後の社会に蔓延する「音楽の力」言説が後押しした可能性を無視することはできないだろう。それと同時に、AKB48（という存在そのもの）に商品価値が見いだされていたことも考慮する必要がある。それはしばしば、「AKB商法」という名のもとで揶揄されもしている[37]。実際のところ、〈everyday、カチューシャ〉の売り上げをうながす大きな要因になったのは、二〇一一年八月に発売予定の次作品を歌う二一名の選抜メンバーをファン投票で決める「第3回AKB48選抜総選挙」の投票権という特典の付与だった。所属レコード会社のキングレコードが

〈ｅｖｅｒｙｄａｙ、カチューシャ〉の初回出荷枚数を過去最多の一四五万枚に見込んでいたことからも、ＡＫＢ48の商品価値を念頭に置いたうえでの戦略だったことは明らかだ[38]。つまり、音楽作品としてのＣＤそのものが消費材として消費されているわけではなく、付加価値によってＣＤが消費されているというわけだ[39]。そして、それ以降も、ＡＫＢ48の初動売上記録は継続的に更新されてきた（表2）。もっとも、オリコンによるＣＤ売り上げが、人びとの一般的な音楽の需要（あるいは受容）と機械的に直結しているわけではないことには留意する必要がある。いまや、ＣＤの売り上げのみが音楽の需要（や受容）を計る唯一の指標ではなくなっているのだ[40]。

付加価値によってＣＤの売り上げを助長するという戦略は、「ＡＫＢ商法」として広く認知されるようになった。ポスト3・11におけるＡＫＢ48の一〇年にわたる躍進は、奇しくもＣＯＶＩＤ－19のパンデミックによって終焉を迎えたようにさえ思われる。それまで好調だったＣＤの売り上げ枚数は、コロナ禍になって急速に減少してしまったのだ。二〇二〇年三月に発売された五七枚目のシングル〈失恋、ありがとう〉は、初動売上一一六・七万枚を記録した[41]。しかし、二〇二一年九月に発売された五八枚目のシングル〈根も葉もＲｕｍｏｒ〉は三五・一万枚[42]、二〇二二年四月に発売された五九枚目のシングル〈元カレです〉は三二・九万枚[43]、二〇二二年一〇月に発売された六〇枚目のシングル〈久しぶりのリップグロス〉は三一・八万枚[44]と、かつての勢いには及ばない。それは、ＡＫＢ48自体の人気の陰りなのか、コロナ禍における「ＡＫＢ商法」の限界なのか、それとも、配信やストリーミングの堅調によるものなのか。

確かに、「ＡＫＢ商法」は低迷するコンテンツ市場を抱える音楽産業にとって救世主だった。それと同時に、ＣＤの売り上げが音楽の需要（や受容）を計るという指標をも無効化させてしまった。付加価値を求めてＣＤを購入するという行為は、必然的にＣＤの売り上げを押しあげる役割を果たしたというわけだ。そうなると、ＣＤの売り上げによって音楽の需要（や受容）を計ることが無意味になってしまうのも当然のことだ。もはや、最大公約数の消費者を意識した、無色透明で無味無臭な音楽作品という前提にもとづいた議論さえもが成り立たない状況になりつつあるのかもしれない。消費財として消費される音楽作品という文脈においては、3・11によって広く波及した「音楽の力」言説さえもが、AKB48のCD同様、資本に回収されてしまうのだ。こうした音楽への資本の論理の介入は、ある意味で肯定的に受け止めるべきなのだろう。その一方で、資本に回収されないからこそ、不可視化されてしまうものもある。そして、逆説的だが、それこそが3・11を契機として見いだされた、もうひとつの「音楽の力」の可能性なのかもしれない。

注

（1）テオドール・アドルノ本人が出演しているインタビュー映像は、YouTubeで視聴できる（"Theodor Adorno on Popular Music and Protest." *Internet Archive* 〈https://archive.org/details/RicBrownTheodorAdornoonPopularMusicandProtest〉［二〇一三年四月二日閲覧］）。また、日本語訳が表記されている映像も視聴可能になっている（「テオドール・アドルノ―ポピュラー音楽と抵抗」［https://www.youtube.com/watch?v=8fBfwgSXcLk］二〇一三年四月二日閲覧）。

（2）「原発安全、ウソだったんだぜ　反原発曲、ネットで話題に」『朝日新聞』二〇一一年四月二十七日

（3）「反原発ソングが話題の斉藤和義、USTREAMで「ずっとウソだった」をライブで熱唱！アクセス集中で一時配信止まるハプニングも」『シネマトゥデイ』二〇一一年四月八日［https://www.cinematoday.jp/news/N0031546］二〇一三年四月二日閲覧

（4）水野良樹（@mizunoyoshiki）ツイッター、二〇一一年四月八日二一時八分［https://twitter.com/mizunoyoshiki/status/56327601089822720］二〇一三年四月二日閲覧

（5）同ツイッター、二〇一一年四月八日二一時五五分［https://twitter.com/mizunoyoshiki/status/563392831827

51744] 二〇一三年四月一日閲覧

(6) 同ツイッター、二〇一一年四月一一日一五時四一分 [https://twitter.com/mizunoyoshiki/status/5733236416168578] 二〇一三年四月一日閲覧

(7) 同ツイッター、二〇一一年四月一一日一五時五四分 [https://twitter.com/mizunoyoshiki/status/57335638265044992] 二〇一三年四月一日閲覧

(8) 同ツイッター、二〇一一年四月一一日一五時五六分 [https://twitter.com/mizunoyoshiki/status/57336188968767488] 二〇一三年四月一日閲覧

(9) 同ツイッター、二〇一一年四月一一日一五時五七分 [https://twitter.com/mizunoyoshiki/status/57336527491039232] 二〇一三年四月一日閲覧

(10) 同ツイッター、二〇一一年四月一一日一六時〇一分 [https://twitter.com/mizunoyoshiki/status/57337413223198720] 二〇一三年四月一日閲覧

(11) 同ツイッター、二〇一一年四月一一日一六時〇二分 [https://twitter.com/mizunoyoshiki/status/57337759412649984] 二〇一三年四月一日閲覧

(12) 宮台真司「1992年以降の日本のサブカルチャー史における意味論の変遷」東浩紀編『日本的想像力の未来』NHKブックス、二〇一〇年、一八九〜一九一ページ

(13) 宮入恭平『J-POP文化論』彩流社、二〇一五年、五八〜六六ページ

(14) 同書、一五一〜一五二ページ

(15) たとえば、クレジットカードのセゾンが二〇一五年八月二九日から三〇日におこなった「永久不滅デイリサーチ」では、「あなたが曲を気にいる1番の理由はなんですか?」という質問に対して「①曲調、②歌詞、③歌声・歌唱力、④アーティストの人柄や容姿、⑤この中にはない」の五択に一三一〇人が回答した。最も多かった回答は、圧倒的な割合で「曲調」の五八・八%だった。次いで、「歌声・歌唱力」の一五・九%、そして「歌詞」の一三・八%、「この中にはない」の七・七%、「アーティストの人柄や容姿」の三・八%と続いた(「永久不滅デイリサーチ」[https://aqfr.net/aqfdr/view.php?eid=406629])。

(16) たとえば、二〇〇〇年三月二三日に発売されたアルバム《COLD TUBE》に収録されている〈青い光〉は、

一九九九年に茨城県東海村の核燃料加工施設で起こった東海村JCO臨界事故を受けてつくられた作品。

(17) 経済学の視点から原発政策を批判的に論じている中野洋一(『原発依存と地球温暖化論の策略―経済学からの批判的考察』法律文化社、二〇一一年)は、同書の第1章「原発産業の批判的考察」のなかで、3・11による原発事故への教訓として、戦後日本における原発推進の経緯を説明している。また、同書では参考文献として、3・11直後の原発事故に関する問題を指摘する著書を取り上げている。

(18) 「原発、核兵器の廃絶を訴える歌」として、南田勝也は〈ずっとウソだった〉を取り上げ、その社会的背景を説明している(MUSIC MAGAZINE 増刊『プロテスト・ソング・クロニクル―反原発から反差別まで』ミュージック・マガジン、二〇一一年、二三ページ)。

(19) 当時、東芝EMIの統括本部長だった石坂敬一が、二〇一五年のインタビューで《カバーズ》が発売中止になった経緯を語っている(「RCサクセションの『カバーズ』はなぜ発売禁止になったのか」『ローリングストーン日本版六月号』二〇一五年、八一ページ)。アルバム《カバーズ》に先行して一九八八年六月二五日に発売予定だったシングル〈ラヴ・ミー・テンダー〉も発売中止となり、一九八八年六月二二日の全国紙には「素晴らしすぎて発売できません」という新聞広告が掲載された。その後、石坂は自著において、「いま振り返ると親会社からの圧力ではなく、子会社が自粛した格好だったのだと思う」(石坂敬一『我がロック革命―それはビートルズから始まった』徳間書店、二〇一七年、一〇〇ページ)と述べている。

(20) レコードの発売中止を判断するのは、最終的にレコード会社に委ねられる。日本では音楽産業で流通している作品のほとんどすべてが、レコード倫理審査会(レコ倫)による審査を経て発売されている。もっとも、それによって特定の作品が発売禁止になることは、稀な場合を除いてはほとんど前例がない(『ローリングストーン日本版6月号』二〇一五年、八〇ページ)。

(21) チェルノブイリ原発事故は、国際原子力・放射線事象評価尺度(INES = International Nuclear and Radiological Event Scale)によって、最も深刻な事故にあたるレベル7という評価を受けた。そして、福島原発事故も、チェルノブイリ原発事故と並ぶ評価を受けることになった(環境省ウェブサイト〔https://www.env.go.jp/chemi/rhm/h28kisoshiryo/h28kiso-02-02-01.html〕二〇二三年四月二日閲覧)。なお、二〇二二年二月にロシアによるウクライナ侵攻を受けて、それまで旧ソ連時代から継続してロシア語の発音を元にした現地の地名は、公用語であるウクライナ語の発音を元にした表記へと変更になった。したがって、チェルノブイリはチョルノービリへと変更になっている（「【ウクライナの地名変更リスト】チェルノブイリはチョルノービリ。オデッサはオデーサに」『ハフポスト』二〇二二年四月一日〔https://www.huffingtonpost.jp/entry/place-name_jp_62464de7e4b0d8266aaa00c6〕二〇二三年四月二日閲覧）。

（22）ここでリストアップされた作品は、前掲『プロテスト・ソング・クロニクル』（一〇〜三〇ページ）に掲載されている。さらに、ここでリストアップされた作品以外にも、浜田省吾〈僕と彼女と週末に〉（一九八一年）、尾崎豊〈核（CORE）〉（一九八七年）、RCサクセション〈ラヴ・ミー・テンダー〉（一九八八年）、斉藤和義〈青い光〉（二〇〇〇年）、Flying Dutchman〈human ERROR〉（二〇一一年）、Coma-Chi〈Say "No!"〉（二〇一一年）、キングギドラ〈アポカリプスナウ〉（二〇一一年）、ASIAN KUNG-FU GENERATION〈N2〉（二〇一一年）、ココロ&カナル〈Love! Love! ハイロ〉（二〇一二年）、難波章浩〈STOP THE 54〉（二〇一二年）、尾米タケル之一座〈絶対原子力戦隊スイシンジャー〉（二〇一二年）などがある。

（23）このイベントには、ドゥービー・ブラザーズ、ブルース・スプリングスティーン、クロスビー・スティルス&ナッシュ、ジェイムス・テイラー・カーリー・サイモン、トム・ペティ&ザ・ハートブレイカーズ、チャカ・カーン、ライ・クーダーといった、名立たる多くのアーティストが反原発という趣旨に賛同して参加することになった（「NO NUKESコンサートでジャクソン・ブラウンがやろうとしたこととは？」『TAP the POP』〔http://www.tapthepop.net/live/26289〕二〇二三年四月二日閲覧）。また、3・11による原発事故を受けて、二〇一一年八月七日に、アメリカのカフリフォルニアにて、三二年ぶりとなるM・U・S・Eによるイベント「M.U.S.E. Benefit For Japan Relief」が開催された（「ジャクソン・ブラウンらによる32年ぶりのNO NUKES第2弾"M.U.S.E. Benefit For Japan Relief"」『ロッキング・オン・ドットコム』〔https://rockinon.com/news/detail/56042〕二〇二三年四月二日閲覧）。

（24）「アトミック・カフェ・ミュージック・フェスティバル」は一九八四年から一九八七年におこなわれた、反核・反原発を訴える音楽イベントだった。大小さまざまな会場で開催されたが、第一回目は一九八四年八月四日に東京の日比谷野外音楽堂で開催された。参加ミュージシャンは、浜田省吾、加藤登紀子、センチメンタルシティ・ロマンス、タケカワ・ユキヒデ、白竜、ルースターズ、尾崎豊、シオン、などだった（大久保青志『フェスとデモを進化させる——「音楽に政治を持ち込むな」ってなんだ⁉』イースト・プレス、二〇二一年、一八ページ）。

(25)「アトミック・カフェ」が再び注目されるようになったのは、いまや日本国内のロックフェスティバルの代名詞にもなっている、フジロック・フェスティバルの「ジプシー・アバロン」と呼ばれるステージで復活した二〇一一年だった。それ以降、フジロック・フェスティバルでは継続的に、「アトミック・カフェ」の呼称で毎年ステージが設けられている（前掲『フェスとデモを進化させる』三四～三六ページ）。フジロック・フェスティバルの「アトミック・カフェ」については、アトミック・カフェの公式ウェブサイトからも確認できる（『THE ATOMIC CAFÉ』［http://acf.main.jp/index.html］二〇二三年四月二日閲覧）。また、3・11による原発事故以降、数多くの反原発イベントが開催されている。そのなかには、大手音楽産業が関与しながら、現在も継続的に開催されているものも含まれる。たとえば、反原発に積極的な坂本龍一を中心とする「NO NUKES」は、原発事故が起こった翌年の二〇一二年から二〇一五年まで、そして二〇一七年、二〇一九年に開催されている（［http://no-nukes.jp/］二〇二三年四月二日閲覧）。過去の「NO NUKES」の詳細については、各年のウェブサイト（二〇一二年『NO NUKES 2012』［http://nonukes2012.jp/］二〇二三年四月二日閲覧、二〇一三年『NO NUKES 2013』［http://nonukes2013.jp/］二〇二三年四月二日閲覧、二〇一四年『NO NUKES 2014』［http://nonukes2014.jp/］、二〇一五年『NO NUKES 2015』［http://nonukes2015.jp/］二〇二三年四月二日閲覧、二〇一七年『NO NUKES 2017』［http://nonukes2017.jp/］二〇二三年四月二日閲覧）で確認できる。ちなみに、坂本の反核や反原発に関する活動は、3・11以前にさかのぼって見られる。たとえば二〇〇六年五月には、本格的な稼働を翌年に控えた青森県六ヶ所村の核再処理施設に反対して、坂本が中心となってSTOP-ROKKASHOプロジェクトがおこなわれている（STOP-ROKKASHOプロジェクト『ロッカショ』講談社、二〇〇七年）。

(26) ここでは詳細に触れることはないが、クラシック音楽からポピュラー音楽まで、さらには古代ギリシャにまで遡って、音楽は社会の変革に大きな影響を及ぼしてきた（宮入恭平『ライブカルチャーの教科書——音楽から読み解く現代社会』青弓社、二〇一九年、六〇～六三ページ）。

(27) そのような状況のなかで、斉藤和義の行為は特筆すべきものと言えるだろう。たとえば、二〇一一年一〇月に発売されたアルバム《45 STONES》は、SPEEDSTAR RECORDSという大手音楽産業（JVCケンウッド・ビクターエンタテインメントのレーベル）から発売されているにもかかわらず、反原発に関する作品である〈オオカミ中年〉も収録されている。また、二〇一一年一二月三一日に放送のNHK紅白歌合戦に出演した際には、「NUKE IS OVER（原子力は終わった）」と書かれたギターのストラップを使用している。もっとも、大手音楽産業の枠組みのなかで、斉藤だけが孤軍奮闘していたわけではない。たとえば、後藤正文（ASIAN KUNG-FU GENERATION）、TOSHI-LOW（BRAHMAN）、細美武志（the HIATUS）、恒岡章（Hi-STANDARD）はエセタイマーズという、かつて反原発を掲げた作品で話題になった忌野清志郎が中心になって活動したタイマーズを彷彿とさせるユニットを組んで、フジロック・フェスティバルで開催されている反原発イベント「アトミック・カフェ」（二〇一四年『FUJIROCK EXPRESS 2014』[http://fujirockexpress.net/14/p_3009] 二〇二三年四月二日閲覧、二〇一七年「FUJIROCK EXPRESS 2017」[http://fujirockexpress.net/17/p_1571] 二〇二三年四月二日閲覧）にも出演している。また、彼らが所属しているそれぞれのバンドも、積極的に反原発イベントなどに参加している。

（28）少なくとも欧米ではロックが、自分自身を主張するための重要な役割を果たした。その一方で、カウンターカルチャーの同時期に、日本で同じような役割を果たしたのがロックではなくフォークだったことには留意する必要がある。アイデンティティの音楽については、前掲『J-POP文化論』第五章「アイデンティティのゆくえ」に詳しい。

（29）ここには、欧米でのロックや日本でのフォークが当てはまる（同書、一一三～一一五ページ）。

（30）こうした指摘は、ジョセフ・ヒースとアンドルー・ポターが『反逆の神話――「反体制」はカネになる』（栗原百代訳、ハヤカワ文庫NF、二〇二一年）やマーク・フィッシャーが『資本主義リアリズム』（セバスチャン・ブロイ、河南瑠莉訳、堀之内出版、二〇一八年）で言及している。

（31）「ロックの死」をめぐっては、南田勝也『オルタナティブロックの社会学』（花伝社、二〇一四年）を参照しながら、アイデンティティとしてのロックと関連づけて説明している（前掲『J-POP文化論』第五章）。

（32）資本主義に回収されるロックの象徴として、ジョセフ・ヒースとアンドルー・ポター、マーク・フィッシャーや南田勝也は、それぞれの著作のなかで、ロックバンドのニルヴァーナのボーカルだったカート・コバーンの自殺を取りあげている。ニルヴァーナは音楽産業が過度な商業主義へ向かうことを否定しながらも、みずからの作品はヒットチャートの上位に食い込むという矛盾から逃れることができなかったバンドだ。カート・コバーンについては、序章で扱っている。

(33) テオドール・アドルノの音楽論については、一九四七年の「文化産業—大衆欺瞞としての啓蒙」(ホルクハイマー、アドルノ『啓蒙の弁証法—哲学的断想』岩波文庫、二〇〇七年)、一九四一年の「ポピュラー音楽について」(Th・W・アドルノ/渡辺裕訳『アドルノ 音楽・メディア論集』平凡社、二〇〇二年)、一九六二年の「軽音楽」(Th・W・アドルノ/高辻知義、渡辺健訳『音楽社会学序説』平凡社ライブラリー、一九九九年)、一九三八年の「音楽における物神的性格と聴取の退化」(Th・W・アドルノ/三光長治、高辻知義訳『不協和音—管理社会における音楽』平凡社ライブラリー、一九九八年)などを参照。

(34) 前掲「テオドール・アドルノ—ポピュラー音楽と抵抗」

(35) 「AKB48新曲、〝シングル史上最高〟の初週売上133・4万枚」『ORICON NEWS』二〇一一年五月三十一日〔https://www.oricon.co.jp/news/88249/full/〕二〇二三年四月二日閲覧

(36) AKB48による3・11以降のチャリティ活動については、第1章で説明している。

(37) 「AKB商法」については、さやわか『AKB商法とは何だったのか』(大洋図書、二〇一三年)に詳しい。

(38) 「AKB48、〝投票権付き〟新曲が初日〝実売〟94・2万枚」『ORICON NEWS』二〇一一年五月二十六日〔https://www.oricon.co.jp/news/88093/full/〕二〇二三年四月二日閲覧

(39) CDに付随する価値としては、収録曲やジャケット写真などを変えて数種類の形態で販売する手法や、握手券や投票券などを封入して販売する手法などがあげられる。こうした戦略が「AKB商法」として批判されもしたが、付加価値によるCDの販売手法は決して新しいものではない(前掲『AKB商法とは何だったのか』、三三ページ)。また、筆者の個人的な経験からも、レコードの時代から「おまけ」による販売促進がおこなわれていたのは確かなことだ。

(40) たとえば、音楽ランキングを提供するビルボードジャパンは、CDの売り上げ以外にも、ダウンロード、ストリーミング、YouTubeなどの動画再生回数やラジオの再生回数、さらには楽曲やアーティスト名のツイート回数など、さまざまな指標を合算して集計したランキングへと移行している(「About Billboard Charts」『Billboard JAPAN』〔https://www.billboard-japan.com/common/about/〕二〇二三年四月二日閲覧)。

(41)「AKB48最新シングルが初登場1位　シングル1位記録など歴代1位記録を続々更新」『ORICON　NEWS』二〇二〇年三月二四日［https://www.oricon.co.jp/news/2158151/full/］二〇二三年四月二日閲覧

(42)「AKB48最新シングル「根も葉もRumor」、連続&通算45作目の1位に」『ORICON　NEWS』二〇二一年一〇月五日［https://www.oricon.co.jp/news/2209199/full/］二〇二三年四月二日閲覧

(43)「AKB48、「元カレです」が「シングル」1位　女性アーティスト歴代1位の46作連続・通算46作目」『ORICON　NEWS』二〇二二年五月二七日［https://www.oricon.co.jp/news/2235866/full/］二〇二三年四月二日閲覧

(44)「AKB48、最新作「久しぶりのリップグロス」が47作連続「シングル」1位」『ORICON　NEWS』二〇二二年一〇月二五日［https://www.oricon.co.jp/news/2254364/full/］二〇二三年四月二日閲覧

第3章　ストリートを取り戻せ！

オタマジャクシで街を埋めつくし
オダマサノリで道をハメはずし
通りは踊り場　用事は放り出し
ポリは怒り出す　総理に言いつけろ
ありえない景色　かつてないクライシス
渋谷どーなる　知るかグローバル
ひびけ一斗缶　たたく3時間
反戦　反弾圧　反石原
言うこと聞くよな奴らじゃないぞ
言うこと聞くよな奴らじゃないぞ
——ECD(1)

未曾有の被害をもたらした3・11によって、音楽の持つ力の可能性と限界が露呈することになった。もちろん、物理的にも精神的にも音楽の持つ力によって、被災地や被災者に大きな支援がもたらされたことは間違いない。その一方で、3・11直後に蔓延した「音楽の力」言説に見え隠れする欺瞞によって、音楽の持つ力の限界が露呈してしまったのも事実だ。そんななかで、もうひとつの「音楽の力」が再認識されるようになると、人びとの鬱憤が堰を切ったように溢れはじめた。本章では、もうひとつの「音楽の力」を機能させたストリートに注目する。

サウンドデモ

3・11によって露呈した「音楽の力」の可能性と限界は、もうひとつの「音楽の力」という抵抗の音楽の存在意義を再認識させることになった。3・11から一ヶ月足らずの二〇一一年四月七日、YouTubeに投稿された斉藤和義の〈ずっとウソだった〉は、大手音楽産業を巻き込みながら賛否両論の物議をかもすことになった。そしてこの作品は、もうひとつの「音楽の力」として反原発運動と結びつくことにもなったのだ。[2]二〇一一年四月一〇日に東京の高円寺でおこなわれた「4・10原発やめろデモ!!!!!」には、一万五千人もの人びとが参加した。もっとも、これほどまでに多くの人たちが集まったデモにもかかわらず、新聞やテレビといった既存のマスメディアによって報じられることはなかった。原発事故から一ヶ月足らずにおこなわれたことから、この時点ではまだ、マスメディアみずからもそこに含まれる「原子力村」によって社会的な規範となっていた、原発問題に対してタブー視するという風潮が広く浸透していたのだ。それは、物議をかもした斉藤の〈ずっとウソだった〉に対する批判的な見解からも容易に理解できることだ。その一方で、このデモでは〈ずっとウソだった〉が、多くのデモ参加者や沿道に集まった人たちのあいだで、いわゆる反原発のアンセムとして歌われることになった。[3]そして、原発に対する人びとの認識は、時間の経過とともに変化を見せはじめるようになった。その後も、二〇一一年五月七日には渋谷で「5・7原発やめろデモ!!!!!」、六月一一日には新宿で「6・11原発やめろデモ!!!!!」、八月六日には銀座で「8・6原発やめろデモ!!!!!」、さらに九月一一日には新宿で「9・11原発やめろデモ!!!!!」と、ほぼ一ヶ月に一回のペースで反原発を掲げたデモが開催され、多くの人びとが参加するようになった。これら一連の「原発やめろデモ!!!!!」を主催したのは、二〇〇〇年代後半に東京の高円寺を中心にストリートでのデモを展開してきた「素人の乱」だった。[4]ここで強調すべき点は、それまでのデモでは可視化されることのなかった音楽が、反原発を訴える社会運動と連動しながら、もうひとつの「音楽の力」として機能するようになったことだ。そこで注目されるようになったのが、サウンドカーと呼ばれるスピーカーやPA装置などの音響機材を荷台に積んだトラックから、バンドやDJによる大音量の音楽を流しながら抗議活動をするサウンドデモだ。ポスト3・11の反原発デモで話題になったサウンドデモだが、その存在が日本で注目されるようになったのは二〇〇〇年代に入ってからのことだ[5]。

二〇〇〇年代にサウンドデモが波及するようになった経緯を追ってみると、二〇〇一年九月一一日に世界を震撼させたアメリカ同時多発テロにたどり着く。この9・11を契機として、アメリカを中心とした「テロとの戦い」が叫ばれるようになったのだ。そして、「テロとの戦い」は、日本も決して無関係ではなかった。二〇〇二年一月二九日の一般教書演説で、アメリカのジョージ・W・ブッシュ大統領は、イラク、イラン、そして北朝鮮を名指ししたうえで「悪の枢軸」と批判した。二〇〇三年三月二〇日には、イラクが大量破壊兵器を開発しているという理由から、アメリカを中心とする有志連合によるイラクへの攻撃が開始された。そして、日本も小泉純一郎政権のもとで「イラクにおける人道復興支援活動及び安全確保支援活動の実施に関する特別措置法（イラク特別措置法）」が成立して、自衛隊のイラク派遣がおこなわれた[6]。こうした状況のなかで登場したのが、イラク戦争への反対をかかげたデモに音楽が融合したサウンドデモだったというわけだ。その嚆矢となったのが、イラクへの攻撃が開始された翌日の二〇〇三年三月二一日に東京でおこなわれたデモだった。そして、このときのデモの参加者によって結成されたのが、のちのサウンドデモを牽引したＡＳＣ（Against Street Control）だった[7]。ＡＳＣはイラク戦争に反対するミュージシャン、デザイナー、ライター、評論家、大学教員、学生、そしてフリーターなど、さまざまな属性の人たちの主体的な関与のもとで結成された流動的なグループだ。そんなＡＳＣによるサウンドデモが初めておこなわれたのは、二〇〇三年五月一〇日のことだった。当初は数百人規模だったデモは、二〇〇三年五月三〇日、七月一九日、一〇月五日、二〇〇四年一月二四日、二月二二日と、回を重ねるごとに参加者の数が増加し、最終的には四桁にもおよぶほどになった。ＡＳＣによるイラク戦争の反対を掲げたサウンドデモは二〇〇四年二月二二日が最後になったが、サウンドデモは二〇〇〇年代以降の新しいデモのスタイルとして拡散することになった。ASCによるサウンドデモと並行するように、二〇〇三年には八月三日に大阪、一〇月一九日には京都で、二〇〇四年には五月八日に大阪、七月四日と九月一九日に京都、そして一一月二三日に大阪、二〇〇五年には九月一一日に京都と、サウンドデモがおこなわれている。ASCが反戦を掲げてはじまったサウンドデモは、全国各地に伝播するようになったのだ。

もちろん、サウンドデモは、イラク戦争の反対を訴えた二〇〇三年になってはじまったものではない。たとえば、二〇一〇年代になってから「東京レインボープライド」の名のもとで注目を集めるようになった、性的マイノリティの権利を訴えるプライドパレードでは、オープンカーやトラックに派手な装飾を施したフロート（梯団）が目立っている。二〇一九年四月二八日におこなわれた「東京レインボープライド2019」には過去最多となる一万九一五人が参加し、前回を上回る四一ものフロートがパレードを彩った。(8) ちなみに、「東京レインボープライド」は、COVID‐19のパンデミックにより二回のオンライン開催を強いられたうえで、二〇二二年四月二四日に三年ぶりとなるパレードをおこなった。(9) フロート数は八と規模を大幅に縮小したうえで、二〇二二年四月二四日に三年ぶりとなるパレードをおこなった。そんなフロートは、一九九九年に開催された「第4回レインボーマーチ in 札幌」(10) で用いられており、すでにサウンドシステムで大音量の音楽を流しながらのパレードがおこなわれていた。そして、その存在を広く知らしめることになった9・11を契機とする二〇〇三年のサウンドデモでは、参加者のあいだにイラク戦争反対という単一の問題意識が共有されていた。それが二〇〇〇年代後半になると、格差社会や反グローバリゼーションといったさまざまな社会問題を背景にしながら、貧困層や社会的マイノリティが抱えている多種多様な課題に対する主張が繰り広げられるようになった。たとえば、ポスト3・11の「原発やめろデモ！！！！」を主催するようになった「素人の乱」によって繰り広げられたサウンドデモでは、「家賃をタダにしろ」や「俺の自転車返せ」といったテーマが掲げられていた。こうしたサウンドデモは一見すると、荒唐無稽で生真面目さとは一線を画するように思えるものだった。もっとも、そこには、デモに参加した当事者自身の生活に根ざした、社会に散在するさまざまな問題に対しての異議申し立てが含まれていたのは確かなことだ。さらに、二〇一〇年代になると、3・11によって引き起こされた福島原子力発電所の事故をきっかけとして、原発問題が人びとの身近な問題として広く浸透するようになった。こうした状況を背景として、サウンドデモはポスト3・11の反原発デモとして注目されるようになったというわけだ。

日本では二〇〇〇年代以降になって広く認知されるようになったサウンドデモだが、海外におけるそのルーツをさかのぼると、イギリスでは人種問題を背景として一九六〇年代からおこなわれているノッティングヒル・カーニバルに移動式のサウンドカーが初めて持ち込まれたのが一九七七年のことだった[11]。また、レイヴカルチャーを背景としてムーブメントになった、一九八〇年代後半の「セカンド・サマー・オブ・ラブ」に対する措置として一九九四年に法制化された「反レイヴ法」とも呼ばれた「クリミナル・ジャスティス法[12]」への反対運動では、大音量の音楽によって大音量の音楽文化を規制する法律に反対するという皮肉な状況が生みだされた[13]。さらに、アメリカでは一九八七年にニューヨークでおこなわれたエイズ差別への反対運動「ACT UP（AIDS Coalition to Unleash Power）[14]」や、一九九九年にWTO（世界貿易会議）が開催されたシアトルで反グローバリズム運動の一環としておこなわれた「シアトルの闘争[15]」においても、音楽が有効に用いられることになった[16]。もちろん、デモに大音量の音楽を取り入れた、文字どおりの意味合いでサウンドデモの変遷を理解することは必要だ。そして、当然のことながら、サウンドデモの変遷をさかのぼれば、デモがおこなわれるにいたった社会背景についても把握する必要がある。それを踏まえれば、ポスト3・11の音楽文化を考えるうえで重要になるのは、二〇〇〇年代以降に広く認知され、ポスト3・11の社会運動に影響をもたらすことになった、日本におけるサウンドデモの実践を取り巻く社会背景の確認ということになるだろう。

ストリートを取り戻せ！

二〇〇〇年代以降に広く認知されるようになったサウンドデモの実践は、既存の社会運動に対する認識の問い直しをうながすことになった。一九六〇年代から七〇年代に、社会学者のアラン・トゥレーヌ[17]やアルベルト・メルッチ[18]が理論化した社会運動は、それまでの社会運動とは一線を画するものとして「新しい社会運動」と呼ばれるようになった。旧来の社会運動は、労働闘争や階級闘争が問題の中心となったマルクス主義的な左翼運動、つまり、「労働者」が主体となる「労働運動」としてとらえることができる。しかし、ポスト産業化社会において人びとが抱える問題の関心は、労働闘争や階級闘争に限定されることなく、人種やジェンダーなどのマイノリティ問題、環境や温暖化などのエコロジー問題、反戦や反核・反原発、食の安全やライフスタイル、さらには反グローバリゼーションなど、多岐にわたるようになった。こうした、さまざまな問題に対する異議申し立ての実践として、「新しい社会運動」は、「市民」が主体となる「市民運動」として広がりをみせることになった。こうした「新しい社会運動」の新しさについて、社会学者の天野正子は、「①運動の主体が階級や労働者ではなく、マイノリティや青年、女性など、高度産業社会の周辺部に位置する人びとである、②運動の争点が、労働運動に典型的にみられるような生産点の問題ではなく、環境や人権、平和など、生きる上での全体性にかかわる課題におかれており、そこでのキーワードは「アイデンティティ」「自主管理」「自己決定」などである、③運動組織の方法が、ひと握りのリーダー層によって統率されるヒエラルヒー型組織ではなく、一人ひとりが責任を負えるかぎりで行動する個人間ネットワーク型組織をとる」という三つの特徴から、従来型の社会運動との違いを説明している[19]。もちろん、「新しい社会運動」の広がりは欧米圏にとどまらず、先進産業社会に共通の現象で、それは日本も例外ではなかった[20]。そんな「新しい社会運動」は、一九九〇年代後半以降になると、新たな社会運動として展開することになった。それは、労働組合や党派といった労働問題を背景とした旧来の社会運動や、特定の問題意識によって構成された「新しい社会運動」とも一線を画するもので、スチュアート・ホールが「〈新しい〉新しい社会運動」と呼んだポスト「新しい社会運動」だ。日本で二〇〇〇年代に顕在化したサウンドデモは、まさしく「〈新しい〉新しい社会運動」を具現化したものとしてとらえることができるだろう。[21] そして、そんなサウンドデモを牽引する大きな役割を担うことになったのが、ポスト3・11の社会運動を牽引する重要な存在となったマルチチュードだ。[22]

マルチチュードとは、哲学者のアントニオ・ネグリとマイケル・ハートが提唱した概念で、「統一化されることなく、あくまで複数の多様な存在であり続け」、「その差異が決して同じものに還元できない社会的主体」であり、「今日、変革と解放を目指す政治的行動は、マルチチュードという基礎に立ったときにのみ可能となる」と説明している。[23] つまり、マルチチュードとは、けっして「市民」に収まり切らない、多種多様な政治主体を表しているというわけだ。ある特定の問題をめぐって論争が繰り広げられてきた旧来の社会運動はもとより、「市民」の自発的な参加によって成立した「新しい社会運動」でさえも、その運動への関与がどうしても限定的にならざるを得なかった。社会学者の毛利嘉孝は、「長く日本の戦後を支えてきた、安定的な中流階級の幻想が打ち砕かれる中で、社会に対して批判的な視線をもつ新しい政治的主体が登場したのです。そこには、ミュージシャンやDJ、編集者やライター、アーティストやデザイナー、イラストレーターなどさまざまなクリエティブ産業、文化産業、メディア産業で働く労働者――「認知的プレカリアート」が多く含まれています。もちろん、ここに「マルチチュード」という言葉を重ね合わせることはそれほど難しくはありません」と述べている。[24] そんなマルチチュードは、サウンドデモの先駆的な存在となったASCに関与した人びとの多様性と照らし合わせながら理解することができるだろう。そして、ASCが手本にしたのは、一九九〇年代にイギリスでおこなわれた、DIY（Do it yourself）精神のもとで資本主義と環境破壊に抗議しながら、反自動車社会や反高速道路運動として路上（＝ストリート）の解放を訴えた市民運動「リクレイム・ザ・ストリート（ストリートを取り戻せ)」だった[25]。当然のことながら、ここで用いられているストリートという言葉には、日常的に利用されている公共の場という意味が含まれている。それと同時に、ストリートに備わっている公共圏としての役割を示唆的にとらえることもできるだろう。過去にさかのぼって、近代化以降のヨーロッパでは、カフェやサロンなどで、市民が対等な立場で自由に議論できる公共の場が形成されるようになった。やがて、新聞や雑誌の発達にともなう世論は、政治的な議論の場をうながすことになった[26]。そんな公共性の概念は、ストリートという言葉に置き換えられながら、新しい政治の可能性を見いだしもしている。こうしたストリートという言葉には、対抗的（プロテスト）かつ代替的（オルタナティブ）な発想が含まれているのだ。

　マルチチュードによってストリートで展開された社会運動は、二〇一〇年代に入ってから世界各地で同時的に発生していた[27]。二〇一〇年にチュニジアで起こった「ジャスミン革命」が発端となった「アラブの春」と呼ばれる民主化運動は、二〇一一年にエジプトをはじめとするアラブ諸国へと広がりをみせた[28]。それに呼応するかのように、経済危機に陥っていたスペインでは、マドリードやバルセロナをはじめとする都市でデモがおこなわれ、「M15運動」としてスペイン全土に拡散した[29]。さらに、アメリカのニューヨークでは、「わたしたちは99パーセントだ！」をスローガンに、労働者や学生が中心となった「オキュパイ・ウォール・ストリート（ウォール街を占拠せよ）」がおこなわれた[30]。そして、対抗的（プロテスト）で代替的（オルタナティブ）な発想を実践する場として、エジプトではカイロのタハリール広場、マドリードではプエルタ・デル・ソル広場、ニューヨークではズコッティ公園が機能することになった。こうした世界同時的な潮流のなか、日本ではポスト3・11の社会運動が顕在化することになった。ポスト3・11の日本社会では、否でも応でも、人びとが政治に関与する機会を与えられることになった。あるいは、政治に関与せざるを得ない状況がつくりだされたのかもしれない。そして、ポスト3・11の社会運動としての実践をうながす契機になったのは、3・11の発生から間もなく起こった福島第一原子力発電所の事故だった。もっとも、ポスト3・11の社会運動をめぐっては、海外における社会運動の状況と比較しながら、社会学者の小熊英二が「日本で特徴的な問題だと思ったのは、東京には「広場」がなかったことです」と指摘している。[31]つまり、世界同時的に発生した社会運動において、日本にはストリートとしての対抗的（プロテスト）で代替的（オルタナティブ）な発想を実践する場が欠落していたのだ。そんなポスト3・11の社会運動で、人びとが政治に関与する象徴的な実践の場として選ばれたのが、日本の政治の中枢を担っている東京都千代田区永田町周辺だった。

二〇一二年三月末から毎週金曜日の夜になると、福井県にある関西電力大飯発電所の再稼働に抗議する人たちが、首相官邸前や国会前を中心とする、永田町から霞ヶ関の一帯を埋め尽くすようになっていた。大飯原発の再稼働に向けた動きに、世論調査では反対の声が多く聞かれるようになっていた。[32]そして、再稼働を容認した野田佳彦首相に対して、即時撤回を求める抗議活動がおこなわれるようになった。永田町周辺では、二〇一二年四月から毎週金曜日の夕方になると、大飯原発再稼動に反対する抗議活動がおこなわれるようになっていた。そこで目立つようになっていたのは、家族連れや仕事帰りの人たち、あるいは、政治に無関心と言われていた若者の姿だった。ポスト3・11の社会運動において、参加者増加の要因のひとつとしてあげられるのは、Facebook や Twitter といったソーシャルメディアの効果的な活用だった。情報化社会と社会運動の関係は、ポスト産業社会における社会運動に言及した「新しい社会運動」の議論でも示唆されていたことだ。[33]それがソーシャルメディアの普及とともに、いわゆる「市民」を超えた人びとの動員がうながされることになったのだ。当初は三〇〇人程度だったデモ参加者は、Facebook や Twitter といったソーシャルメディアでの呼びかけによってその動員を増やしていった。[34]やがて、テレビや新聞といった既存のマスメディアの追随も手伝い、二〇一二年六月二九日に首相官邸前を中心におこなわれた「6・29首相官邸前抗議」[35]と七月二九日に国会議事堂前を中心におこなわれた「7・29脱原発国会大包囲」[36]と銘打たれた大規模なデモの参加者は、ともに二〇万人（主催者「首都圏反原発連合」発表）[37]にまで膨れあがった。人びとの政府に対する不信感の高まりは、脱原発や反原発という民意を表明するデモという形になって実践されるようになったのだ。それは、ある意味で「ストリートを取り戻せ」を体現した瞬間だったと言えるだろう。そして、官邸前や国会前といった「広場（＝ストリート）」は、ポスト3・11の社会運動を実践する象徴的な場として定着するようになるのだ。

音楽と社会運動

原発事故という未曾有の危機をもたらすことになった3・11が発生してから、人びとが抱え込んできた不安や不満は、堰を切ったかのように溢れることになった。それは、ポスト3・11の社会運動として表出することになった。その背景には、原発事故によって露呈した原発政策に対する人びとの疑念があったのは言うまでもない。そんな人びとの不安や不満は、特定秘密保護法の施行[38]や安全保障関連法の強行採決[39]から芽生えた民主主義のあり方へと向けられるようになった。こうしたポスト3・11の社会状況のなかで、音楽が社会運動で果たす役割は顕著になっていた。たとえば、二〇一〇年代に入ってから世界各地で同時的に発生した社会運動でも、音楽は効果的に機能している。「アラブの春」では、チュニジアの「ジャスミン革命」におけるエル・ジェネラル〈この国の大統領〉[40]やエジプトの「エジプト革命」におけるアミール・イード&ハーニー・アデル〈自由の声〉[41]がアンセムになった。さらに、二〇一四年三月の「ひまわり学生運動」（台湾）では、この運動のために滅火器樂團（Fire EX.）が〈島嶼天光（この島の夜明け）〉を書き下ろし、台湾のグラミー賞とも呼ばれている「金曲獎（金曲賞）」において二〇一五年の最佳年度歌曲（最優秀歌曲賞）を受賞している[42]。また、二〇一四年九月の「雨傘運動」（香港）では、デニス・ホー（何韻詩）などが書き下ろした〈撐起雨傘（雨傘を掲げよう）〉がアンセムとなった[43]。もちろん、日本においても、ポスト3・11の社会運動には音楽の介在が散見されるようになった。たとえば、二〇一二年七月一三日の首相官邸前デモでは、フォークシンガーの中川五郎が、ピート・シーガーやジョーン・バエズによって、アメリカの公民権運動でアンセムになっていた〈勝利を我らに（We shall overcome)〉を演奏している。[44]また、七月二九日の「7・29脱原発国会大包囲」でも、主催者の先導によって参加者たちが声を合わせて歌う光景が見られた。[45]ちなみに、中川五郎は継続的に国会前のデモに参加しており、二〇一五年八月には「国会前の抗議エリアで五二年前にヒットしたボブ・ディランの「時代は変わる」を歌ったんです。「古い家は土台ごと崩れ落ちるよ……」と高石友也（現・ともや）さんの訳詞を今の時代に合わせて変えて歌ったんだけど、改めて今こそ歌うべき歌だと思いましたね[46]」と語っている。

ポスト3・11の社会運動と音楽の関係を象徴的に顕在化させたのは、二〇〇三年のイラク戦争に端を発しておこなわれるようになったサウンドデモにほかならない。イラク戦争の反対を掲げておこなわれたサウンドデモは「〈新しい〉新しい社会運動」として、組織や団体によって組織化された旧来型の社会運動とは一線を画するものになっていた。そもそも、組織的なピラミッド型の社会運動には、特定の問題意識を共有する「限られた人たち」だけが関与するというイメージが付きまとっていた。[47]そのイメージは、「新しい社会運動」の主体となった「市民」でさえも、完全に払拭されることはなかった。[48]とはいえ、「新しい社会運動」で顕在化した、有志が自由に参加するネットワーク型の社会運動には、ポスト3・11の社会運動に共通する特徴が垣間見られたのも事実だ。そんな「新しい社会運動」のなかでも、たとえジャンルの違いこそあれ、音楽が重要な役割を果たしたという点において、一九六九年に「ベ平連」運動の一環としておこなわれた反戦フォーク集会は特筆に値するだろう。[49]一九六五年四月に、「①ベトナムに平和を、②ベトナムはベトナム人の手に、③日本政府は戦争に協力するな」というベトナム戦争反対の目標を掲げて「ベトナムに平和を!市民文化団体連合」が発足、一九六六年一〇月には「ベトナムに平和を!市民連合」（ベ平連）に改称した。[50]「来るものは拒まず、去る者は追わず」という原則のもとで展開した「ベ平連」の運動は、まさに誰でも参加できる「新しい社会運動」として機能したのだった。[51]そんな「ベ平連」の運動の一環としておこなわれたのが、のちにマスメディアからフォークゲリラと呼ばれて話題になった、ベトナム戦争の反対を訴える集会だった。

一九六九年二月に新宿駅の西口地下広場で数十人から一〇〇人程度の参加者からはじまったフォークゲリラは、五月になるとその数が数千人にまで膨れあがった。その規模が拡大するに連れて、警察と機動隊によるフォークゲリラへの取り締まりは強化されるようになった。そして、一九六九年七月一八日には、その名称が「新宿西口地下広場」から「新宿西口地下通路」へ変更されると、集会そのものが道路交通法のもとで規制されることになった。(52) わずか五ヶ月足らずで収束(あるいは終息)したフォークゲリラだったが、そこで重要な役割を果たしたのは、当時の若者たちに絶大な人気を誇っていたフォークだった。そもそも、フォークゲリラが成立した背景には、日本でのフォークの受容が大きく左右している。第二次世界大戦後に「フォーク・リヴァイバル」のブームが起こったアメリカでは、一九六〇年代にフォークが人権の平等を訴える公民権運動のアンセムになっていた。こうしたアメリカでのフォークと社会運動の関係は、日本でのフォークゲリラの実践にも大きな影響を与えることになった。(53) つまり、フォークゲリラの実践を可能にさせた要因のひとつとして、フォークという音楽が重要な役割を担ったというわけだ。そんなフォークゲリラについて、フォークシンガーのなぎら健壱は「短期間でもって必然を持った人たちの中に、必然性を持たない人間を巻き込み、社会現象となり得たことが考えられるとすれば、偶然性をも持っていたと言わなければならない。つまり、必然性ありきで出発をしたフォークゲリラは、時代と相まって偶然を味方に引き入れたのである」(54) と述べている。フォークゲリラでは集会の参加者たちによって、岡林信康の〈友よ〉、高田渡の〈自衛隊に入ろう〉や中川五郎の〈受験生ブルース〉の替え歌〈機動隊ブルース〉などが演奏された。また、〈勝利を我らに〉も定番の作品になっていた。当時の若者を魅了していたプロテストソングとしてのフォークは、社会運動との相性が良かったというわけだ。こうした「必然性ありき」ではじまったフォークゲリラは、「若者だけではなく、勤め人や主婦までもが足を止め始めたのである。当然中には、そうしたプロテストとはまるで無縁な人間も野次馬のように集まってきており、それが報道され、その報道を見てまた人が足を運ぶという連鎖反応が起こり、日増すほどに規模が大きくなっていった[55]」のだ。そして、「群衆は新宿西口地下広場に止まらず、ロータリーの真ん中にある噴水あたり一帯を埋め尽くすほどになっていた。お祭り騒ぎのように通行人をも巻き込んで、地上に上がるスロープ状の車道まで人が群がり始め、交通は全く遮断されてしまった[56]」というのだ。ここから明らかになるのは、「新しい社会運動」の一環としてのフォークゲリラと、ポスト3・11の社会運動との間に見え隠れする共通点だ。それは、「お祭り騒ぎ」とも見まごう社会運動が孕む祝祭性なのだ。

ポスト3・11の社会運動には、お祭りやカーニヴァルといった祝祭性が多分に含まれるようになった[57]。二〇〇三年にイラク戦争反対を掲げたサウンドデモを牽引したASCが手本にしたイギリスの「リクレイム・ザ・ストリート」は、レイヴカルチャーの影響を受けながら、サウンドシステムを持ち込み、カーニヴァルさながらの喧噪を生み出した[58]。つまり、サウンドデモはカーニヴァル的な要素を多分に孕んだ社会運動であり、それは二〇〇〇年代後半に荒唐無稽なデモを繰り広げた「素人の乱」にも引き継がれていた。そんな「素人の乱」が牽引したポスト3・11のサウンドデモにも、当然のことながらカーニヴァル的な要素を孕む祝祭性が付随していたのだ[59]。後期近代やリキッド・モダニティと呼ばれる現代社会の特徴を表す祝祭性は、政治のカーニヴァル化という観点からも理解することが可能になる。かつての組織的なピラミッド型の社会運動は、誰でも自由に参加できるネットワーク型へと代わり、現在では個人が個人の意志で政治に関与するようになっている。そして、社会運動に関与する動機づけは、組織が掲げる大きな目標から、生活に根ざしたものへと変化を遂げているのだ[60]。このような政治のカーニヴァル化は、社会運動のカーニヴァル化という文脈に置き換えることもできる。誰でも自由に参加できるという社会運動のあり方は、結果として「社会運動の民主化」をうながしたわけだが、それは同時に「社会運動のカーニヴァル化」という祝祭性をも孕ませることになったわけだ。サウンドデモの嚆矢となった二〇〇三年の反戦運動では、音楽を流すＤＪ、政治や反戦運動に興味がなく音楽だけを楽しみに集まった人たち、さらには大音量の音楽に当惑する政治活動家たちという、これまで接点がなかった人たちが出会うことになった(61)。確かに、二〇〇〇年代以降のサウンドデモが音楽と社会運動の関係を再認識させたことは事実だが、そこでは音楽と社会運動の関係そのものが必ずしも強固なものではなかった。むしろ、サウンドデモの実践は、何かを成し遂げるための「手段」ではなく、デモをおこなうこと自体を「目的」としていたのだ(62)。つまり、二〇〇〇年代のサウンドデモでは、社会運動とは無関係に音楽を楽しみたいという刹那的な解放感をともなう祝祭性が際立っていたというわけだ。そんな祝祭性を孕んだサウンドデモに転機が訪れたのは、二〇一一年四月一〇日に東京の高円寺で「4・10原発やめろデモ！！！！！」がおこなわれた直後だった。このデモに対するインターネットの反応のなかには、サウンドカーから音楽を鳴らし踊り狂う参加者たちの姿を目の当たりにした人びとからの辛辣な意見も寄せられた。ラッパーのＥＣＤは、「こんな人たちに世の中動かされたくない」というＳＮＳの書き込みを見つけたことが、サウンドデモの転換点だったと語っている(63)。そのデモからわずか二〇日後、二〇一一年四月三〇日に渋谷でおこなわれた反原発デモ「TwitNoNukes」は、祝祭的な「原発やめろデモ」とは明らかに異なる様相だった。「TwitNoNukes」はサウンドデモの特徴でもある大音量の音楽を流すサウンドカーを廃止して、コールを支える楽器はドラム隊のみになっていた(64)。さらに、「原発いらない」といったスローガンが書かれたプラカードをかかげて、メッセージを伝えることが重視されるようになった。

　ポスト3・11の社会運動では、デモそのものが「目的」になっていたサウンドデモとは異なる、反原発を訴える「手段」としてのデモへの転換がはかられることになった。その背景には、たとえ当事者が意図するものではなかったとしても、デモをおこなうという行為そのものが「目的」と見なされる、カーニヴァル的な要素が強調される祝祭性を孕んだサウンドデモへの批判があったことは間違いない。そんな批判を払拭するために、あえてサウンドデモを「手段」として位置づけたのだ。社会学者の伊藤昌亮は、「新しい社会運動」を「市民運動型」の社会運動、「〈新しい〉新しい社会運動」を「サウンドデモ型」の社会運動と位置づけて、それぞれの特徴を分析している。そのうえで、「市民運動型」は固有のメッセージを明確に伝えることに主眼が置かれるのに対して、「サウンドデモ型」は独自のスタイルを明瞭に打ち出すことに主眼が置かれると指摘している。前者はメッセージを伝えるための手段となる比重が相対的に大きく、後者はデモの実践そのものが固有のメッセージになるというのだ。特定のメッセージを伝えることが重視されていた「新しい社会運動」での「表明されるメッセージ」に対して、カーニヴァル的な要素を帯びたサウンドデモのような「〈新しい〉新しい社会運動」では「表出されるスタイル」が重要になる。サウンドデモに直接的なメッセージは含まれていないものの、サウンドデモのスタイルそのものがメッセージになるというわけだ。[65] それにもかかわらず、サウンドデモを「目的」から「手段」へと転換させた理由には、その時点でサウンドデモの社会的な評価が定まっていなかったことがあげられるだろう。そして、「手段」としてのデモは、ポスト3・11の社会運動の重要な担い手となるSEALDs（Students Emergency Action for Liberal Democracy-s ＝自由と民主主義のための学生緊急行動）が確立した「スタイリッシュなデモ」へと継承されることになる。[66]

「スタイリッシュなデモ」の確立

3・11によって社会運動が可視化されることになったのは確かなことだが、その裏を返せば、日本では社会運動が人びとにとって身近なものとして開かれたものではなかったという事実が透けて見える。そもそも、ポスト3・11の社会運動がもたらした「政治の日常化」という現象は、反原発運動に端を発する祝祭性を孕んだ社会運動によって顕在化したものだ。そして、二〇一二年一二月の民主党から自由民主党への政権交代以降、特定秘密保護法（二〇一三年）や安全保障関連法（二〇一五年）の成立過程における一方的な政治手法によって、人びととの関心は原発問題から民主主義のあり方を問うものへと変わっていったのだ。こうした人びとの政治への近接性は、ポスト3・11の社会運動の「フレキシブルで、不安定で、組織を持たず、インターネットで結びついており、特定の世代や属性の人々ではない[67]」という特徴へと結びつく。つまり、ポスト3・11の社会運動では、特定の問題に対して異議を申し立ててきた従来の社会運動における活動家を中心とする「限られた人たち」だけではなく、ビジネスマン、女性や学生といった「市井の人びと」の参加がうながされることになったのだ。さらに、こうした社会運動の重要な担い手になったのは、混沌とする現代社会における新しい社会的・政治的主体のマルチチュードだ。そして、そこには「スタイリッシュなデモ」を確立したSEALDsも含まれているのだ。

多くの人びとのさまざまな懸念を抱えたまま施行された特定秘密保護法に対して、大学生を中心とした有志が声をあげることになった。それが、二〇一四年二月一日に発足したSASPL（Students Against Secret Protection Law＝特定秘密保護法に反対する学生有志の会）だ[68]。そして、特定秘密保護法が施行された同日の二〇一四年一二月一〇日に解散したSASPLの後継団体として、安全保障関連法の整備や憲法の改正を積極的にすすめる安倍晋三政権の方針に危惧した大学生が中心となって二〇一五年五月三日に発足したのがSEALDsというわけだ。その活動はメディアでも数多く取り上げられ、SEALDsは二〇一五年の「新語・流行語大賞」のトップ10にも選ばれるほどの話題となった。SEALDsが脚光を浴びた要因のひとつには、それまで政治に対して無関心と言われてきた若者のイメージの一新がはかられたことがあげられるかもしれない。シュプレヒコールにラップを取り入れた「スタイリッシュなデモ」によって、SEALDsは既存の社会運動に対する人びとの認識に大きな影響を与えることになった。それはさながら、ストリートでパフォーマンスをするアーティストを彷彿とさせるものだった。それは、固有のメッセージを明確に伝えることに主眼が置かれた「新しい社会運動」での「表明されるメッセージ」を思い起こさせる。ある意味でSEALDsの実践は、確固たる主張をともなう「手段」としての社会運動を踏襲しているのだ。

「スタイリッシュなデモ」を確立したSEALDsは、緩やかな紐帯で形成されるポスト3・11の社会運動を牽引することになった。そして、そこでの人びとの関係をつなぎとめるために重要な役割を果たしたのは、ほかでもない音楽だった。SEALDsが社会的に大きな反響を呼んだ大きな理由のひとつには、ラップを取り入れた「スタイリッシュなデモ」を確立したことがあげられる。もっとも、SEALDsみずからが音楽をどれほど重視していたのかについては議論の余地があるものの、SEALDsを語るうえで音楽を無視することはできない。そもそも、SEALDsが自覚的に音楽を社会運動に取り入れてきたのは紛れもない事実だ。SEALDsの「スタイリッシュなデモ」にみられる音楽の介在が、多くの人びとの社会運動への関与をうながす動機づけになったのは明らかだ。もちろん、音楽が社会運動を牽引するための役割を担ったのは、いまにはじまったことではない。それにもかかわらず、ポスト3・11の社会運動でSEALDsが脚光を浴びたのは、その戦略にほかならないだろう。「僕らの世代にとってデモといえばサウンドデモが当たり前。それを基本に、好きなヒップホップを取り入れて、ダサくならないように見え方を工夫しました」と語る元メンバーの牛田悦正は、SEALDsが「言うこと聞かせる番だ俺たちが」というコールを取り入れたことに関して、「めちゃかっこいいと思って、パクらせていただきました」と語っている[69]。もともと、二〇一八年一月に他界したラッパーのECDが使っていた「言うこと聞くよな奴らじゃないぞ」から派生したこのフレーズを借用したというわけだ。

編集者で活動家の野間易通はコラムで、「サウンド・デモはもちろんのこと、そうでない場面でも、歌や音楽はかなりの頻度で登場するのだが、それらが必ずしもその場にいる自分を高揚させるかといえばそうではなく、むしろ気分的に「早くおわんないかなー」みたいになってしまうものも多々あるのだった」[70]と語っている。社会運動における音楽は、必ずしもすべての人たちを包摂するわけではないということだ。そのうえで、「内容には賛同できるけど音楽的に趣味に合わない――これはプロテスト・ソングが音楽である以上、避けて通れない宿命のようなものだ。これだけ音楽が多様化し、ひとつのユース・カルチャーの枠内に収まりきらない現状では、かつてのようにジョーン・バエズで何万人もの民衆が一体化するというようなことはもう起こらないだろう。しかし、だからこそ音楽がより深く個人の政治的行動にコミットできる可能性が開かれているとも言えるのではないだろうか[71]」と述べ、社会運動における音楽の可能性を示唆している。そして、ＥＣＤもまた、ストリートにおける社会運動と音楽の関係に希望を見いだしていたのかもしれない[72]。

> でも、日本には日本人のメンタリティに合った「政治」を歌う歌のかたちがあると思うんですよね。この間ふと考えたんですけど、六〇年代後半の日本のロックを聴くと、直接政治的なメッセージを出していない人たちのなかにも、同時代の学生運動の空気を反映しているバンドがたくさんあるんですね。例えば、ジャックスというバンドは、曲のなかに政治的メッセージはほとんどないけれど、でも当時、若松孝二の映画に音楽を提供していたりとか、そういう部分の活動ではすごいコミットしてるんです。運動や政治に関する言葉は歌詞に含まれてないし、抽象的なかたちでしか表現されてない歌なんだけど、そういう音楽を好きになって聞いていた影響で、いまデモに参加している自分がいます。たぶん、僕もこれからはそういうものを生んでいかなきゃいけないんじゃないかなと思うんです。直接政治について歌うわけではないけれども、たくさんの人がデモで政権に異議を訴えている、いまの時代の空気を反映させた歌を。

注

（1） 二〇〇三年七月一〇日、イラク戦争に反対するサウンドデモが渋谷でおこなわれ、参加者ふたりが逮捕された。

逮捕者の釈放と不起訴を要求するキャンペーン・ソングとして、ラッパーのＥＣＤによってつくられた。二〇〇〇年代後半のサウンドデモでは、この「言うこと聞くよな奴らじゃないぞ」がアンセムとして用いられることになった。ＥＣＤは二〇一八年一月二四日、進行性がんのため死去、享年五七歳だった。

（2）斉藤和義の「ずっとウソだった」に関しては、第2章で詳しく説明している。

（3）五野井郁夫『「デモ」とは何か―変貌する直接民主主義』ＮＨＫブックス、二〇一二年、一九三～一九四ページ

（4）高円寺でリサイクルショップ「素人の乱」を運営する松本哉を中心に集まった若者たちが、ストリートでのデモを展開してきた。「素人の乱」に関しては、松本哉、二木信編『素人の乱』（河出書房新社、二〇〇八年）に詳しい。

（5）サウンドデモの変遷については、noiz「「サウンドデモ」史考―人はどんちゃん騒ぎのなかに社会変革の夢を見るか」（『アナキズム』第一二号、三～三四ページ、『アナキズム』誌編集委員会、二〇〇九年）や「東京サウンドデモ会議」（De Musik Inter 編『音の力〈ストリート〉占拠編』インパクト出版会、二〇〇五年、一一八～一四三ページ）に詳しい。

（6）二〇〇三年七月に時限立法として成立した「イラクにおける人道復興支援活動及び安全確保支援活動の実施に関する特別措置法」（以下、イラク特措法）によって、人道復興支援活動と安全確保支援活動を目的として自衛隊が戦時下のイラクへ派遣された（「イラクにおける人道復興支援活動及び安全確保支援活動の実施に関する特別措置法」『内閣官房』[https://www.cas.go.jp/jp/hourei/houritu/iraq_h.html] 二〇二三年四月二日閲覧）。

（7）笠井潔、野間易通『3・11後の叛乱―反原連・しばき隊・ＳＥＡＬＤｓ』集英社新書、二〇一六年、四七～四九ページ

（8）「「東京レインボープライド２０１９」プライドパレードに過去最高の1万人参加」『ＴＯＫＹＯ ＨＥＤＬＩＮＥ ＷＥＢ』二〇一九年四月二八日 [http://www.tokyoheadline.com/444417/] 二〇二三年四月二日閲覧

（9）「イベントレポート」『東京レインボープライド２０１９』[https://tokyorainbowpride.com/news/notice/26393/] 二〇二三年四月二日閲覧

（10）前掲「「サウンドデモ」史考」、六～八ページ

（11）毛利嘉孝『文化＝政治』（月曜社、二〇〇三年、三四～四一ページ）

(12) 一九九四年に制定された「刑事裁判および公共秩序法（Criminal Justice and Public Order Act）」によって、一〇〇人以上のレイヴが違法行為とされた。ちなみに、二〇〇三年に制定された「反社会的行為取締法（Anti-social Behaviour Act）」では、二〇人以上のレイヴが違法となり、ストリートでの実践に対する締め付けが強化されることになった（前掲「「サウンドデモ」史考」三二ページ）。

(13) イギリスの写真家マシュー・スミスのウェブページには、レイヴカルチャーの変遷が掲載されている。そこには、一九九四年五月におこなわれた反クリミナル・ジャスティス法を掲げたサウンドデモの写真も掲載されている（"3rd ANTI CRIMINAL JUSTICE BILL MARCH '94". *Matthew Smith Archive.* 〈http://www.mattkoarchive.com/3rd-anti-criminal-justic-bill-94〉［二〇一三年四月二日閲覧］）。

(14) 前掲『文化＝政治』、五六〜八八ページ

(15) 同書、二〜二七ページ

(16) 毛利嘉孝は、海外におけるサウンドデモの変遷を説明するうえで、一九九九年の「シアトルの闘争」をデモの転換点と位置づけている（同書、一四〜一八ページ）。

(17) アラン・トゥレーヌ／梶田孝道訳『声とまなざし—社会運動の社会学（新装版）』新泉社、二〇一一年

(18) アルベルト・メルッチ／山之内靖、貫堂嘉之、宮崎かすみ訳『現在に生きる遊牧民（ノマド）—新しい公共空間の創出に向けて』岩波書店、一九九七年

(19) 天野正子『「生活者」とはだれか—自律的市民の系譜』中公新書、一九九六年、一七一ページ

(20) 日本での「新しい社会運動」について、社会学者の天野正子は「（一九）六〇年代の学生運動にはじまり、この運動を母体に台頭してきたマイノリティの公民権運動、フェミニズム運動、エコロジー運動、平和運動など多彩な運動を含んでいる」と述べている（同書、一七〇ページ）。

(21) 社会学者の毛利嘉孝は、スチュアート・ホールの議論を援用しつつ、「〈新しい〉新しい社会運動」について、「伝統的な政治運動の形式である階級闘争と、七〇年代以降先進国で見られた環境問題、反戦運動、フェミニズムなどの「新しい社会運動」などの影響の下にありつつも、これまでになかったまったく新しい特徴を示している。そして、このことが世界中の多くの若者たちをひきつけつつある」と説明しながら、「社会運動」を「文化＝政治運動」という用語に置き換えている（前掲『文化＝政治』、iii〜ivページ、二一〜二二ページ）。

(22) 伊藤昌亮『デモのメディア論─社会運動社会のゆくえ』(筑摩選書、二〇一二年)、前掲『文化=政治』や前掲『「デモ」とは何か』は、サウンドデモまでを含めた社会運動史について説明している。

(23) アントニオ・ネグリ、マイケル・ハート/幾島幸子訳『マルチチュード(上)─〈帝国〉時代の戦争と民主主義』NHK出版、二〇〇五年、一七一ページ

(24) アントニオ・ネグリほか/三浦信孝訳『ネグリ、日本と向き合う』NHK出版新書、二〇一四年、一四八ページ

(25)「リクレイム・ザ・ストリート」については、前掲『文化=政治』(九二~一二〇ページ)やECD+石黒景太+磯部涼+小田マサノリ+二木信「東京サウンドデモ会議」(DeMusik Inter. 編『音の力─〈ストリート〉占拠編』インパクト出版会、二〇〇五年、一一八~一四三ページ)に詳しい。

(26) 公共性については、リチャード・セネット/北山克彦、高階悟訳『公共性の喪失』(晶文社、一九九一年)、ハンナ・アレント/志水速雄訳『人間の条件』(ちくま学芸文庫、一九九四年)やユルゲン ハーバーマス/細谷貞雄、山田正行訳『公共性の構造転換─市民社会の一カテゴリーについての探究』(未来社、一九九四年)に詳しい。

(27) マルチチュードを「指揮者のないオーケストラ」(アントニオ・ネグリ、マイケル・ハート/幾島幸子訳『マルチチュード(下)─〈帝国〉時代の戦争と民主主義』NHK出版、二〇〇五年、二三四ページ)と喩えているネグリとハートは、二〇一〇年代の市民運動の限界をとおして、リーダーシップの必要性について再検討している(アントニオ・ネグリ、マイケル・ハート/水嶋一憲、佐藤嘉幸、箱田徹、飯村祥之『アセンブリ─新たな民主主義の編成』岩波書店、二〇二二年)。

(28) 中町信孝『「アラブの春」と音楽─若者たちの愛国とプロテスト』DU BOOKS、二〇一六年

(29)「座り込み1か月、スペイン首都のデモ隊が広場から撤収」『AFPBB News』[https://www.afpbb.com/articles/-/2805956] 二〇二三年四月二日閲覧

(30)『オキュパイ!ガゼット』編集部編/肥田美佐子訳『私たちは"99%"だ─ドキュメントウォール街を占拠せよ』岩波書店、二〇一二年

(31) 奥田愛基×小熊英二×ミサオ・レッドウルフ「〈官邸前〉から〈国会前〉へ」『現代思想』二〇一六年三月号、青土社、二〇一六年、三三ページ

（32）大飯原発再稼働に関する世論調査によると、朝日新聞では賛成が一九パーセント、反対が五四パーセント（二〇一二年五月二一日）、読売新聞では賛成が四三パーセント、反対が四七パーセント（二〇一二年六月一一日）、毎日新聞では賛成が二三パーセント、反対が七一パーセント（二〇一二年六月三日）という結果になった。

（33）「新しい社会運動」を提唱したトゥレーヌの議論を展開させたメルッチは、情報化社会における社会運動のあり方に言及している。

（34）ソーシャルメディアによるデモへの参加は「動員」という言葉で言い表されている。たとえば、ソーシャルメディアは人びとが行動するときの動機づけになるもので、結果的に動員の増加をうながすことになる（津田大介『動員の革命―ソーシャルメディアは何を変えたのか』中公新書クラレ、二〇一二年、四〇～四三ページ）。ソーシャルメディアはまた、「社会運動のクラウド化」というポスト「新しい社会運動」の出現をもたらし、多くの参加者の動員へと結びつく（五野井郁夫『「デモ」とは何か―変貌する直接民主主義』ＮＨＫブックス、二〇一二年、一五～一六ページ）。

（35）「6・29緊急！大飯原発再稼働決定を撤回せよ！首相官邸前抗議」「Metropolitan Coalition Against Nukes 首都圏反原発連合」[http://coalitionagainstnukes.jp/?p=623]（二〇一二年六月二四日）

（36）「「7・29脱原発国会大包囲」開催概要」『Metropolitan Coalition Against Nukes 首都圏反原発連合』[http://coalitionagainstnukes.jp/?p=876] 二〇二三年四月二日閲覧

（37）二〇一二年六月二九日のデモ参加者数は、主催者発表の約二〇万人に対して、警視庁関係者が二万人という数字をあげている。また、同年七月二九日の参加者数は、主催者発表の二〇万人に対して警視庁関係者の一万二五〇〇人と、大きな違いが見られる。主催者側と警視庁関係者のあいだの違いは、集計方法によるところが大きいようだ。ちなみに、一九六〇年六月一八日におこなわれた安保闘争時代の抗議デモの参加者数は、主催者調べで三三万人、警視庁調べでは一三万人だった（「主催側　警視庁　食い違うデモ人数なぜ」『東京新聞』二〇一二年八月四日）。

（38）「特定秘密保護法関連」『内閣官房』[https://www.cas.go.jp/jp/tokuteihimitsu/] 二〇二三年四月二日閲覧

（39）「平和安全法制等の準備について」『内閣官房』[https://www.cas.go.jp/jp/gaiyou/jimu/housei_seibi.html] 二〇二三年四月二日閲覧

(40) 前掲『「アラブの春」と音楽』、一五六ページ
(41) 同書、二ページ
(42) 「第26回金曲奨授賞式　学生運動の応援ソングが楽曲賞に」『中華民国(台湾)文化部』[https://www.moc.gov.tw/jp/information_131_78514.html] 二〇二三年四月二日閲覧
(43) 「「雨傘を掲げよう」香港のミュージシャンもエール」『NTDTV』[https://www.youtube.com/watch?v=lg3R9RL7XPM] 二〇二三年四月二日閲覧
(44) 「フォークシンガーの中川五郎さんが登場。ウィー・シャル・オーバーカムを熱唱。国会正面」『しんぶん赤旗日曜版』(@nitiyoutwit) 二〇一二年七月一三日一九時六分 [https://twitter.com/nitiyoutwit/status/223720018200903681] 二〇二三年四月二日閲覧
(45) 東京電力本社前や経済産業省前を通過する約一・六キロメートルのコースが設けられたデモ行進に先駆けておこなわれた日比谷公園内での決起集会では、主催者の先導によって参加者たちが声を合わせて歌うエドウィン・ホーキンスの〈オー・ハッピー・デイ〉や坂本九の〈上を向いて歩こう〉が鳴り響いた。公園内には、アコースティック・ギターやパーカッションを鳴らす人たちの姿もあった。デモ行進の最中には、NHKのこども向けテレビ番組で歌われた〈だんご3兄弟〉の歌詞を反原発の文脈に書き換えた〈原発54兄弟〉を歌いながら歩く参加者たちの姿もあった。また、デモ行進を終えてから「国会包囲」に備え、国会議事堂前に再集結した際には、童謡〈ふるさと〉を歌う女性たちのグループが目に止まった。
(46) 「国会前でディラン　フォークシンガー中川五郎は今も反戦歌を」『日刊ゲンダイDIGITAL』二〇一五年一〇月一二日 [https://www.nikkan-gendai.com/articles/view/geino/165020] 二〇二三年四月二日閲覧
(47) 従来の社会運動について、社会学者の小熊英二は「一九六〇年代の日米安保反対闘争の時期の抗議運動は、労働組合とか学生自治会といった、共同体のつながりで動員するスタイルなんです。だから参加者は学生ばかり、労働者ばかり。もっと正確に言えば、特定の大学の学生ばかり、特定の組合の労働者ばかりです。だから「学生運動」「労働運動」なんです。あとは、農村や漁村の共同体が開発計画の反対に立ち上がるといった、「農民運動」「漁民運動」です。動員のしかたは、労組本部とか自治会執行部が決めて、それを組織的に降ろしていくというピラミッド型です」と説明している(小熊英二『首相官邸の前で』集英社インターナショナル、二〇一七年、三〇

〜三一ページ）。

(48) さらに、小熊英二は「新しい社会運動」について、「一九六八年になると、もう少しネットワーク型というか、自由参加の傾向が出てきます。しかしそれでも、参加するのは学生がほとんど。べ平連（ベトナムに平和を！市民連合）などの「市民運動」を名乗った抗議運動も出てきますが、参加者は学生と、あとは主婦や知識人、公務員などが中心です。社会運動に参加するような、時間や立場の自由度の高い人たちが、学生と主婦と知識人しかいないという社会だったからです」と説明している（同書、三一ページ）。また、社会学者の伊藤昌亮は、「新しい社会運動」が「〈新しい〉新しい社会運動」へと変容を遂げた背景に、「市民」概念の揺らぎがあったことを指摘している（前掲『デモのメディア論』、一四二〜一四八ページ）。

(49) 社会運動への音楽の介在という点では、幕末期の世直し騒動（前掲「「サウンドデモ」史考」、二五〜二六ページ」や明治時代の自由民権運動（津田大介『動員の革命―ソーシャルメディアは何を変えたのか』二〇一二年、中公新書ラクレ、二四九〜二五二ページ）など、時代をさかのぼっても確認することができる。

(50) 大木晴子、鈴木一誌『１９６９―新宿西口地下広場』新宿書房、二〇一四年、七ページ

(51) 「べ平連」に関して天野正子は、「一九六〇年代後半に生まれ七〇年代に定着をみた、わが国の「新しい社会運動」（new social movements）の一環として位置している」と説明している（前掲『「生活者」とはだれか』、一七〇ページ）。

(52) 音楽評論家の田家秀樹は、「（一九）六九年夏の西口フォーク以降、新宿は、それまでの〝何でもアリ〟の面白さを急速に失っていく。広場が〝通路〟と名を変え、立ち止まることも許されないただの建物になっていく」と語っている（田家秀樹『ポップコーンをほおばって』講談社、一九八五年、三〇ページ）。新宿西口地下広場の変遷については、西成典久「新宿西口広場の成立と広場意識―西口広場から西口通路への名称変更問題を通じて」（『都市計画論文集』40‐3、二四一〜二四六ページ、日本都市計画学会、二〇〇五年一〇月）に詳しい。

(53) アメリカでのフォークの社会的な立ち位置については、大和田俊之『アメリカ音楽史―ミンストレル・ショウ、ブルースからヒップホップまで』（講談社選書メチエ、二〇一一年、一八四〜一八五ページ）に詳しい。

(54) なぎら健壱「フォークゲリラがいた」前掲『１９６９―新宿西口地下広場』、一二六ページ

(55) 同書、一三一ページ

（56）同書、一三一～一三三ページ
（57）ポスト3・11の反原発デモは、「音楽を流しながら、仮装した人たちが練り歩き、お祭りと見まごうパレード」という、明らかに祝祭的なものとしてとらえることができる。「「祝祭的脱原発デモは日常化し、分散する」社会学者、毛利嘉孝さん〈「どうする?原発」インタビュー7回〉」『ニコニコニュース』二〇一二年八月三〇日配信［https://news.nicovideo.jp/watch/nw355581］二〇二三年四月二日閲覧
（58）前掲「「サウンドデモ」史考」、三一ページ
（59）社会学者の鈴木謙介はカーニヴァル化について、ジグムント・バウマンが提唱した「カーニヴァル型共同体」という概念（ジークムント・バウマン／森田典正『リキッド・モダニティ―液状化する社会』大月書店、二〇〇一年）を援用しながら説明している（鈴木謙介『カーニヴァル化する社会』講談社現代新書、二〇〇五年、一三七ページ）。
（60）同書、一五四ページ
（61）前掲『文化＝政治』、一六五ページ
（62）ラッパーのECDは、二〇〇〇年代のサウンドデモについて、「あの頃のデモは、なにかを成し遂げるための「手段」ではなく、デモを行うことそれ自体が「目的」でした。だから、今みたいにメッセージを伝えるためにプラカードを用意するとか、そういったこともしませんでしたね。あともうひとつ付け加えると、「サウンドデモ」には、「イラク戦争反対」の他に、もうひとつ「路上解放」というメッセージを掲げていて、「車道をダンスフロアにしちゃうんだ」といった目的もありました。だから、音楽に合わせて踊りながらデモをしていたんです。そんなこともあり、あの頃は今と違って、沿道で見ている人たちがどんな反応をしているかもまったく気にしていませんでしたね」と語っている（「サウンドデモ、反原発デモから、SEALDsへ―ラッパーECDが語る「デモの新しい可能性」」『リテラ』二〇一六年三月一五日［http://lite-ra.com/2016/03/post-2069.html］二〇二三年四月二日閲覧）。
（63）同ウェブサイト
（64）もちろん、「TwitNoNukes」ではサウンドカーからドラム隊への移行があったが、ポスト3・11の社会運動からサウンドデモそのものがなくなったわけではない。ちなみに、ポスト3・11の社会運動でサウンドデモと並ん

で際立つドラム隊の起源をさかのぼると、イラク戦争の反対を訴えたASCと同時期に現代美術作家で文化人類学者のイルコモンズ（小田マサノリ）を中心に結成されたTCDC（Transistor Connected Deum Collective）が起源となっている（前掲『3・11後の叛乱』五〇ページ）。また、TCDCの展開については、前掲「東京サウンドデモ会議」（『音の力』、一二二ページ）に詳しい。

(65) 前掲『デモのメディア論』、一二五～一三二ページ、一二二～一二八ページ

(66) SEALDsの「民主主義ってなんだ?」「これだ！」というコール・アンド・レスポンスは、二〇一一年九月にニューヨークで起こった「オキュパイ・ウォールストリート」の「Tell me what democracy looks like?」「This is what democracy looks like!」というリズムに乗せたコール・アンド・レスポンスを手本にしている（SEALDs編『SEALDs民主主義ってこれだ！』大月書店、二〇一五年、三九ページ）。ライターの磯部涼は、「SEALDsの成果は、日本におけるデモにラップを持ち込んだというよりは、コール・アンド・レスポンスを持ち込んだということなんじゃないですかね」（「日本語ラップ批評の現在」『ユリイカ』二〇一六年六月号、青土社、一四八ページ）と語っている。また、作家の高橋源一郎の「デモやりながら、サウンドカーの上でスピーチ。これは新しいスタイルだったね。誰が考えたの?」という質問に、元メンバーの奥田愛基は「いろいろ見て。けっこう海外のスピーチは参考になりました。チャップリンのスピーチとか。海外じゃないけどいとうせいこうさんとかも、半分音楽みたいな感じで。あと、キング牧師のスピーチもすごいリズムがついてる。何回も韻を踏んだりとかリフレクションがあって。俺ら的には「やってることがヒップホップだ！」みたいな」と答え、それに呼応して元メンバーの牛田悦正は「「これ、コール&レスポンスじゃん！」って」と話している（高橋源一郎、SEALDs『民主主義ってなんだ?』河出書房新社、二〇一五年、四五～四六ページ）。

(67) 小熊英二「波が寄せれば岩は沈む」『現代思想』二〇一六年三月号、青土社、一二九ページ

(68) SASPLがおこなった初めてのデモは、二〇一四年二月一日のサウンドデモだった（SEALDs『日本×香港×台湾　若者はあきらめない』太田出版、二〇一六年、一一ページ）。

(69) 「ヒップホップ　ECDさん、デモに刻んだラップと生き様」『毎日新聞』二〇一八年三月一四日

(70) 野間易通「音楽がつなげるものと、分断するもの」『ミュージック・マガジン増刊　プロテスト・ソング・クロニクル──反原発から反差別まで』ミュージック・マガジン、二〇一二年、六九ページ

(71) 同書、六九ページ
(72) 前掲ウェブサイト「サウンドデモ、反原発デモから、ＳＥＡＬＤｓへ」

第4章　シュプレヒコールの行方

僕が若いころに撒き散らしていた「社会派気取っちゃってさ」という冷笑が、僕だけではなくて、志ある人たちを現在まで凍りつかせているのだと自戒します。

――後藤正文[1]

しばしば、若者が政治に無関心だという声を耳にする。そんな日本にも、かつて若者が政治に深く関与していた時代があった。たとえば、「全共闘世代」とも呼ばれた団塊世代は、一九六〇年代後半の「政治の季節」に青春時代を過ごしていた。そして、ポスト3・11の祝祭的な社会運動の嚆矢とも呼べる「新しい社会運動」を牽引することになった。それから四〇年という歳月が流れ、ポスト3・11の社会には再びシュプレヒコールが響きわたることになった。本章では、3・11を契機としてストリートに溢れた、シュプレヒコールの内実を追いかける。

SEALDsと音楽の近接性

七一回目の「終戦の日」を迎えた二〇一六年八月一五日、ポスト3・11の社会運動において「スタイリッシュなデモ」を牽引したSEALDsが解散した[2]。その前年には「新語・流行語大賞」のトップ10に選ばれるほど話題となり、ある種の社会現象にもなったSEALDsが脚光を浴びた要因のひとつには、それまで政治に対して無関心と言われてきた若者のイメージの一新がはかられたことがあげられる[3]。その舞台の中心になったのは、はからずもポスト3・11に露呈した人びとの政治に対する不満が噴出することになった社会運動だった。コールにラップを取り入れた「スタイリッシュなデモ」によって、既存の社会運動に対する人びとの認識に大きな影響を与えることになった。そこからは、ＳＥＡＬＤｓと音楽の近接性をうかがい知ることができる。こうしたＳＥＡＬＤｓの姿勢は、解散前日の二〇一六年八月一四日にインターネットへ投稿された動画にもあらわれている。

SEALDs “TO BE”

祈る　8・15
千鳥ヶ淵で手を合わせる
眩い黒い闇の中で想う
この土地の先人たちの死
覚悟した眼差しは　まだ見えない
前を向き　歩き始めたのさ　あれから
いくつものシーン　経験し　感謝し
果たし得なかったもの　探した戦士は
目の前にある生　平和　意志し
維持し続けようと語った　戦ったはずだ
それは此処まで届いた
ほっとけば崩れ落ちる氷河のような
脆くも固い意志は受け継がれた
かくも71もの月日に耐えた価値

墓標に刻まれた〝非戦〟の二文字は
紛争地 丸腰で闊歩する
現代の侍を生んだんだ
名は Article 9

We still in the Dream
祈るように、祈るように夢を生きる
Always do the right thing
先人のように 背筋伸ばし 前方を見つめる

蜂起する We are SEALDs
名無しの群衆 路上
孤独に立ち尽くす様は
腐ったnation の basement 再構築する
個の言葉 思考 constitution の体現
We don't want ABE の改憲
これはな Re-Action じゃないぜ Action さ
終戦からの Drama を引き継ぐだけ
単にして純な生きることの肯定
覚醒した学生の乱には終われねえ
隔世の感を乗り越え 保守するぜ

作戦やプランというよりは
Martin Luther King のような Dream 描く
俺たちは死者の夢の続きを生きる
そして I have a dream
目の前にある 唯一確かな Future
子供たちのための可能性 この島の上で
終わってる? なら始めるだけ Once Again

We still in the Dream
祈るように、祈るように夢を生きる
Always do the right thing
先人のように 背筋伸ばし 前方を見つめる

あたかもミュージックビデオを彷彿とさせるその動画からは、「スタイリッシュなデモ」を確立したSEALDsの一貫した姿勢を読み取ることができる。元メンバーの奥田愛基が「カッコいい事したかったんですよね」と語っているように、二〇一四年二月一日にSEALDsの前身となったSASPLがおこなった最初のデモにおいて、すでに「スタイリッシュ」さを追求していたことが理解できる。[4] そんなSASPLからSEALDsへといたる「スタイリッシュなデモ」を実践するうえで、重要になったのがラップだった。[5] アメリカのニューヨークでおこなわれていたブロックパーティで、ストリートカルチャーが花開いたのは一九七〇年代半ばのことだった。いわゆる「ヒップホップ」と呼ばれたユースカルチャーには、「ラップ」が含まれていた。サウスブロンクスという荒廃したマイノリティのコミュニティで誕生した「ヒップホップ」は、その成り立ちから理念化されたものだったと考えることができる。もっとも、その誕生から半世紀近くになろうとしている「ヒップホップ」の理念は、すでに無効化してしまっている。一般論として、「ヒップホップ」は「DJ」、「ラップ」、「グラフィティ」、そして「ブレイクダンス」の四大要素からなる文化であると語られながらも、「ラップ」と同義として認識されることが通例となっている。とくに、二〇一二年度から中学校の体育の授業で必修化された「ヒップホップ・ダンス」として、さらには二〇一〇年代後半以降の「日本語ラップ」のブームによって、馴染み深いものになっているのかもしれない。そんなラップをデモに取り入れたのが、SEALDs（SASPL）だったというわけだ。

リズムに合わせて言葉を表出するラップだが、そもそもそれ自体を「スタイリッシュ」と呼ぶには語弊がある。SEALDsのデモが「スタイリッシュ」だった理由は、ラップそのものに対する評価というよりも、社会運動に対する評価によるところが大きいだろう。つまり、SEALDs（SASPL）以前の社会運動が、あまりにも旧態依然としていたということだ。もちろん、「〈新しい〉新しい社会運動」を具現化させたサウンドデモは、音楽と社会運動の近接性を高めたことに間違いない。それにもかかわらず、SEALDsの試みは、サウンドデモと一線を画するものだった。サウンドデモはクラブカルチャーを中心とする特定の音楽に偏ってしまったがために、必ずしも多くの人びとを動員するという目的に見合ったものではなかった。つまり、音楽との近接性によって、社会運動そのものの主旨に賛同する人びとを排除することになってしまったというわけだ。その一方で、SEALDsは多くの人びとが社会運動へ参加する動機づけになった。「オキュパイ・ウォール・ストリート（ウォール街を占拠せよ）」を参考にしながら、翻訳したラップを取り入れつつ、旧態依然とした社会運動のシュプレヒコールを書き換える作業を試みたのがSEALDsだったのだ[6]。こうした文脈から、SEALDsとラップ（政治と音楽）の近接性を読み解くことができる。コールにラップを取り入れたことによって確立した「スタイリッシュなデモ」だが、当事者としてSEALDs自身はどれだけ音楽と社会運動の関係を自覚していたのだろうか。ライターの磯部涼は、「実際には、「SEALDsのコールってラップっぽいね」って言われ出した時は、奥田（愛基）くんは「ラップじゃないから！」って否定したんですよ。牛田（悦正）くんも含め、彼等は本当にラップが好きだからこそ、「コールはコールだ」って[7]」と、SEALDsの中心的なメンバーだったふたりのラップに対する姿勢について語っている。また、脳科学者の茂木健一郎が一九六〇年代から七〇年代にかけての学生運動では「その時代の気分を表している名曲がたくさんあった」としながら、「フォークソングは、日本でもアメリカでも、他の国でも、学生運動の象徴的存在だったし、運動自体がすっかり廃れて、輝きを失った今でも、それらの歌は、聞かれているし、映画などで使われることも多い」が、SEALDsを中心とする運動では、「コールなどのリズムは、確かに新しい音楽性だったが、そこには、象徴的な歌はなかったような気もする」と発言している[8]。それに対して、元SEALDsの中心メンバーのひとりでラッパーでもある牛田悦正はツイッターで、「別にそもそもSEALDsは音楽であることを志向してはいないので、どうでもいいのですが、一言だけ。この運動に歌がなかったのは、運動に力がなかったからではなく、日本の音楽に力がなかったからです」と反論している[9]。

はたして、SEALDsがどれほど自覚的に音楽と政治の近接性を認識（あるいは意識）していたのか、どこまでデモにおける音楽の有用性を自覚していたのかには議論の余地があるものの、音楽と社会運動の関係を広く社会に知らしめたことは紛れもない事実だ。音楽と社会運動の近接性は、二〇〇〇年代のサウンドデモからポスト3・11のSEALDsへと継承されることになった。さらに、コールにラップを取り入れた「スタイリッシュなデモ」によってSEALDsが脚光を浴びたことから、社会運動への音楽の介在は広く一般的に認知されるようになった。言い換えれば、SEALDsを語るうえで音楽を無視することはできないということだ。その一方で、音楽と政治の近接性を否定的にとらえる見解が根強く残っているのも事実だ。たとえば、二〇一六年夏に開催されたロックフェスティバルをめぐって「音楽に政治を持ち込むな」問題が物議をかもしたことは、その象徴的な出来事としてとらえることができるはずだ。

「音楽に政治を持ち込むな」問題が意味するもの

いまや「夏フェス」の代名詞にもなっているフジロック・フェスティバル（以下、フジロック）は、二〇一六年の開催で二〇回目を迎えていた。そのフジロックをめぐって、ツイッターなどのSNSを中心とするインターネットから「音楽に政治を持ち込むな」問題が勃発した。その発端となったのは、SEALDsの中心メンバーの奥田愛基がフジロックへ出演することに対する批判だった。二〇一六年六月一六日にフジロックの出演者として奥田の名前が発表されるやいなや、ツイッターでは「チケット買わなくてよかったわ~音楽フェスに政治を持ち込むなよマジで[10]」、「音楽に政治を巻き込むなよ。フジロック最悪じゃん[11]」や「フジロックって音楽フェスだよね。政治について語られても（困惑）[12]」といった投稿が相次いだ。その一方で、当然のことながら、こうした「音楽に政治を持ち込むな」という意見に対しては、反論の声も多くあがった。この件に関していち早く反応したミュージシャンの後藤正文（ASIAN KUNG-FU GENERATION）はツイッターで、「フジロックに政治を持ち込むなって、フジロックのこと知らない人が言ってるよね。これまでいくつものNGOやアーティストがさまざまな主張をステージで繰り返してきたわけだし[13]」と発言している[14]。少なくともこの時点では、あくまでも「フジロックに政治を持ち込むな」問題としての議論がおこなわれていた。しかし、それがいつのまにか「フジロック」という言葉が「ロック」や「音楽」という言葉へとすり替わり、SNSを中心にインターネット上で[15]「音楽に政治を持ち込むな」問題として拡散するようになった。さらに、この問題は朝日新聞や毎日新聞[16]といった大手新聞紙上でも取りあげられるようになり、ミュージシャン、文化人、批評家や研究者などからの見解も寄せられることになった。さまざまな分野の、さまざまな立ち位置にある人たちが、さまざまな視座から、この「音楽に政治を持ち込むな」問題について語ることになったのだ[17]。

そもそも、「音楽に政治を持ち込むな」問題は、奥田愛基がフジロックへ出演することに対する批判、つまり、「なぜ政治的な主張を展開するSEALDsのメンバーが、音楽フェスであるフジロックに出演するのか」という理不尽な批判からはじまっている。それがいつのまにか、「音楽に政治を持ち込むな」という論点になってしまったのだ。もちろん、ことの発端となった「フジロック」が「ロック」、さらに「音楽」へとすり替わってしまった、いわゆる「音楽に政治を持ち込むな」問題における「論理の飛躍」に根拠がないわけではない。それは、SEALDsのラップを取り入れた「スタイリッシュなデモ」が社会的に定着したことにある。結果的に、SEALDs（＝政治）とラップ（＝音楽）の近接性が強調されることになったわけだ。もっとも、奥田はミュージシャンとしてフジロックに出演したわけではない。二〇一六年七月二三日にフジロックの「ジプシー・アバロン」と呼ばれるステージで開催された、脱原発を訴えるトークイベントに出演したのだ。3・11による原発事故が起こった二〇一一年以降、フジロックでは「アトミック・カフェ」の名のもとで、反核・反原発のイベントがおこなわれている[18]。二〇一六年の「アトミック・カフェ」では「参院選を振り返る。安保法制、沖縄、憲法、原発」をテーマにしたトークイベントがおこなわれ、そこに奥田も出演することになったのだ。フジロックへの出演に先立って、奥田は自身のツイッターで、「別に、政治家でもないし、ロックでもないし、ラップもやってないし、アーティストでもない。呼ばれたら行くし、ただやりたいこと、やれることやってるだけ。話すだけだし。八月で解散[19]」と、みずからの心境を語っている[20]。その言葉を額面どおりに受け取れば、もちろん奥田は政治家でもなければアーティストでもない。それにもかかわらず、「音楽に政治を持ち込むな」問題が物議をかもすことになったのは、とりもなおさず、SEALDsと音楽の近接性にあることは明らかだ。好むと好まざるとにかかわらず、「音楽に政治を持ち込むな」問題の発端となったのは、

ＳＥＡＬＤｓの中心メンバーだった奥田のフジロックへの出演だった。それは、「ＳＥＡＬＤｓは音楽と政治に関与している」という社会的な認識を反映している。「音楽に政治を持ち込むな」問題の根底にあるのは、ＳＥＡＬＤｓに見え隠れする音楽と政治の近接性にあるのは確かなことだ。そして、奇しくも、そんなＳＥＡＬＤｓを支えていた奥田の関与によって浮上した「音楽に政治を持ち込むな」という命題は、ポスト3・11の社会で何度も繰り返されることになるのだ。

そのうえで、ＳＮＳに端を発することになった「音楽に政治を持ち込むな」問題が大きな物議をかもすことになった背景には、音楽に求められる「中立性」（という名の「幻想」）と、ロック（あるいは、フジロック）に求められる「政治性」（という名の「神話」）」という、相反するふたつの議論が混在していることを読み取ることができる。そもそも、資本主義社会における文化産業の枠組みのなかで、音楽が商品として消費されるためには、最大公約数の人びとに受け入れられる無色透明で無味無臭な存在である必要がある。[21]その文脈において、音楽はあくまでも「中立性」を担保しなければならないのだ。もっとも、中立的な音楽など存在しないことは事実として受け止めなければならない。それは、斉藤和義の〈ずっとウソだった〉を否定的にとらえ、音楽の「中立性」を訴えていた水野良樹がつくる作品にも当てはまるだろう。[22]水野は、「いや、もちろんそもそもある一定の範囲の音楽が、政治的な主張とともに成り立ってきたというのは頭では理解していますし、自分が作った曲も、すごく広範な視点で見れば、それらと同類の恣意性を放ってしまうということからは逃れられません[23]」と語っているのだ。結局のところ、音楽に求められる「中立性」は、あくまでも「幻想」にすぎないことが透けて見えてしまうというわけだ。そんな「幻想」を現実のものとして主張するのが、「音楽に政治を持ち込むな」という主張に同意する見解になるというわけだ。

その一方で、ロック（あるいは、フジロック）に求められる「政治性」[24]は、カウンターカルチャーの思想として、ロックのアイデンティティと等価に語られもしている。フジロックもまた、その流れを汲んだものとしてとらえることが可能になる。そもそも、フジロックの手本になったのは、一九六〇年代後半から七〇年代初頭の、いわゆるカウンターカルチャーの時代に開催されたロックフェスティバルだった。そこで語られるのは、ロック（あるいは、フジロック）に含まれる「政治性」というわけだ。フジロックが手本にしたとされるのは、イギリスのグラストンベリー・フェスティバルと言われている。いまや世界最大規模のロックフェスティバルとなったグラストンベリー・フェスティバルだが、政治との親和性については議論の余地があるものの、まったくの無関係だったと言うのは拙速に過ぎるだろう。一九六九年にアメリカで開催されたカウンターカルチャーの象徴とも呼べるウッドストック・フェスティバルに憧れて、一九七〇年にはじまったのがイギリスのグラストンベリー・フェスティバルだ。その第一回目はピルトン・ポップ・アンド・ブルース・フォーク・フェスティバルの名のもとで、わずか一五〇〇人の観客で開催された。翌七一年に開催された第二回目から数年間の空白期間を経たのち、一九七八年から再開されることになったが、ロックフェスティバルとしての本格的な始動は一九八一年だった。そのときに大きく貢献したのが、イギリスの反核運動団体ＣＮＤ（Campaign for Nuclear Disarmament）だった[25]。つまり、「グラストンベリーを支えたのは政治だった[26]」というわけだ。確かに、カウンターカルチャーの文脈における「政治性」は、フジロックとの関係を強固なものにしている。とは言え、「ロックは反体制の音楽である」というクリシェを持ち出してしまうのは、あまりにも無邪気だろう。カウンターカルチャーの思想が消費社会を積極的にうながしたという指摘は、ノスタルジアへの懐古に警鐘を鳴らすものだ[27]。半世紀という時代の流れとともに、いまやロックに求められる「政治性」は単なる「神話」にすぎないのかもしれない。

「音楽に政治を持ち込むな」問題は、同じ文脈において相反する議論が展開されるという矛盾を孕んでいる。そこに含まれる「中立性」や「政治性」によって、音楽に政治を持ち込むべきかどうかという価値基準が分断されることになる。もっとも、音楽が中立的であるか、それとも政治的であるかという問いに正解など存在しないのは明らかだ。はからずも、ポスト3・11の社会において「音楽に政治を持ち込むな」問題が物議をかもすような状況が露呈したのは、これまでの音楽と政治の関係から醸成されてきた「中立性」（という名の「幻想」）や「政治性」（という名の「神話」）にほかならない。そして、SEALDsの存在がなければ、ポスト3・11の社会で何度も繰り返されるようになった「音楽に政治を持ち込むな」という命題が与えられることもなかっただろう。

シニシズムの時代

ポスト3・11の社会運動では、「スタイリッシュなデモ」を確立したSEALDsが大きな存在感を見せつけることになった。あるいは、SEALDsの存在によって、社会運動の民主化がうながされたと言った方が正しいかもしれない。その背後にあるのは、未曾有の被害をもたらした3・11によって顕在化することになった、人びとの政治に対する意識の変化にほかならない。ささやかな生活が脅かされてしまうかもしれないという人びとのまなざしは、政治へと向けられるようになったのだ。言い換えれば、政治と生活の密接な関係が、人びとに浸透するようになったということだ。その契機となったのは、3・11によって引き起こされた原発事故だった。やがて、二〇一二年一二月に民主党から自由民主党へと政権が交代すると、人びとの不安や不満は、特定秘密保護法（二〇一三年）や安全保障関連法（二〇一五年）の成立過程における民主主義のあり方を問うものへと変わっていったのだ。そうしたなかで、二〇一五年八月三〇日には、のべ一二万人（主催者発表）が参加した安全保障関連法に反対するデモが国会議事堂前でおこなわれた。そして、SEALDsはその最前線でコールを続けていたのだ[28]。ある意味で時代の寵児となったSEALDsの存在について、社会学者の上野千鶴子は興味深い発言をしている[29]。

約四〇年間、大規模なデモのない時代が続いたのね。日常の中にデモという風景がなくなってしまって、デモの経験値を持たない人たちが世代として蓄積していって。そして、四〇年ぶりにまたデモが日常の風景になったことが、私にとってものすごく大きな衝撃だったわけ。二〇一一年の九月に柄谷行人さんが「デモで社会は変わるのか？　変わる。デモの出来る社会に変わる」と言った予測が見事に当たって、「デモなんかやったって……」という、四〇年間続いた政治的シニシズムが払拭された。その淵源は二〇一五年夏ではなく、二〇一一年三月にあったと私は思うんだけど。

さらに、上野千鶴子は「私が感動したのは、国会前にあなたたちの世代と、六〇年安保と七〇年安保の経験値を持った、白髪の人たちと毛髪のない人たちがいて（笑）。年齢的に両極がいて、真ん中がいなかったでしょう？」[30]と語っている。ポスト3・11の社会運動を牽引したSEALDsに対して、「四〇年間の空白を覆してくれた、景色を変えてくれた」[31]として、四〇年間にわたって継続した政治的的シニシズムを払拭する役割を果たしたという評価を与えているのだ。つまり、団塊世代を中心とする、いわゆる「全共闘世代」が社会運動で挫折を味わった一九七〇年代初頭から、日本社会では政治に対する人びとのまなざしが冷笑的なものになっていたというわけだ。ところが、3・11を契機として、ポスト3・11の社会運動が成立する条件が整った。そこに登場したのが、SEALDsだったというわけだ。ここでのSEALDsに対する評価を後押ししたのは、もはやクリシェにもなっている「若者の政治離れ」というイメージの刷新だったことに間違いない。その象徴となったのが、ほかでもない「スタイリッシュなデモ」だったというわけだ。もちろん、ポスト3・11の社会運動では、SEALDsも含まれるマルチチュードにとどまらず、それまで社会運動とは無縁と思われていた市井の人びとの参加が顕著になった。それでも、政治的シニシズムの払拭という文脈からは、団塊世代が関与した「政治の季節」の社会運動との関連性が強調されてしまう。それは、「年齢的に両極がいて、真ん中がいなかった」というデモに参加した当事者たちの世代認識からも明らかだ。もちろん、ポスト3・11の社会運動を牽引したＳＥＡＬＤｓの功績は大きいが、その存在ばかりが注目されるがあまり、実際に政治的シニシズムの払拭に貢献したはずの市井の人びとが不可視化された感は否めない。そして皮肉なことに、政治的シニシズムの払拭を阻んでいたのは、政治的シニシズムの蔓延を嘆いていた団塊世代だったのかもしれない。

一九七〇年代に入り、いわゆる「政治の季節」が過ぎ去ると、政治的シニシズムが社会を覆い尽くすようになっていた。『広辞苑』によると、シニシズムには「①キュニコス学派の教義。②一般に世論・習俗、通常の道徳などを無視し、万事に冷笑的に振る舞う態度。犬儒主義。冷笑主義。シニスム」という意味がある[32]。ドイツの哲学者ペーター・スローターダイクは『シニカル理性批判』のなかで、シニシズムを「啓蒙された虚偽意識」であると定義している[33]。本来ならば啓蒙は、「科学や理性に基づく社会の進歩と変革の可能性を信じ、個人は自分の集団の特殊な利益に束縛されることなく、人類の普遍的な福祉と平和を追求すべきだと考える立場を指す[34]」ものだ。ところが、こうした啓蒙の理想が挫折したときに、シニシズムが芽生えるというわけだ。そんなシニシズムの源流をさかのぼると、キニシズムにたどり着く。キニシズムはギリシャ語で「犬のような」という意味を持つキュニコスと呼ばれた哲人たちの態度を指すものだ。「啓蒙が備える否定と抵抗の精神の原型」をうかがうことができるキュニコスの態度には、権威に抗う批判と揶揄があったのだ。そんなキニシズムの流れを汲むシニシズムは、「啓蒙が自ら自身に牙を剝く屈折したメンタリティー」へと変質を遂げてしまったのだ[35]。スローターダイクは「理念が簡単に反故にされ、善意が有効性を持ちえない時代」として、ドイツのワイマール時代を引き合いに出しながら、インテリによるシニカルな言説の蔓延と、それにともなうファシズムの醸成を描きだす。さらに、一九六〇年代の学生運動が挫折へと向かうときに散見された心性との類似を見いだしている。つまり、「啓蒙的な言説は、社会に対してストレートなメッセージを発することができず、次第に自嘲的、自虐的となってゆく。かつてワイマール時代のインテリたちのシニカルな言説が結果としてナチズムを許容し準備したのと同じように、ここにも新たにファシズムの生育する地盤が用意されている」というわ

けだ。(36)

一九八〇年代前半に描かれたペーター・スローターダイクの指摘は、ポスト3・11の社会を概観するには、ある程度の距離を保ちながら冷静に判断する必要があるだろう。そのうえで、『シニカル理性批判』の訳者である高田珠樹が一九九六年に「あとがき」で記している「啓蒙の所産としてのシニシズムについての著者(スローターダイク)の診断や分析は、いまだに奇妙にリアリティーを持っている。それは八〇年代初頭のドイツという特殊な地域性に縛られることなく、おそらく筆者(スローターダイク)の考えていた以上に普遍的な妥当性を持っている」というスローターダイクに対する評価にも留意しなければならない。(37)つまり、「ここ(『シニカル理性批判』)で描かれた精神風土と地続きの世界、それが即、ファシズムに結びつくものであるかどうかは別として、われわれは今なお、このシニシズムの明けきらぬ薄明の中を生きている」というわけだ。(38)さらに、高田が評するスローターダイクの「普遍的な妥当性」は、二〇一〇年代後半に顕著になった世界情勢にも十分当てはまるものだ。啓蒙の理想の挫折は、アメリカのオルト・ライトやイギリスのEU離脱(ブレグジット)など、自国第一主義を掲げる極右政党やポピュリズムの伸長が世界的な潮流となって顕在化することになった。(39)当然のことながら、こうした状況は日本社会も例外ではない。そして皮肉なことに、日本ではポスト3・11の社会において、啓蒙的な言説が自嘲的、自虐的になるさまが露呈することになったわけだ。(40)確かに、「スタイリッシュなデモ」を確立したSEALDsは、「政治の季節」の終焉から社会をとりまいていた政治的シニシズムを払拭する役割を果たした。しかし、残念ながら、四〇年という歳月を経て顕在化したはずの政治的シニシズムの払拭は、あまりにも限定的なものにすぎなかった。SEALDsによるシニシズムの払拭に賛辞を送ったのは、まぎれもなく「政治の季節」に啓蒙の理想の挫折を味わった世代、言い換えれば、みずから蔓延させたシニシズムにみずから晒されることになった世代というわけだ。そんな世代を代表する上野千鶴子によるSEALDsへのシニシズムの払拭への賛辞という評価は、同時にキニシズムの再興への期待でもあった。もっとも、ポスト3・11の社会でシニシズムを払拭（あるいは、キニシズムを再興）したはずのSEALDsもまた、みずから蔓延させたシニシズムにみずから晒されることになってしまったのだ。

シュプレヒコールの行方

SEALDsが確立した「スタイリッシュなデモ」は、SEALDs KANSAI（関西）、SEALDs TOHOKU（東北）やSEALDs RYUKYU（沖縄）などの設立をうながしながら、全国各地へと「飛び火」することになった。さらに、中年層のMIDDLEsや母親を中心とするママデモ、高齢層のOLDs（Otoshiyori for Liberal Democracy）やアカデミズを中心とした学者の会といった、幅広い世代がSEALDsの影響を受けることになった。そこには、集団的自衛権の行使を可能とする安全保障関連法に反対の立場を表明する、高校生のT-ns SOWL（ティーンズ・ソウル＝Teens Stand up to Oppose War Law）も含まれていた。[41] ラップをコールする「スタイリッシュなデモ」を確立したSEALDsの世代よりもさらに年少のT-ns SOWLは、テクノ、トランスやハウス系の音楽を意味するEDM（エレクトロニック・ダンス・ミュージック）を駆使したデモを繰り広げるようになった。日本では二〇一〇年代の半ばになって話題になったEDMだが、必ずしも新しい音楽ジャンルではない。そもそも、EDMは音楽ジャンルの呼称というよりもむしろ、ジャンルが細分化したダンス音楽全般を指す総称として用いられたものだ。そしてEDMのブームは、二〇〇〇年代後半にアメリカから世界へと拡大することになった。フランス人DJのデヴィッド・ゲッタが二〇〇九年に発表したアルバム《ワン・ラブ》は世界で三五〇万枚を売り上げ、第五二回グラミー賞の最優秀ダンス・アルバム部門にノミネートされた。このアルバムの大きな特徴は、アメリカで人気のあるヒップホップやR&Bのアーティストを参加させたことにある。その当時は、ダンス音楽の本場はアメリカではなくヨーロッパだった。

しかし、この試みがアメリカの若者たちの注目を集めることになり、結果として世界的に広がるブームのきっかけになったというわけだ。こうしたブームに乗じて、アメリカの音楽産業やメディアがダンス音楽全般を指す総称として用いたのがＥＤＭだった[42]。そんなＥＤＭをデモに取り入れたＴ-ｎｓ ＳＯＷＬのコールについて、ＳＥＡＬＤｓのメンバーだった奥田愛基と牛田悦正は、自分たちの音楽スタイルとの違いを強調している。「ＢＰＭ（一分間の拍数）90くらい」の「ヒップホップ的なサウンド」で「民主主義ってなんだ？」「これだ！」というコール＆レスポンスを実践したＳＥＡＬＤｓに対して、「高校生はそれが１５０くらい。いわゆるＥＤＭ」のＴ-ｎｓ ＳＯＷＬは、「とりま廃案！」「それな！ それな！」という超高速のコール＆レスポンスを駆使するというわけだ[43]。そんなＴ-ｎｓ ＳＯＷＬが表舞台に登場したのは、二〇一五年八月二日に渋谷でおこなわれた「安全保障関連法に反対する高校生デモ」だった[44]。そこではＳＥＡＬＤｓの「スタイリッシュなデモ」を踏襲しつつ、ＥＤＭのリズムを用いながら、高校生たちが自分たちの主義主張を訴える社会運動が展開されることになった。安全保障関連法は二〇一五年九月一九日に参院本会議で可決されることになったが、その後もＴ-ｎｓ ＳＯＷＬは安全保障関連法の廃止や立憲主義の回復を訴えるデモに関与することになった。

Ｔ-ｎｓ ＳＯＷＬの発足に大きな影響を与えたＳＥＡＬＤｓが解散したのは二〇一六年八月一五日だったが、それからおよそ半年後の二〇一七年三月一七日には、ＳＥＡＬＤｓの流れを継承する「未来のための公共」が発足した。そんな「未来のための公共」と合流しながら、Ｔ-ｎｓ ＳＯＷＬはいくつものデモに参加することになった。その活動履歴をＳＮＳでたどると、二〇一七年六月一三日のツイートが最後になっている。「未来のための公共」が主催した、いわゆる「共謀罪法」と呼ばれた改正組織的犯罪処罰法に反対するデモがおこなわれた当日で、「政府与党は共謀罪を多くの国民が説明不足だとしている中、その声を無視し、現在行われている参議院委員会で共謀罪が強行採決される可能性があります。今夜、共謀罪反対の民意を示すために国会前へ行きましょう」という、当該デモの拡散を求めるツイートだった。[45]そのデモから二日後の二〇一七年六月一五日には、「共謀罪法」が国会で成立した。それ以降も、森友学園との国有地取引に関する公文書改竄や、加計学園獣医学部新設に内閣が関与した疑惑など、安倍晋三政権が関与してきたとされる問題はあとを絶たなかった。そうしたなか、二〇一八年四月一四日には、国会議事堂前に三万人を超える人びとが集まり、民主主義のあり方を問う大規模なデモが開催された。このデモの主催には「未来のための公共」も名を連ねており、元SEALDsのメンバーも参加していた。そして、国会議事堂前には、まるでクラブを彷彿させるような大音量の音楽に合わせて、かつての「スタイリッシュなデモ」さながらのコール＆レスポンスが鳴り響いた。その後も、二〇一八年六月の働き方改革関連法や七月の統合型リゾート実施法（カジノ法）の強行採決といった、民主主義の根幹を揺るがしかねないような状況が続いた。その一方で、政治に憤りを覚えた人たちの声は、必ずしも持続可能なものではないことが明らかになったのも事実だ。二〇一九年八月一五日には、ポスト3・11の「スタイリッシュなデモ」を牽引したSEALDsの流れを汲む「未来のための公共」が活動を終えた。その日のツイッターには、「2019年8月15日、戦後74年を迎える本日、未来のための公共は活動を終了します。ただ、私たちはこの社会にあって自由や平等、平和、民主主義の支え手であることを止めるわけではありません。これからも、上から押し付けられる「公」ではなく、私たちの足元から立ち上がる公共を」というツイートが投稿された。[46]七四回目の「終戦の日」を迎えたその日は、SEALDsの解散からちょうど三年後のことだった。

ポスト3・11の社会では、人びとの政治に対する不信感が顕在化した。それにともない、社会運動に関与する人びとが表面的に増加したというわけだ。ここで注目すべき点は、それまでの社会運動に関与していたと思われる属性には当てはまらない、いわゆる市井の人びとの参加だった。そして、ポスト3・11の社会運動を牽引する大きな役割を担ったのがSEALDsだったというわけだ。そんなSEALDsに対して、過剰とも思えるほどの好意的な評価を示している上野千鶴子だが、不覚にもそこからは世代間の分断が垣間見えてくる。確かに、「政治の季節」に啓蒙の理想の挫折を味わった世代の後継となったＳＥＡＬＤｓは、たとえ一時的にであっても、シニシズムの払拭（あるいは、キニシズムの再興）をもたらすことになった。もちろん、ＳＥＡＬＤｓがポスト3・11の社会運動の可能性を示したことは間違いない。さらに、「スタイリッシュなデモ」という話題性から、社会運動の民主化を波及させたのも事実だ。もっとも、ＳＥＡＬＤｓが必ずしも「政治の季節」の終焉から四〇年間にもおよんだ、いわゆる政治的シニシズムの蔓延に終止符を打ったわけではない。そこには、ＳＥＡＬＤｓに対する過大評価によってもたらされた、空白の四〇年という世代間の分断が見え隠れしている。世代をとらえる指標として、アメリカでは戦後のベビーブーマー（一九四六〜一九六四年）、ジェネレーションＸ（一九六五〜一九八〇年）、ジェネレーションＹ（＝ミレニアル世代、一九八一〜一九九五年）、ジェネレーションＺ（＝Ｚ世代、一九九六〜二〇一〇年）といった区分（コーホート）が用いられている。もちろん、このコーホートには多少の誤差があるものの、世代概念を認識する指標としては有効に用いられている。そして、そのコーホートを日本に当てはめれば、ベビーブーマーは団塊世代（一九四七〜一九四九年）、ジェネレーションＸはロスジェネ世代（一九七〇〜一九八二年）、そして、ミレニアル世代とＺ世代はポスト・ロスジェネ世代（一九八〇年代以降）としてとらえることができる。[47] 上野は一九四八年生まれの団塊世代、そして、ＳＥＡＬＤｓの中心的なメンバーだった奥田愛基は一九九二年生まれのミレニアル世代に当てはまる。はからずも、上野のＳＥＡＬＤｓに対する好意的な評価は、「年齢的に両極がいて、真ん中がいなかった」という、ロスジェネ世代の不可視化という世代間の分断を露呈することになってしまった。ある意味で、ロスジェネ世代は政治的シニシズムにのみ込まれた世代と言えるだろう。それは、一九七六年生まれのロスジェネ世代に当てはまる後藤正文がみずから経験した、「僕が若いころに撒き散らしていた「社会派気取っちゃってさ」という冷笑」という態度からも理解することができる。もっとも、こうした政治的シニシズムの社会的な蔓延をお膳立てしたのは、ほかでもない団塊世代だった。もちろん、政治的シニシズムの蔓延によって、社会運動が長期にわたって顕在化してこなかったのは確かなことだ。だからと言って、それが社会運動に四〇年もの空白があったことを正当化させるものではないのも事実なのだ。

ポスト3・11に社会運動の民主化をうながすことになったSEALDsに追随したのは、高校生を中心とするT-ns SOWLだった。SEALDs解散後のインタビューで、元メンバーの奥田愛基は自分たちよりも若い世代の動向について、「良くも悪くもたぶん、自分含めですけれど、めちゃくちゃ集中して注目が集まっていたので、それにすごく疲れたというのが、結構大きいと思う」と語り、「デモみたいな、分かりやすい形でやろうという子は少ない、というのもあると思うんですね」と続けている。[48] T-ns SOWLがSEALDsに触発されたのは事実だが、その実践は必ずしもデモである必然性はなかったというわけだ。言い換えれば、デモは数多ある社会運動の実践における選択肢のひとつに過ぎなかったというわけだ。そんなT-ns SOWLとSEALDsは、同じポスト・ロスジェネ世代に属する一方で、ジェネレーションYとジェネレーションZ、あるいはミレニアル世代とポストミレニアル世代という、明らかに異なる特徴を見いだすことができる。JETRO（日本貿易振興機構）の記事によると、ミレニアル世代を「デジタルネイティブ（digital native）」と称して、「最も教養が高く、人種の多様性に富んだ世代で、活動的でテクノロジーに精通し、社会意識が高い」と特徴づけた一方で、ポストミレニアル世代を「生来のデジタル／テクノロジー依存（digital innate/technoholic）世代」と称して、「ミレニアル世代と同様の特徴を多く有するが、完全なスマホ／SNS世代である。二〇〇八年のリーマンショック後の経済不況で両親が財政的困難に陥っている状況を目の当たりにしたことで、雇用の安定性を懸念し、事業を興すことへの関心がより高い」と特徴づけている。[49] こうしたコーホートによる特徴の違いは、ポスト3・11の社会運動への関与のあり方にも大きな影響を及ぼしている。SEALDsはミレニアル世代として、その社会意識の高さからポスト3・11の社会運動を牽引することになった。

そこでは、デジタル技術環境の中で生まれ育ち、コンピュータやインターネットに精通している人を指すデジタルネイティブとしての本領を発揮したのだ。そんなSEALDsを手本にしたのが、ポストミレニアル世代のT-ns SOWLだった。そして、ポスト3・11の社会運動では、SEALDsとヒップホップの親和性が、T-ns SOWLとEDMの親和性へと引き継がれることになったわけだ(50)。

ポスト3・11の社会運動では、SEALDsによる「スタイリッシュなデモ」が音楽との関係を強固なものにした。そして、SEALDsの後継として名乗りをあげたのは、EDMを駆使したT-ns SOWLだった。もっとも、上野千鶴子による賞賛にも見られるように、団塊世代からの好意的な支持を得たSEALDsに対して、T-ns SOWLの立ち位置は微妙だ。というのも、ポストミレニアル世代に当たるT-ns SOWLの社会意識は、必ずしもミレニアル世代と重なるものではないからだ。最新の音楽から世界情勢にいたるまで、SNSから情報を得ているポストミレニアル世代は、ネオデジタルネイティブとも呼ばれるほどインターネットとの親和性が高い。そんなポストミレニアル世代は、必ずしも実践としての社会運動に関与するわけではない。それにもかかわらず、SNSによって補強された社会意識の高さは、ミレニアル世代よりも顕著かもしれない。欧米では二〇一九年の秋にミーム（人から人へと情報が模倣されて拡散される現象）としての「OKブーマー」がTikTokによって拡散された。Z世代がベビーブーマーへ発した、「老害よ、分かったから、もう勘弁してくれ」という辛辣な叫びだった(51)。日本ではポストミレニアル世代による直接的な「OKブーマー」の動きは見られないものの、TikTokをはじめとするSNSからのミームには、レイシズムやセクシャリティといった社会問題も含まれる。こうした意識は、少なくともポストミレニアル世代には無自覚的に共有されていると考えられる。そうなると、団塊世代が経験した「政治の季節」の記憶は、ポストミレニアル世代にとっては空虚なものになるだろう(52)。

編集者の野間易通は、みずからが参加した社会運動における音楽の位置づけに覚えた違和感を語っている。自分自身が興味のある音楽ジャンルでは高揚感を味わうことができるのだが、あまり興味のない音楽ジャンルでは一歩引いてしまうという。社会運動に音楽は必須のものではないとしながらも、その効用（あるいは高揚）は認めているのだ。そのうえで、社会運動における音楽の（不）可能性について、以下のように言及している。[53]

内容には賛同できるけど音楽的に趣味に合わない――これはプロテスト・ソングが音楽である以上、避けて通れない宿命のようなものだ。これだけ音楽が多様化し、ひとつのユース・カルチャーの枠内に収まりきらない現状では、かつてのようにジョーン・バエズで何万人もの民衆が一体化するというようなことはもう起こらないだろう。しかし、だからこそ音楽がより深く個人の政治的行動にコミットできる可能性が開かれているとも言えるのではないだろうか。

社会運動に散見される音楽ジャンルの嗜好による分断は、団塊世代にとってのフォーク、ジェネレーションXにとってのロック、ミレニアル世代にとってのヒップホップ、さらにZ世代にとってのEDMといった、世代によってうながされてしまったという事実は否めない。その一方で、世代という考え方そのものについては、改めて問い直される必要があるだろう。ある特定の世代が、ある特定の音楽ジャンルを嗜好しているという短絡的な発想については、慎重に議論しなければならない。そのうえで、音楽が社会運動の統一をはかる可能性を持ち合わせているという可能性についても、議論の余地が残されているはずだ。

注

(1) ロックバンド ASIAN KANG-FU GENERATION の後藤正文が書いた文章。一九七六年生まれの後藤正文が自戒する冷笑は、政治的シニシズムと言い換えることができるだろう(後藤正文「将来の世代を祝福する言葉たちへ」『SEALDs 民主主義ってこれだ!』大月書店、二〇一五年、二八ページ)。

(2) SEALDsの解散にあたって、ウェブで声明が公開されている([http://sealdspost.com/tobe])。

(3) SEALDsが話題になった要因として、メディアで取り上げられたことは確かなことだ。ただし、SEALDsが社会的に広く認知されるようになる背景には、中東における二〇一一年の民主化運動「アラブの春」以降に世界で同時多発的に起こった社会運動の流れがあることを無視することはできない(中町信孝『「アラブの春」と音楽―若者たちの愛国とプロテスト』DU BOOKS、二〇一六年)。さらに、その潮流をつくったSNSの普及も考慮する必要がある(津田大介『動員の革命―ソーシャルメディアは何を変えたのか』中公新書ラクレ、二〇一二年)。

(4) SEALDs編『SEALDs 民主主義ってこれだ!』大月書店、二〇一五年、三七ページ

(5) ラップの定義については、大和田俊之、磯部涼、吉田雅史『ラップは何を映しているのか―「日本語ラップ」から「トランプ後の世界」まで』(毎日新聞出版、二〇一七年、一三~一七ページ)に詳しい。

(6) 前掲『SEALDs 民主主義ってこれだ!』、三九ページ

(7) 『ユリイカ』二〇一六年六月号、青土社、一四七~一四八ページ

(8) 茂木健一郎「SEALDsは新しい音楽だったとしても、そこに新しい歌はあったか?」『LINE BLOG』二〇一六年六月六日 [https://lineblog.me/mogikenichiro/archives/3730214.html] 二〇二三年四月二日閲覧

(9) 牛田悦正 (@UshidaYoshimasa) ツイッター、二〇一六年六月七日二〇時一四分 [https://twitter.com/UshidaYoshimasa/status/740139871663099909] 二〇二三年四月二日閲覧

(10) パンデモニウム (@March_Of_Time) ツイッター、二〇一六年六月一八日一六時五二分 [https://twitter.com/March_Of_Time/status/744075315249438720] 二〇二三年四月二日閲覧

(11) https://twitter.com/yumo_maio/status/744025407746379777

(12) 定時で帰る (@ringo_suki3150) ツイッター、二〇一六年六月一八日二三時二三分 [https://twitter.com/ringo_

suki3150/status/744173606062592004］二〇二三年四月二日閲覧

（13）Gotch / Masafumi Gotoh（@gotch_akg）ツイッター、二〇一六年六月二〇日七時五七分［https://twitter.com/gotch_akg/status/744665365871890432?lang=ja］二〇二三年四月二日閲覧

（14）ポスト3・11の音楽文化において、後藤正文は積極的に政治と関与している数少ないミュージシャンのひとりだ。その背景には、彼自身の経験による音楽観が大きく影響を与えていると考えられる。

（15）「フェスで政治的主張、あり？　シールズ「出演」で論争」『朝日新聞』二〇一六年六月二三日

（16）「ネットで大論争　フジロックに「ＳＥＡＬＤｓ」奥田さん出演　「音楽に政治、持ち込むな」？？？」『毎日新聞』二〇一六年七月五日

（17）たとえば、前掲『朝日新聞』ではミュージシャンの後藤正文、脳科学者の茂木健一郎、ジャーナリストの津田大介、音楽評論家の萩原健太、ブロードキャスターのピーター・バラカン、前掲『毎日新聞』ではミュージシャンの中川敬（ソウル・フラワー・ユニオン）と坂本龍一、コラムニストの小田嶋隆、ＮＰＯ法人代表の原田謙介が見解を述べている。一連の問題について、研究者の視座からは、大阪市立大学准教授の増田聡がインタビューに答えている（「「音楽と政治」論争の不毛感　「ＥＸＩＬＥは？」欠落した体制側という視点」『ｗｉｔｈｎｅｗｓ』二〇一六年七月一一日［https://withnews.jp/article/f0160721001qq000000000000000W02y10501qq0001371A］二〇二三年四月二日閲覧）。また、社会学者の宮台真司は、「フジロックのＳＥＡＬＤｓ奥田氏出演で考える音楽と政治」をテーマにしたラジオ番組で「音楽に政治を持ち込むな」問題に言及している（「荒川強啓デイ・キャッチ！」ＴＢＳラジオ、二〇一六年六月二四日放送）。

（18）「アトミック・カフェ」の詳細については、第2章で説明している。

（19）奥田愛基（@aki21st）ツイッター、二〇一六年六月二〇日一二時二三分［https://twitter.com/aki21st/status/744732283186216960?ref_src=twsrc%5Etfw］（現在は削除されている）

（20）こうした心境にいたるまでの一連の流れは、ウェブの記事から確認することができる（「フジロック「ＳＥＡＬＤｓ奥田愛基」出演「政治持ち込むな」vs「そもそも政治フェス」の批判合戦」『J-ＣＡＳＴニュース』二〇一六年六月二〇日［https://www.j-cast.com/2016/06/20270164.html?p=all］二〇二三年四月二日閲覧）。

（21）宮入恭平『J-ＰＯＰ文化論』彩流社、二〇一五年、一五一～一五二ページ

(22) 斉藤和義と水野良樹の論争については、第2章で説明している。
(23) 水野良樹（@mizunoyoshiki）ツイッター、二〇一一年四月一一日一五時四五分［https://twitter.com/mizunoyoshiki/status/57335803285745664］二〇二三年四月二日閲覧
(24) 前掲『J-POP文化論』、一一三〜一一五ページ
(25) 大久保青志『フェスとデモを進化させる―「音楽に政治を持ち込むな」ってなんだ!?』イースト・プレス、二〇二一年、一六〜一七ページ
(26) 久保憲司「「ウッドストック／愛と平和と音楽の三日間」「フジロックに政治を持ち込むな」と騒いだ人たちを笑うかのように、グラストンベリーを支えたのはヒッピーと反核団体の「政治」でした」『久保憲司のロック・エンサイクロペディア』［https://www7.targma.jp/rock/2018/08/14/post1033/］二〇二三年四月二日閲覧
(27) カウンターカルチャーの思想については、序章で詳しく説明している。
(28) 前掲『SEALDs民主主義ってこれだ！』、八四〜八五ページ
(29) 「【対談】上野千鶴子（社会学者）×福田和香子、奥田愛基、牛田悦正（SEALDs）対話」『ａｔプラス』二〇一六年七月八日［http://www.ohtabooks.com/at-plus/entry/12674/］二〇二三年四月二日閲覧
(30) 同ウェブサイト
(31) 同ウェブサイト
(32) 『広辞苑』第七版、岩波書店、二〇一八年
(33) ペーター・スローターダイク／高田珠樹訳『シニカル理性批判』ミネルヴァ書房、一九九六年、一八ページ
(34) 翻訳者の高田珠樹による「訳者あとがき」より（同書、五六八ページ）。
(35) 同書、五八〇ページ
(36) 同書、五七二ページ
(37) 同書、五七二〜五七三ページ
(38) 同書、五七三ページ
(39) イギリスのオックスフォード大学出版局は、二〇一六年の注目すべき言葉として、「客観的な事実よりも感情や個人的な信念の方が世論形成に影響を与える状況」を意味する「ポスト・トゥルース」を選んでいる。ここで

は踏み込んだ議論の展開は不可能だが、こうした世界情勢が啓蒙の理想の挫折をうながす要因のひとつになったことは確かなことだ。この潮流は、二〇一七年のアメリカにおけるトランプ大統領の誕生へとつながることになった。

（40）二〇一〇年代における啓蒙思想や啓蒙主義の問い直しについては、ジョセフ・ヒース／栗原百代訳『啓蒙思想2・0〔新版〕―政治・経済・生活を正気に戻すために』（ハヤカワ文庫NF、二〇二二年）、スティーブン・ピンカー／橘明美、坂田雪子訳『21世紀の啓蒙―理性、科学、ヒューマニズム、進歩』（草思社、二〇一九年）、ジョナサン・ハイト／高橋洋訳『社会はなぜ左と右にわかれるのか―対立を超えるための道徳心理学』（紀伊國屋書店、二〇一四年）などに詳しい。

（41）高橋源一郎×SEALDs『民主主義ってなんだ?』河出書房新社、二〇一五年、九二ページ

（42）宮入恭平『ライブカルチャーの教科書―音楽から読み解く現代社会』青弓社、二〇一九年、一八三ページ

（43）同書、九七～九八ページ

（44）二〇一五年八月二日の「戦争法案に反対する高校生渋谷デモ」は、IWJのウェブサイトから視聴することができる（「戦争法案に反対する高校生渋谷デモ　2015・8・2」『IWJ』[https://iwj.co.jp/wj/open/archives/256016]二〇二三年四月二日閲覧）。

（45）T-ns SOWL（@teensSOWL）ツイッター、二〇一七年六月一三日一三時二五分[https://twitter.com/teensSOWL/status/874482871011950593]二〇二三年四月二日閲覧

（46）未来のための公共（@public4f）ツイッター、二〇一九年八月一五日二〇時〇〇分[https://twitter.com/public4f/status/1161955884072722432]二〇二三年四月二日閲覧

（47）キア・ミルバーンは、ジェネレーション・レフトという言葉を用いている。ジェネレーション・レフトについては、序章で説明している。

（48）「「SEALDs」メンバー、今どこに?　奥田さんが感じる「イライラ」」『withnews』二〇一八年七月一三日[https://withnews.jp/article/f0180713001qq000000000000000W01101 01qq000017678A]二〇二三年四月二日閲覧

（49）中沢潔「次世代を担う「ミレニアル世代」「ジェネレーションZ」―米国における世代（Generations）につい

て」『ＪＥＴＲＯニューヨークだより』二〇一八年一〇月［https://www.jetro.go.jp/ext_images/_Reports/02/2018/ec09520b7547790/ny201810.pdf］二〇二三年四月二日閲覧

（50）ポスト・ミレニアル世代とＥＤＭの親和性については、前掲『ライブカルチャーの教科書』（一八七ページ）に詳しい。

（51）「ベビーブーマーの「老害」はもうたくさんと、若者世代が年齢差別のスラングで反撃」二〇一九年一一月一一日『ニューズウィーク日本版』［https://www.newsweekjapan.jp/stories/world/2019/11/post-13356.php］二〇二三年四月二日閲覧

（52）ベビーブーマー（あるいは団塊世代）がカウンターカルチャーの名のもとで、体制への異議申し立てをおこなったのは明らかだ。そのような実践を美化する言説も数多く見られてきたのは事実だが、その一方で、カウンターカルチャーへの批判的な評価も語られるようになっている。たとえば、ジョセフ・ヒース、アンドルー・ポター／栗原百代訳『反逆の神話―カウンターカルチャーはいかにして消費文化になったか』（ＮＴＴ出版、二〇一四年）や、マーク・フィッシャー／セバスチャン・ブロイ、河南瑠莉訳『資本主義リアリズム―「この道しかないのか？」』（堀之内出版、二〇一八年）などは、カウンターカルチャーの欺瞞を論じている。

（53）野間易通「音楽がつなげるものと、分断するもの」『ミュージック・マガジン増刊 プロテスト・ソング・クロニクル―反原発から反差別まで』八月増刊号、ミュージック・マガジン、二〇一一年、六九ページ

第5章　ビッグ・ブラザーがあなたを見ている

戦争は平和なり
自由は隷従なり
無知は力なり
――ジョージ・オーウェル(1)

ポスト3・11の社会では、保守長期政権の数の力による強行採決が相次ぎ、民主主義の危機が叫ばれるようになった。そのなかで、権力による監視は市民の表現の自由を脅かしかねないことが明らかになった。ジョージ・オーウェルは独裁者のビッグ・ブラザーが支配するディストピアの世界を描いているが、そこで語られている監視社会の脅威は二〇二〇年代の現在にも垣間見られる。本章では、監視社会における音楽のあり方について、ポスト3・11からコロナ禍の社会をとおして概観する。

公権力による市民監視

ポスト3・11の社会運動における「スタイリッシュなデモ」を確立したSEALDsの前身は、「現代の治安維持法」として懸念された「特定秘密の保護に関する法律」(以下、特定秘密保護法)への反対を表明したSASPL(Students Against Secret Protection Law＝特定秘密保護法に反対する学生有志の会)だった。SASPLによる音楽と社会運動の結びつきが、SEALDsへと引き継がれることになったのだ。二〇一三年一二月六日の法案可決以降、特定秘密保護法の問題点をSNSから訴えてきたSASPLは、二〇一四年二月一日と五月三日に大学生を中心とした四～五〇〇人が参加したデモをおこなった。[2] さらに、二〇一四年一〇月二五日には過去二回をうわまわる約二千人が参加したデモがおこなわれ、ラップのリズムに合わせた「特定秘密保護法反対！ Get up, stand up, stand up for your right! Get up, stand up, don't give up the fight!」というコールがストリートに響きわたった。[3] SASPLがシングルイシューとして掲げた特定秘密保護法は、法案が可決されてから一年後の二〇一四年一二月一〇日に施行されることになった。首相官邸の説明によると、特定秘密保護法は「安全保障上の秘匿性の高い情報の漏えいを防止し、国と国民の安全を確保するためのもの」[4]とされている。特定秘密保護法の是非については賛否両論さまざまな意見があがるなかで、国際的な人権団体であるアムネスティの日本支部は、特定秘密保護法が「「表現の自由」や市民の「知る権利（情報へのアクセス権）」を著しく制限しかねないものである」[5]との懸念を表明している。日本も批准している国連の国際人権規約のなかの自由権規約第一九条第二項では、「すべての者は、表現の自由についての権利を有する」と定めている。そして、「あらゆる種類の情報及び考えを求め、受け及び伝える自由を含む」と規定し、表現の自由の根幹として情報へのアクセス権を置いている。情報へのアクセス権は当然の権利として保障されなければならないにもかかわらず、特定秘密保護法はこうした表現の自由の根幹である情報へのアクセス権を制限しかねないというわけだ。[6] もちろん、ここでの議論で中心に据え置かれるのは、物議をかもしながらも施行された特定秘密保護法の是非を問うことではない。しかし、政治的な思惑とけっして無関係ではない法律が、日常的な文化実践に少なからず影響を及ぼしているという事実を忘れてはならない。つまり、法律や政治が音楽実践と無関係ではないということを理解する必要があるということだ。

二〇一四年一二月六日の東京新聞では、四日後に施行を控えた特定秘密保護法に関連する特集記事が組まれ、宮城県内に住む男性シンガーソングライター（以下、A氏）の経験にもとづいた事例が取りあげられた。[7] 事の発端は、二〇〇三年一二月までさかのぼる。アメリカを中心とする有志連合によるイラクへの軍事介入を受けて、日本では人道復興支援活動と安全確保支援活動を目的とした法律が制定され、自衛隊が戦時下のイラクへ派遣されることになった。(8) そんな自衛隊のイラク派遣に反対の立場だったA氏が、地元スーパーマーケットの駐車場でストリートライブをおこなったのは二〇〇三年一二月一五日のことだった。平和を訴えるオリジナル曲を演奏するA氏の傍らでは、友人の女性が自衛隊のイラク派遣に反対する署名活動をおこなった。A氏のもとに報道機関から「自衛隊の内部資料にあなたの個人情報が記載されています」という連絡があったのは、ストリートライブから四年後の二〇〇七年になってからだ。個人情報が記載されたその資料は、自衛隊員の内部告発をもとに日本共産党が公表したものだった。A氏は福祉関係の仕事をしており、音楽活動は本名を名乗ることなく芸名でおこなっていた。個人情報は一切公開していなかったにもかかわらず、その資料にはA氏の勤務先や本名が記載されていたというのだ。自衛隊の監視によって、個人情報が漏洩したというわけだ。身に覚えのないまま、いつのまにか自分の個人情報が不当に扱われていたことに不安を覚えたA氏は、二〇〇九年二月に自衛隊による監視の差し止めを求める裁判を地元の地方裁判所に起こした。二〇一二年三月には地方裁判所が、個人情報を管理する権利や人格権を侵害したとして、自衛隊がA氏の個人情報を収集した文書をつくったのは違法と認めたうえで、被告である国に対して賠償を命じる判決がくだされた。国は控訴したものの、控訴審で自衛隊による情報収集の事実を認めざるを得なくなったのだ。幸いなことに、A氏は勝訴したものの、根本的な不安が解消されたわけではない。A氏の個人情報が不当に扱われた背景には、自衛隊による監視がおこなわれたという事実がある。そして、特定秘密保護法が施行されたいまとなっては、自衛隊によって監視がおこなわれたというその事実さえもが、「秘匿性の高い情報」として隠蔽される可能性も否定できないのだ。この記事の末尾にはA氏の言葉として、「今後は内部告発があり裁判になっても、勝てなくなるかも」という特定秘密保護法の施行に対する懸念とともに、「原発再稼働や集団的自衛権への抗議活動も監視され、参加者を調べているかもしれない」という、表現の自由を脅かしかねない監視への不安が綴られている。

この判例の背後にあったものは、公権力による監視の実態だ。[9] シンガーソングライターであるA氏の個人情報が記載されていたのは、陸上自衛隊情報保全隊の内部文書だった。自衛隊では二〇〇三年三月に、情報保全業務の実施に必要な資料および情報の収集整理などを任務として、陸上・海上・航空自衛隊に情報保全隊が設置された。さらに、二〇〇九年八月一日には、陸・海・空自の情報保全隊を統合した自衛隊情報保全隊が編成されることになった。[10] 自衛隊という公権力が一般市民を監視していたという事実は、A氏も含めた一〇七名による訴訟からも明らかになる。公表された自衛隊の内部資料には、二〇〇三年一一月から二〇〇四年二月まで、自衛隊のイラク派遣に反対する活動（デモや市民集会など）、地方議会の動向やマスコミによる取材活動が記載されていた。A氏のストリートライブも、まさしくこの時期におこなわれたものだ。こうした情報保全隊による監視によって、憲法上の権利を侵害され、精神的損害を被ったと主張した原告は、被告である国に対して、人格権にもとづき、監視や情報収集活動の差し止めと損害賠償の支払いを求めることになった。二〇一二年三月二六日には仙台地方裁判所が監視や情報収集活動の差し止め請求を却下したものの、被告の原告に対する不法行為を認めたうえで、賠償を命じる判決をくだすことになった。ちなみに、原告のひとりであるA氏には、一〇万円の支払いが命じられた。これに対して被告は控訴したが、原告も監視や情報収集活動の差し止めが却下されたことを不服として控訴した。二〇一六年二月二日に仙台高等裁判所は、A氏に対する自衛隊の監視や情報収集活動が違法行為だったことを認める地方裁判所の判決を支持した。ただし、監視や情報収集活動の差し止めは却下された。[11]

この裁判に関与した弁護士の十河弘は、「東日本大震災での自衛隊員の働きには本当に頭が下がります。彼らに対する被災地での評価はとても高いものがあります」と自衛隊そのものの活動を擁護しながらも、「しかし、自衛隊の二面性を見過ごすことはできません。自衛隊情報保全隊は「影の部隊」として現在も密かに国民を監視し続けているのです」と辛辣だ。そして、「（自衛隊情報保全隊の行為が）違法認定されたにもかかわらず、政府は「従前の活動を変えるつもりはない」と明言しています。特定秘密保護法の制定、安保関連法の強行、共謀罪（テロ等準備罪）の企てなど、私たち市民社会は試練の時を迎えていると言わざるを得ません」と危機感を募らせている。[12] 民主主義を揺るがしかねない数の力による強行的な法案の可決が相次いだのは、二〇一二年一二月に成立した安倍晋三政権下でのことだった。特定秘密保護法に反対したSASPLの後継として発足したのは、二〇一五年九月に成立した安全保障関連法に反対したSEALDsだった。そして、SEALDsが解散した翌年の二〇一七年六月一五日に成立した改正組織犯罪処罰法では、「共謀罪」とも呼ばれるテロ等準備罪が新設された。[13] これまでも「共謀罪」は過去数回にわたって廃案になった経緯があるものの、昨今の情勢を見据えたうえで、テロを未然に防ぐために必要だという解釈のもとで、なかば強引に成立したのだ。「テロ対策」を強調する政府に対しては、「共謀罪」を戦時下の「治安維持法」と結びつけながら、監視社会をうながしかねないという懸念の声もあがっている。それは、表現の自由を萎縮させることにもなるだろう。権力による監視は、音を立てることもなく着実に、わたしたちの日常生活のなかに入りこんでいるのかもしれない。

監視社会

監視の概念はこれまでも権力論として語られてきたが、なかでもパノプティコン（一望監視施設）を規律訓練（ディシプリン）という近代的権力の比喩として用いたフランスの哲学者ミシェル・フーコーによる議論は有名だ。[14] そもそもパノプティコンは、受刑者が非人道的で劣悪な環境に置かれていた当時の刑務所を改善したいという思いから、最大多数の最大幸福の実現を目指した功利主義者であるイギリスの哲学者ジェレミー・ベンサムが考えついたものだ。円形の刑務所の中央には監視塔があり、周囲には円環状に牢獄が配置されている。牢獄のなかの囚人からは監視塔の内部を見ることはできないが、監視塔からはすべての囚人の姿が筒抜けになる。囚人はつねに監視されているという可能性に直面するもの

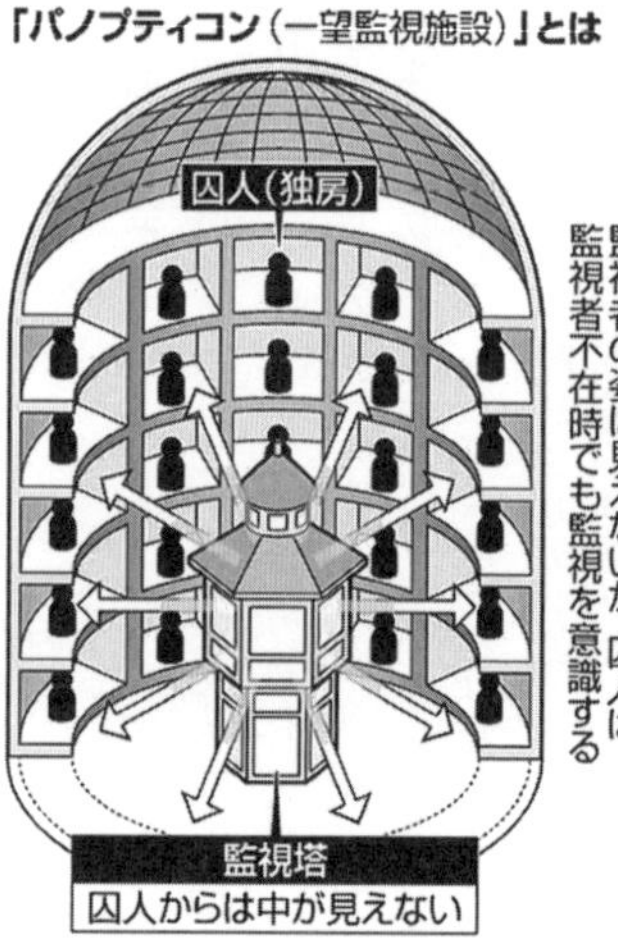

「パノプティコン(一望監視施設)」とは

囚人(独房)

監視者の姿は見えないが、囚人は監視者不在時でも監視を意識する

監視塔

囚人からは中が見えない

図1　パノプティコンの構造(『朝日新聞』2017年4月18日付朝刊より)

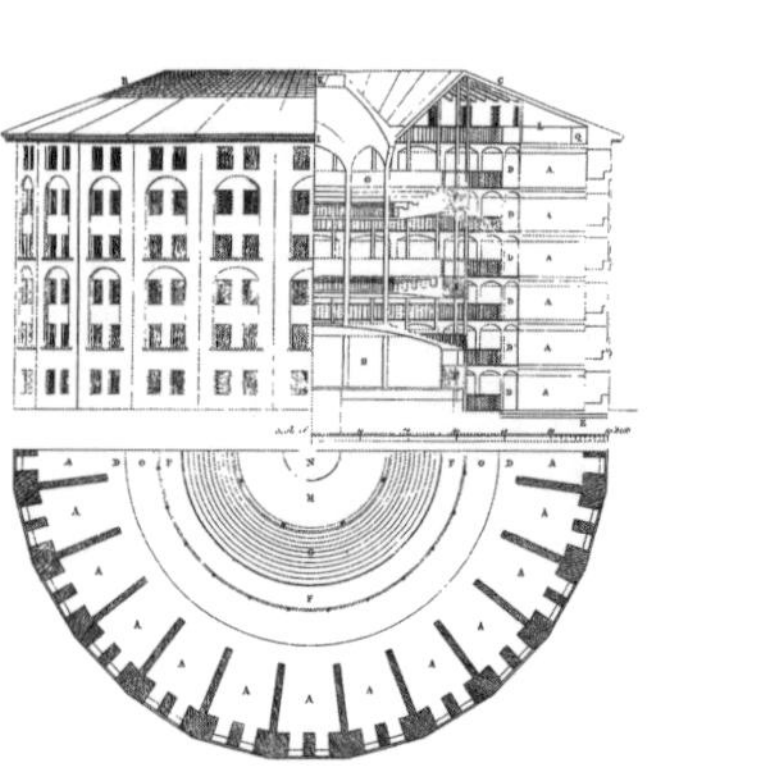

図2　ベンサムによるパノプティコンの構造図(パブリックドメイン)

の、実際に監視されているかどうかは分からない(図1、2)。フーコーはこの構造を、近代社会の権力構造にたとえたのだ。たとえ監視する人が不在だとしても、市民が監視されているという視線(まなざし)を内面化することによって、社会秩序が維持されているというわけだ。そんなパノプティコンの概念は、監獄から軍隊、学校、工場や病院などへと転用され、権力論が展開されたのだ。人びとを管理する近代的権力として機能するパノプティコン的監視は、イギリスの作家ジョージ・オーウェルが近未来の全体主義国家を描いたディストピア小説のテーマにもなっている[15]。一九四九年に刊行された『一九八四年』で描かれているのは、街のいたるところにテレスクリーンと呼ばれる監視カメラが設置され、政府が国民の一挙一動を監視する社会だ。こうした日常的な監視によって人びとは、権力のもとで常態的な規律訓練を受けながら毎日の生活をおくるようになるというわけだ。いつ、どこで、誰によって監視されているのか分からないという状況は、人びとに自己規制の内面化をうながしているというわけだ。もちろ

ん、これはあくまでも小説のなかの出来事だが、日常生活のなかにも似たような状況が忍び寄っている。たとえば、「監視」（サーベイランス＝surveillance）という強い口調ではないにしても、わたしたちの日常生活のなかでは「防犯」（セキュリティ＝security）という言葉として監視が蔓延している。[16]犯罪や災害などでも「防犯カメラ」（「監視カメラ」ではなく）の映像が犯人の逮捕や災害時の状況把握などに貢献している様子は、メディアの報道などによってしばしば紹介されている。しかし、その一方で、「安心」や「安全」の名のもとで「防犯」のために設置された装置によって、わたしたちは日常的に見られている（監査されている）という事実を知ることにもなる。[17]

ジョージ・オーウェルが描くのは近未来の全体主義国家だが、現実の世界では民主主義国家にも監視が蔓延している。なかでも、監視大国と呼ばれているイギリスでは、街のあちこちに監視カメラを確認することができる。ある調査によると、イギリスには五〇〇万台以上の監視カメラが設置されており、そのうちの一二万七千台はロンドンにあるという。また、一千人あたりの監視カメラ台数を世界各国の都市別で比較すると、ロンドンは八位の一三・三五台となっている。[18]さらに、イギリスの都市部では市民が一日に監視カメラで撮影される回数が平均三〇〇回にものぼっているという報告もあり、常に監視カメラによって見られている状態だ。[19]そして、あくまでも防犯カメラの名のもとで、日本にも五〇〇万台の監視カメラが設置されていると言われている。[20]原則として、監視カメラ（防犯カメラ）の映像は犯罪時のみの適用になっているが、その一方で、『一九八四年』の世界が小説のなかだけにとどまらないような現実が見え隠れしている。わたしたちの日常生活は、いつ、どこで、誰によって見られている（監視されている）のか分からないのだ。二〇一四年にイギリスでおこなわれた監視とプライバシーに関する調査では、八六・五パーセントがイギリス政府による監視に賛成しないと回答している。また、三二・三パーセントが自分のデジタルデータを政府が追跡していることを認識しており、七七・九％が自分のデータが追跡されていることに懸念を抱いている。[21]もはや、権力による監視は、人びとにとって周知の事実になっているというわけだ。そんな監視大国のイギリスでは、監視カメラを利用してミュージックビデオを作成したバンドが話題になった[22]。マンチェスターで活動していたロックバンドのザ・ゲット・アウト・クローズは、ミュージックビデオを制作する予算が不足していた。そこでバンドが思いついたのは、監視カメラで撮影された映像を用いてミュージックビデオを作成することだった。バスの車内を含めた八〇ヶ所で、監視カメラを前に演奏したのだ。当然のことながら、監視カメラにはバンドが演奏している映像が記録された。その映像データを回収して、ミュージックビデオをつくったというわけだ[23]。イギリスでは二〇〇〇年に制定された「情報自由法（Freedom of Information Act）」が二〇〇五年から施行されたことで、国民は公的団体が保有する公にかかわる情報を無料で入手できるようになった[24]。データの回収にあたって、バンドは監視カメラを所有する企業や団体に「情報自由法」のもとで情報提供を呼びかけたのだ。最終的に回収できたデータは八〇ヶ所のうちの二〇ヶ所だったが、ミュージックビデオを編集するには十分なものだった。このバンドの思いつきは、監視社会を逆手にとった動きとしてとらえることができるだろう。

今日の流動的な社会において、固定的な価値観にもとづいた権力論としてのパノプティコン的な監視を語ることは困難になりつつある。ポーランド出身の社会学者ジグムント・バウマンが描く「リキッド・モダニティ」と呼ばれる今日の社会は、パノプティコン的な権力の構図が無効になった「ポスト・パノプティコン時代」として置き換えが可能になる[25]。ここでバウマンが援用するのは、ノルウェーの社会学者トマス・マシーセンが提唱した概念だ[26]。少数が多数を監視するパノプティコン型社会から、多数が少数を監視するシノプティコン型社会への移行にともない、ミシェル・フーコーが唱えたパノプティコン的な監視では、もはや権力の機能をとらえることができない時代になっているというわけだ[27]。今日の社会における新しい監視は、パノプティコン的な権力によって行使される監視にとどまらず、一般市民が一般市民を監視している、つまり互いが互いを監視し合っているというとらえ方ができる。さらに、インターネットの匿名性をともないながら、SNSの普及は見知らぬ人たちが相互に監視し合う状況を助長している。こうしたテクノロジーの影響を反映した新たな監視のあり方は、カナダの社会学者デイヴィッド・ライアンが描く「監視社会」で問われている課題になっている。[28] そして、ライアンはバウマンとともに、今日の社会における監視を「リキッド・サーベイランス（液状化する監視）」と位置づけながら、新しい監視のさまざまなあり方について言及している。[29] ここで留意しなければならないのは、かつての「権力による一方的な規律訓練を強いられる社会」から、「より複雑に絡み合った監視に支配される社会」への移行という、新しい監視が機能する今日の社会の特徴を理解することだ。つまり、新しい監視が蔓延するポスト・パノプティコン時代においては、パノプティコン的監視による規律訓練とは異なった方法で規制が行使されることになる。社会学者の江下雅之によると、今日の監視には少数者が多数者を監視する「パノプティコン的監視」、多数者が少数者を監視する「シノプティコン的監視」という伝統的な二つの形態に加えて、あらゆる人が監視者であるのと同時に被監視者でもある「ペリオプティック的監視」という形態がある。[30] こうした今日の監視のあり方は、ポスト・パノプティコン時代のリキッド・サーベイランスの特徴として理解する必要があるということだ。

ビッグ・ブラザーがあなたを見ている

ジョージ・オーウェルの『一九八四年』からは、パノプティコン的な監視のあり方を目の当たりにすることになる。街のあちこちに貼られたポスターは人びとに、「つねに監視されている」という事実を突きつける。そこに描かれた黒い口髭の男（指導者のビッグ・ブラザー）の視線から、人びとは逃れることができないような錯覚に陥ってしまうのだ。そして、そのポスターには「ビッグ・ブラザーがあなたを見ている（Big Brother is Watching You）」という言葉が添えられている。[31] 液状化する今日の社会では、ポスト・パノプティコン時代のリキッド・サーベイランスが蔓延している。それにもかかわらず、このディストピア小説で描かれる時代遅れのパノプティコン的な監視は、今日の社会問題として注目されることになった。ポスト3・11の社会で懸念されるようになった民主主義に対する危機感は、音楽と社会運動の関係を強固なものにしたSASPLやSEALDsによって顕在化することになった。そして、奇しくもSEALDsが解散した二〇一六年には、「客観的事実よりも感情的な訴えかけの方が世論形成に大きく影響する状況」を示す「ポスト・トゥルース」という言葉が話題となり、イギリスのオックスフォード英語辞典の「世界の今年の言葉（Word of the year 2016）[32]」に選ばれた。[33]その背景には、イギリスのブレグジットとアメリカの大統領選挙があった。そして、民主主義を揺るがしかねないポスト・トゥルースの時代を象徴する作品として、オーウェルの『一九八四年』が再評価されることになったのだ。イギリス文学を研究する川端康雄は、これまでに三回のオーウェルのブームがあったことを指摘している。最初のブームは『一九八四年』が刊行された一九四九年〜五〇年前半、二回目のブームは「オーウェル年」と呼ばれた一九八四年に訪れた。そして、三回目のブームは、アメリカの大統領選挙において、大方の予想を裏切って共和党候補のドナルド・トランプが民主党候補のヒラリー・クリントンを僅差で破って大統領に選出された二〇一六年からはじまり、それは現在（少なくとも二〇二一年）まで継続しているというのだ。[34]実際のところ、アメリカでは大統領選直後から書店での『一九八四年』の売り上げが急増し、トランプが大統領に就任した二〇一七年一月にはアマゾンで売り上げ一位を記録した。こうした現象は日本国内でも見られ、二〇〇九年に新訳版を刊行した版元のウェブサイトでは、アメリカで『一九八四年』が話題になった二〇一七年一月に、冒頭の数章を無料公開することになったのだ。[35]

ポスト・トゥルースの時代を象徴するドナルド・トランプ大統領の誕生は、独裁政権が情報を管理する監視社会を描いたディストピア小説を想起させることになった。その直接的な要因となったのは、二〇一七年一月二〇日におこなわれたトランプ大統領の就任式だった。翌二一日の記者会見で大統領報道官のショーン・スパイサーは、就任式に参加した聴衆の数が史上最大だったと虚偽の発言をした。これに対してアメリカのメディアが反論したところ、二二日の報道番組に出演した大統領顧問のケリーアン・コンウェイは、「嘘ではなく、「もう一つの事実（オルタナティブ・ファクト）」を伝えた」とスパイサーを擁護している。こうしたトランプ政権の態度が『一九八四年』で描かれたディストピアの世界を彷彿とさせるとし、オルタナティブ・ファクトが注目されることになったというわけだ。[36] コンウェイの発言があった日には、コラムニストのマーガレット・サリバンがワシントン・ポスト紙に、「私たちは完全にオーウェルの世界にやってきた（We've gone full Orwell）」と綴っている。[37] また、文芸批評家のミチコ・カクタニも、トランプの言説を踏まえたうえで、『一九八四年』の設定と現実社会との類似点を指摘している。[38] ビッグ・ブラザーによる嘘（オルタナティブ・ファクト）を描くオーウェルの世界は、現実社会を反映するものになったというわけだ。その一方で、アメリカの歴史学者ジョン・ブロイヒは、オーウェルの世界と現実の世界との違いについて言及する。現代の社会が抱える問題は、ビッグ・ブラザーによる嘘（オルタナティブ・ファクト）を見抜けないことではなく、積極的に嘘（オルタナティブ・ファクト）を受け入れるようになったことにある。しかも、人びとはスマートフォンという名のテレスクリーンを持ち運び、みずからSNSでオルタナティブ・ファクトを拡散する。ある意味で、誰もがビッグ・ブラザーになったというわけだ。[39] ここからは、ポスト・パノプティコン時代のリキッド・サーベイランスが見え隠れする。オルタナティブ・ファクトによってオーウェルの世界が顕在化したのは事実だが、それと同時に、オーウェルが描くことのできなかった世界も目の当たりにしたのだ。

オルタナティブ・ファクトを契機とした『一九八四年』の再評価は、二〇二〇年に顕在化した新型コロナウイルス感染症のパンデミックのなかでさらなる広がりを見せることになった。コロナ禍における「感染症拡大のなかで市民の生命を守るための「必要悪」としての都市封鎖、日常的行動の束縛と監視、プライバシーの侵害、言論・表現の自由の剝奪といった問題に対して、『一九八四年』の世界を引き合いに出して警鐘を鳴らす発言が多く出た[40]」のだ。二〇一六年に翻訳書が刊行されて話題になった『サピエンス全史』（上・下巻、柴田裕之訳、河出書房新社）を著したイスラエルの歴史学者ユヴァル・ノア・ハラリは、ＣＯＶＩＤ-19のパンデミックに関して、新聞、テレビや雑誌といったさまざまなメディアで言及している。[41] 示唆に富んだ多くの議論を展開しているハラリだが、ＣＯＶＩＤ-19のパンデミックは監視の歴史における重大な転換点であると同時に、大きな変化をもたらす可能性があると指摘する。その理由として、これまで国民の監視に消極的だった民主主義国家が大規模な監視システムを採用するようになっており、さらに国民もそれを認めていることをあげている。そして、民主主義国家における監視社会の常態化は、ポストコロナの時代にも継続されることになるだろうと指摘する。また、新しいテクノロジーの普及にともなって、監視そのものの性質が変化していることをあげている。これまで「皮膚の外側」でおこなわれてきた監視は、体温や血圧をモニタリングするために「皮膚の内側」へ入り込もうとしているのだ。[42] もはや、「あのジョージ・オーウェルでさえも想像していなかった種類の全体主義（中略）がすぐ目前に迫っているかもしれない[43]」というわけだ。

　ユヴァル・ノア・ハラリは二〇二〇年三月二〇日付けのフィナンシャル・タイムズ紙に掲載された記事において、ポストコロナ時代の世界で人びとが「全体主義的な監視」と「国民の権利拡大」のどちらを選ぶのかという問いを投げかけている。ミシェル・フーコーやジョージ・オーウェルに代表されるパノプティコン的な監視から、ジグムント・バウマンやデイヴィッド・ライアンに代表されるポスト・パノプティコン時代のリキッド・サーベイランスに至るまで、監視社会についてはプレコロナ時代の社会で大きな論点になっていた。そして、ＣＯＶＩＤ-19のパンデミックを経験したいま、監視社会は民主主義と大きな関係があることが明らかになる。少なくとも、民主主義国家で共有されている「権力による監視が市民生活を脅かすことは、断じて許されるべきではない」という認識は日本にも当てはまる。とは言え、コロナ禍で露呈したのは、権力による監視が感染を抑える効力を発揮したという事実だ。つまり、「全体主義的な監視」があったからこそ、人びとの行動が制限され、結果的に感染の抑えこみが可能になったというわけだ。その一方で、ハラリは「国民の権利拡大」という選択肢を提示する。そこでは、「有益な指針に人々を従わせる方法は、中央集権化されたモニタリングと厳しい処罰だけではない。国民は、科学的な事実を伝えられているとき、そして公的機関がそうした事実を伝えてくれていると信頼しているとき、ビッグ・ブラザー〔ジョージ・オーウェルの『一九八四年』で、全体主義国家オセアニアを統治する独裁者〕に見張られていなくてもなお、正しい行動を取ることができる[44]」と述べている。科学的な根拠や十分な情報の提供によって、人びとは良識ある行動を実践できるというのだ。もっとも、民主的な監視が遂行されるためには科学、行政やメディアに対する信頼がともなわなければならない。残念ながら、コロナ禍における日本政府の対応は、必ずしもデータやエビデンスにもとづいたものとは言い難い。こうした政治への信頼の欠落は、ＳＡＳＰＬやＳＥＡＬＤｓも懸念していたポスト３・11の社会で蔓延してしまったと言わざるを得ない。その弊害は、コロナ禍の社会においても顕在化することになるのだ。

自粛と監視

ウイルスという見えない脅威は、世界を一変させることになった。二〇一九年一二月に中国の武漢で原因不明のウイルス性肺炎の感染者が確認され、二〇二〇年一月には未知なるウイルスとして世界規模で報道されるようになった。その正体は、のちにＷＨＯ（世界保健機関＝World Health Organization）によってＣＯＶＩＤ‐19と名づけられた新型コロナウイルス感染症だった。国内初の感染者が確認された二〇二〇年一月一五日の時点ではまだ、多くの人びとにとってＣＯＶＩＤ‐19は「対岸の火事」にすぎなかった。厚生労働省は「現時点で家族間など限定的な人から人への感染の可能性は否定できないが、持続的な人への感染の明らかな証拠はない」という見解を示していた[45]。もっとも、あらゆるウイルスに例外はなく、ＣＯＶＩＤ‐19もまたヒトを宿主として増殖することに変わりなかった。いまとなっては自明の認識も共有されていなかったというわけだ。しかし、国内でもしだいに感染者の確認が相次ぐようになると、政府は二〇二〇年一月三〇日に新型コロナウイルス感染症対策本部を設置することになった[46]。二月には経路不明の感染例が確認されはじめ、クラスター発生によって感染拡大の懸念が囁かれるようになった。こうしたなか、厚生労働省は二〇二〇年二月二五日に感染症対策の基本方針を発表した[47]。翌二六日の記者会見では安倍晋三首相が、前日の基本方針を踏まえつつ、スポーツや文化イベントの自粛をうながす呼びかけをおこなった[48]。そして当然のことながら、こうした動きは音楽の分野にも影響を及ぼすことになった。CDをはじめとする音楽ソフト市場が低迷を続ける音楽産業にとって、イベントをともなうライブ・エンタテインメント市場の躍進は欠かせないものになっていた[49]。ぴあ総研が二〇二〇年六月に実施した「ライブ・エンタテインメント市場規模」に関する調査によると、二〇一九年のライブ・エンタテインメント市場の音楽市場規模は、前年比九・二パーセント増の四二三七億円と推計されている。二〇一〇年の一六〇〇億円と比較すると、実に二六五パーセント増にまで膨れあがり、統計を開始した二〇〇〇年以降で最大規模となった[50]。もっとも、COVID-19による音楽産業への影響は深刻だ。ぴあ総研が二〇二一年九月に実施した調査によると、二〇二〇年の音楽市場規模は、前年比八六・一%減の五八九億円という大幅な減収となり、コロナ禍以前の水準に戻るのは最短でも二〇二三年になる見込みだ[51]。また、二〇二一年の音楽市場規模は二〇一九年比六三・五パーセント減（前年比一七七・六パーセント増）の一五四七億円と多少は好転しているものの、将来推計はあくまでも政府の支援が二〇二五年まで継続することを前提としている点には留意する必要があるだろう[52]。

ライブ・エンタテインメント市場の損失は、大手音楽産業による大規模な興行に限ったことではなく、中小規模の興行にも当てはまる。市場規模からすれば、大手音楽産業が被った損失は甚大だが、はからずもコロナ禍によって注目を浴びることになったライブハウスのような中小規模の興行も損失を免れたわけではない。そもそも、ライブハウスが日本の社会で広く認知されるようになったのは一九八〇年代後半のことで、すでに四半世紀以上の歳月が経過している[53]。それにもかかわらず、コロナ禍におけるライブハウスへの注目度の高さは前代未聞だ。そして、そこには否定的な意味合いが多分に含まれている。二〇二〇年二月一五日以降、大阪市内のライブハウス四店舗でおこなわれた八つのライブで発生したクラスターの連鎖は、行政によって情報が広く開示され、さらにテレビや新聞をはじめとするメディアでも報道されることになった[54]。もちろん、ライブハウスと感染拡大がまったく無関係だったわけではないが、行政やメディアがライブハウスを名指ししたことによって、人びとに「ライブハウスは感染しやすい場所である」という印象を与えてしまったという事実は否めない。結果として、ライブハウスに対する人びとの認識は否定的なものになってしまった。もっとも、感染拡大防止のために、多くのライブハウスが営業を自粛していたという事実も忘れてはならない。

ライブハウスが営業自粛の判断を意識するようになったのは、厚生労働省からの基本方針が示された二〇二〇年二月二五日だった。それにより、感染拡大防止のための営業自粛を余儀なくされるようになったライブハウスも少なくない。その翌二六日には、政府からイベント自粛をうながす声明が発表され、二九日には安倍晋三首相が記者会見をおこなっている[55]。さらに、東京都では二〇二〇年三月二五日に、小池百合子都知事がライブハウスに対して営業自粛をうながす発言をしている[56]。そして、四月七日の政府による緊急事態宣言[57]や、四月一〇日の東京都による緊急事態措置[58]のもと、ライブハウスは感染拡大防止のための自粛を迫られることになったのだ。都内のライブハウス一七五店の運営状況を調査したところ、二〇二〇年四月六日の時点で全体の四七％に当たる八三店が営業を自粛していた。ところが、政府による緊急事態宣言が発令された四月七日になると四五店増加の一二八店、さらに、四月一〇日には東京都が発表した休業要請を受けて、全体の八一パーセントに当たる一四一店が営業を自粛していた[59]。それまでのあいだ、ライブハウスは営業を自粛しても損失の補塡がない、いわゆる「補償なき自粛」を強いられてきた。そして、緊急事態宣言下で休業要請に応じた際の協力金の支給について、明文化されたのは二〇二〇年四月一五日だった。[60]こうした時期に露呈したのが、ライブハウスをめぐる「自粛警察」の問題だった。休業要請に応じたライブハウスには協力金が支給され、そこには無観客によるライブ配信も営業外として認められることが明らかになった。[61]それにもかかわらず、無観客のライブをしていた休業中のライブハウスに、「安全のために、緊急事態宣言が終わるまでにライブハウスを自粛してください。次発見すれば、警察を呼びます」という近隣住民からの苦情が寄せられたのだ。そのライブハウスの店長が自身のSNSに、「無観客で営業してないんだしお酒もフードも出してないんだから、配信ぐらいさせてよって思ったけど、仕方ないよね。世知辛い」と投稿したことから、この問題が明るみになったというわけだ。[62]そのライブハウスでは、これまで通常のライブで近隣からの苦情が寄せられたことはなかったとのこと。それを考えると、コロナ禍における人びとの心性が露呈したものとしてとらえることができるだろう。あるいは、こうした心性の醸成は、ポスト3・11以降の社会政治的なものによってうながされたものかもしれない。結局のところ、コロナ禍における行政からの自粛という不明瞭で無責任な要請は、市民のあいだの相互監視を助長することになったのだ。

今日の監視社会では、かつての「権力が市民を監視する」という議論から、「市民も権力を監視できる」という議論へと広がりを見せることになる。それは、ポスト・パノプティコン時代のリキッド・サーベイランスの文脈にも繋がっている。実際のところ、ライブハウスの「自粛警察」のような、市民のあいだでの相互監視が顕著になった。思想家の内田樹は自身のブログで、行政が民間に自粛を委ねてしまったおかげで、自粛に応じないものには市民が処罰してもよいという風潮が正当化されているという、コロナ禍の状況を危惧している。[63]このブログには「隣組と攻撃性」というタイトルが付けられているが、この「隣組」は明らかに戦時下の大政翼賛会のもとで制度化された組織を指すものだ。[64]批評家の大塚英志によれば、一九四〇年九月一〇日の内務省訓令「部落会町内会等整備要綱」によって、部落会や町内会の下位組織である「隣保班」が組織化された。この官製用語である「隣保班」の俗称として用いられたのが「隣組」というわけだ。一九四〇年六月からＮＨＫラジオ『国民歌謡』で放送された流行歌の〈隣組〉は、「とんとんとんからりと隣組　格子を開ければ顔なじみ　廻して頂戴回覧板　知らせられたり知らせたり」という歌詞で「隣組」を宣伝啓発する内容であり、翼賛下の「部落会町内会等整備」政策を広めるためのプロパガンダとしてとらえることができる。[65]戦時下の国民総動員体制の基盤として、「隣組」は国民の思想統制のため有効に機能することになった。内務省訓令が発出された一九四〇年末に、全国で組織化された「隣組」は約一一三万組、翌一九四一年五月には一三三万組となった。当時の日本の人口は約七三〇〇万人、一世帯平均五人だったことから、ひとつの「隣組」が十数世帯とすれば優に人口を超えており、全国民が総動員体制に組み込まれていたことになる。日本社会に張り巡らされた「隣組」という網の目は、国民の相互監視としても機能していたというわけだ。[66]市民のあいだの相互監視をうながした翼賛下の「隣組」には、コロナ禍において互いを監視し合う「自粛警察」との共通点が見いだせる。もしかしたら、ポスト・パノプティコン時代のリキッド・サーベイランスは、日本社会に共鳴する要素を持ち合わせているのかもしれない。

注

（1）イギリスの作家ジョージ・オーウェルは、近未来のディストピアを描いている。全体主義国家のオセアニアを統治する独裁者のビッグ・ブラザーは、権力を維持するための手法として「二重思考（ダブルシンク）」を採用する。対立した矛盾をどちらも真実と思いこませ、人びとは矛盾そのものを忘れた状態になるというわけだ（ジョージ・オーウェル／高橋和久訳『一九八四年［新訳版］』ハヤカワepi文庫、二〇〇九年、二八ページ）。

（2）「5・3 特定秘密保護法に反対する学生デモ」『特定秘密保護法に反対する学生有志の会』[https://saspl1210。wixsite。com/students-against-spl/single-post/2014/05/03/53-%E7%89%B9%E5%AE%9A%E7%A7%98%E5%AF%86%E4%BF%9D%E8%AD%B7%E6%B3%95%E3%81%AB%E5%8F%8D%E5%AF%BE%E3%81%99%E3%82%

8B%E5%AD%A6%E7%94%9F%E3%83%87%E3%83%A2vol2] 二〇二三年四月二日閲覧

(3) 「ラップに乗って「秘密保護法反対」〝イマドキの若者〟らがデモ」『AJWフォーラム』[https://www.asahi.com/shimbun/aan/column/20141117b.html] 二〇二三年四月二日閲覧

(4) 「特定秘密保護法について」『首相官邸』[http://www.kantei.go.jp/jp/pages/tokuteihimitu.html] 二〇二三年四月二日閲覧

(5) 「特定秘密保護法案、表現の自由の侵害に対する深刻な懸念」『アムネスティ・インターナショナル日本』[https://www.amnesty.or.jp/news/2013/1023_4249.html] 二〇二三年四月二日閲覧

(6) 同ウェブサイト

(7) 「反戦歌うと「監視」 対象のミュージシャンが警鐘」『東京新聞』二〇一四年一二月六日

(8) 自衛隊のイラク派遣については、第3章で説明している。

(9) この事例も含めて、『法学セミナー』(七四二号、日本評論社、二〇一六年)では「市民の政治的表現の自由とプライバシー」という特集が組まれている。

(10) 自衛隊情報保全隊については、「(解説)「自衛隊情報保全隊(仮称)」の新編」(『防衛白書』二〇〇八年度『防衛省・自衛隊』[http://www.clearing.mod.go.jp/hakusho_data/2008/2008/html/kc430000.html] 二〇二三年四月二日閲覧)や「機密保持に関する規則の徹底的遵守」(『防衛白書』二〇一〇年度『防衛省・自衛隊』[http://www.clearing.mod.go.jp/hakusho_data/2010/2010/html/m3512100.html] 二〇二三年四月二日閲覧)を参照。

(11) 十河弘「自衛隊情報保全隊による国民監視事件」『法学セミナー』七四二号、二〇一六年、日本評論社、八〜一二ページ

(12) 「自衛隊情報保全隊による国民監視が続けられている!」『法学館憲法研究所』二〇一七年二月二〇日 [http://www.jicl.jp/old/hitokoto/backnumber/20170220.html](現在は閲覧不可)

(13) 「テロ等準備罪について」『法務省』[https://www.moj.go.jp/keiji1/keiji12_00143.html] 二〇二三年四月二日閲覧

(14) パノプティコンに関する記述は、ミシェル・フーコー/田村俶訳『監獄の誕生―監視と処罰』(新潮社、一九七七年、二〇二〜二二七ページ)に詳しい。

(15) 前掲『一九八四年〔新訳版〕』

(16) 警視庁では、犯罪の予防と未然防止を図るため、公共空間に防犯カメラを設置している（「街頭防犯カメラシステム」『警視庁』〔https://www.keishicho.metro.tokyo.lg.jp/kurashi/anzen/anshin/gaitocamera.html〕二〇二三年四月二日閲覧）。

(17) 「大量監視とプライバシーに関する意識調査」では、八六・五パーセントがイギリス政府による大量監視の実施に賛成しないと回答し、三二・三パーセントが自分のデジタルデータを政府が追跡していることを認識している。そして、七七・八五パーセントが自分のデータが追跡されていることに懸念を抱いている（「エフセキュア、国家による大量監視に関するレポート日本語版を公開」『エフセキュア』〔http://blog.f-secure.jp/archives/50737653.html〕二〇二三年四月二日閲覧）。

(18) "Surveillance camera statistics: which cities have the most CCTV cameras?" July 11, 2022. *Comparitech.* 〈https://www.comparitech.com/vpn-privacy/the-worlds-most-surveilled-cities/〉〔二〇二三年四月二日閲覧〕

(19) 「イギリスの監視カメラは６００万台　市民は1日３００回撮影される」『日刊ゲンダイＤＩＧＩＴＡＬ』〔https://www.nikkan-gendai.com/articles/view/life/231524〕二〇二三年四月二日閲覧

(20) 「日本の防犯カメラ、５００万台に迫る」『日経ビジネス』〔https://business.nikkei.com/atcl/report/16/110800252/111200002/〕二〇二三年四月二日閲覧

(21) 「エフセキュア、大量監視とプライバシーに関する意識調査結果を公開」『ＰＲ　ＴＩＭＥＳ』〔https://prtimes.jp/main/html/rd/p/000000218.000001340.html〕二〇二三年四月二日閲覧

(22) 「貧乏バンド、監視カメラでＰＶ制作」『ＢＡＲＫＳ』〔http://www.barks.jp/news/?id=1000039910〕二〇二三年四月二日閲覧

(23) ザ・ゲット・アウト・クローズのミュージックビデオはYouTubeで視聴できる（"Paper cctv music video" thegetoutclause 〈https://www.youtube.com/watch?v=W2iuZMEEs_A〉〔二〇二三年四月二日閲覧〕）。

(24) イギリスの「情報自由法」に関しては、一般財団法人行政管理研究センター「諸外国における情報公開制度に関する調査研究　報告書」（『総務省』〔https://www.soumu.go.jp/main_content/000628852.pdf〕二〇二三年四月二日閲覧）に詳しい。

(25) ジークムント・バウマン／森田典正訳『リキッド・モダニティ―液状化する社会』大月書店、二〇〇一年、一五〜一六ページ

(26) Mathiesen, Thomas. 1997. "The Viewer Society: Michel Foucault's "Panopticon" Revisited." *Theoretical Criminology*, 1(2): 215-234.

(27) 前掲『リキッド・モダニティ』、一一二ページ

(28) デイヴィッド・ライアン／河村一郎訳『監視社会』青土社、二〇〇二年

(29) ジグムント・バウマン、デイヴィッド・ライアン／伊藤茂訳『私たちが、すすんで監視し、監視される、この世界について』青土社、二〇一三年

(30) 江下雅之「監視社会の新次元」『関西学院大学総合政策研究』第二〇号、二〇〇五年七月、二〇六〜二〇七ページ

(31) 前掲『一九八四年〔新訳版〕』、八〜九ページ

(32) "Word of the Year 2016." *Oxford Languages*. 〈https://languages.oup.com/word-of-the-year/2016/〉〔二〇二三年四月二日閲覧〕

(33) 「『ポスト真実』が今年の言葉　英オックスフォード辞書」『ＢＢＣニュース』［https://www.bbc.com/japanese/38009790］二〇二三年四月二日閲覧

(34) 川端康雄『オーウェル一九八四年―ディストピアを生き抜くために』慶應義塾大学出版会、二〇二一年、二一一ページ

(35) 同書、二一二ページ

(36) 「世界で話題沸騰！　先の見えない不安な時代にこそ『１９８４』を読むべきだ―名作ディストピア小説にいま学べること」『クーリエ・ジャポン』［https://courrier.jp/news/archives/85829/］二〇二三年四月二日閲覧

(37) Sullivan, Margaret. "The traditional way of reporting on a president is dead. And Trump's press secretary killed it." *The Washington Post* on January 22, 2017.

(38) ミチコ・カクタニ／岡崎玲子訳『真実の終わり』集英社、二〇一九年、七八〜八〇ページ

(39) "2017 isn't '1984' – it's stranger than Orwell imagined." *The Conversation* [https://theconversation.com/2017-

isnt-1984-its-stranger-than-orwell-imagined-71971〕二〇二三年四月二日閲覧

（40）前掲『オーウェル一九八四年』、二一三ページ

（41）ユヴァル・ノア・ハラリ／柴田裕之訳『緊急提言 パンデミック―寄稿とインタビュー』（河出書房新社、二〇二〇年）には、タイム誌、フィナンシャル・タイムズ紙、ガーディアン紙への寄稿、および、ＮＨＫのインタビューが掲載されている。

（42）同書、八五ページ

（43）同書、八八ページ

（44）同書、四三ページ

（45）「新型コロナウイルスに関連した肺炎の患者の発生について（1例目）」二〇二〇年一月一六日『厚生労働省』〔https://www.mhlw.go.jp/stf/newpage_08906.html〕二〇二三年四月二日閲覧

（46）「新型コロナウイルス感染症対策本部の設置について」『首相官邸』〔https://www.kantei.go.jp/jp/singi/novel_coronavirus/th_siryou/konkyo.pdf〕二〇二三年四月二日閲覧

（47）「新型コロナウイルス感染症対策の基本方針の策定について（周知）」『厚生労働省』〔https://www.mhlw.go.jp/content/10900000/000600168.pdf〕二〇二三年四月二日閲覧

（48）「イベントの開催に関する国民の皆様へのメッセージ」『厚生労働省』〔https://www.mhlw.go.jp/stf/seisakunitsuite/newpage_00002.html〕二〇二三年四月二日閲覧

（49）宮入恭平『ライブカルチャーの教科書―音楽から読み解く現代社会』青弓社、二〇一九年、九〜一二ページ

（50）「ぴあ総研、２０１９年のライブ・エンタメ市場が６０００億円を突破し過去最高となる速報値を公表。２０２０年のコロナ禍の影響を試算」『ぴあ』〔https://corporate.pia.jp/news/detail_live_enta_20200630.html〕二〇二三年四月二日閲覧

（51）「ライブ・エンタテインメント市場がコロナ前の水準に回復するのは、最短で２０２３年／ぴあ総研が将来推計値を公表」『ぴあ』〔https://corporate.pia.jp/news/detail_live_enta20210928.html〕二〇二三年四月二日閲覧

（52）「２０２１年ライブ・エンタテインメント市場規模の回復は道半ば　〜２０２３年にコロナ禍前の水準に復活という見込みは変わらず〜／ぴあ総研が確定値を公表」『ぴあウェブページ』〔https://corporate.pia.jp/news/

detail_live_enta20220615.html〕二〇二三年四月二日閲覧

(53) ライブハウスに関しては、宮入恭平『ライブハウス文化論』（青弓社、二〇〇八年）や前掲『ライブカルチャーの教科書』（一四九～一六〇ページ）に詳しい。

(54)「ライブハウス感染「終息」　大阪府、12日以降確認なし」『日本経済新聞』二〇二〇年三月一九日

(55)「令和2年2月29日　安倍内閣総理大臣記者会見」『首相官邸』〔https://www.kantei.go.jp/jp/98_abe/statement/2020/0229kaiken.html〕二〇二三年四月二日閲覧

(56) 小池百合子都知事は、「ライブハウスなどについても自粛をお願いする要請を、個別に行ってまいりたいと考えております」と発言している（「小池知事『知事の部屋』／記者会見（令和2年3月25日）」『東京都』〔https://www.metro.tokyo.lg.jp/tosei/governor/governor/kishakaiken/2020/03/25.html〕二〇二三年四月二日閲覧）。なお、小池都知事の会見を受けて、行政から自粛を要請する文書が直接届けられた都内のライブハウスは少なかった（筆者によるライブハウス関係者へのインタビュー）。

(57) 新型インフルエンザ等対策特別措置法にもとづき、二〇二〇年四月七日に新型コロナウイルス感染症緊急事態宣言が発出された（「新型コロナウイルス感染症緊急事態宣言」『内閣官房』〔https://corona.go.jp/news/pdf/kinkyujitai_sengen_0407.pdf〕二〇二三年四月二日閲覧）。

(58) 二〇二〇年四月一〇日の緊急事態措置において、東京都では感染拡大防止のための休業を求めており、そこにはライブハウスも含まれている（「新型コロナウイルス感染拡大防止のための東京都における緊急事態措置等」『東京都』〔https://www.metro.tokyo.lg.jp/tosei/hodohappyo/press/2020/04/10/documents/27_00.pdf〕二〇二三年四月二日閲覧）。

(59) 宮入恭平「ライブハウスのジレンマ」『Tell the Truth』〔https://tellthetruth.jp/?p=177〕二〇二三年四月二日閲覧

(60)「東京都「感染拡大防止協力金」実施概要」『東京都産業労働局』〔https://www.sangyo-rodo.metro.tokyo.lg.jp/50656663f4f20cb3c052560e77a0e11.pdf〕二〇二三年四月二日閲覧

(61) ライブハウスから「休業中のライブハウスが無観客ライブを配信したときに、協力金は支給されるのか」という疑問があがったことから、東京都は「無観客ライブの配信をおこなっても、休業とみなされ協力金は支給され

る」という公式な見解を示した（「感染拡大防止協力金について」『東京都産業労働局』［https://www.sangyo-rodo.metro.tokyo.lg.jp/c334a8e8a986ec85ce453e61c2dc4d0f.pdf］二〇二一年四月二日閲覧）。

（62）高円寺いちよん（@NorioAbareuma）ツイッター、二〇二〇年四月二七日〇時五八分［https://twitter.com/NorioAbareuma/status/1254439664112422914］二〇二一年四月二日閲覧

（63）内田樹「隣組と攻撃性」『内田樹の研究室』［http://blog.tatsuru.com/2020/04/27_1819.html］二〇二一年四月二日閲覧

（64）一九四〇年七月二二日に成立した第二次近衛文麿内閣によって一〇月一二日に発足した大政翼賛会は、新体制運動推進の名のもとで戦時下における国民統制をはかるための政治組織だった。大政翼賛会については、伊藤隆『大政翼賛会への道』（講談社学術文庫、二〇一五年）に詳しい。

（65）大塚英志『大政翼賛会のメディアミックス―「翼賛一家」と参加するファシズム』平凡社、二〇一八年、六五〜六六ページ

（66）「隅々に監視・統制の網」『日本経済新聞』二〇一四年五月一一日

第6章　扇動の音楽

本当に恐ろしい大衆扇動は、娯楽（エンタメ）の顔をしてやってくる。
――辻田真佐憲[1]

ポスト3・11の社会では、音楽と政治の関係が問い直されることになった。そこで顕在化したのは、権力に立ち向かうための抵抗の手段としての音楽だった。それと同時に、権力が大衆を操作する扇動の手段として音楽が用いられることもある。ここで重要になるのは、音楽に政治的な意味が含まれるかどうかというよりはむしろ、政治性が希薄とされる音楽が無自覚に政治利用されてしまうことへの懸念だ。本章では、ポスト3・11の社会で顕在化することになった「右傾化」する社会から、音楽と政治の関係について検討する。

「右傾化」する社会

3・11を契機として、日本社会が「右傾化」しているという指摘を耳にする機会が増えた。とくに、二〇一二年一二月二六日に二度目の内閣総理大臣に就任した安倍晋三が率いた政権は、日本社会の「右傾化」に拍車をかける契機となった[2]。もちろん、一国の首相の個人的な政治信条によって、日本社会全体の「右傾化」がうながされるのは考えにくいという見解もある[3]。その一方で、ポスト3・11の社会運動を牽引したSASPLやSEALDsが反対した特定秘密保護法や安全保障関連法の可決を強行した安倍政権の姿勢からは、「右傾化」の動きを垣間見ることができる[4]。実際のところ、安倍政権の「右傾化」に対する懸念は、海外のメディアからも発信されている[5]。こうした言動が注目されるなか、政権発足から一年後の二〇一三年一二月二六日には、安倍首相が公人として靖国神社を参拝して物議をかもすことになった[6]。このときには、かねてから反発を強めていた中国や韓国のみならず、ドイツ、イギリス、そしてアメリカからも批判的な声があがった[7]。とくに、アメリカからは「日本の指導者が近隣諸国との緊張を高めるような行動をとったことに、アメリカ政府は失望している」という声明が発表された[8]。それ以降、安倍首相は在任期間中の二〇二〇年九月まで、首相という立場での靖国参拝を見送り、その代わりに自民党総裁として私費で玉串料を納めていた[9]。首相を退任した二〇二一年八月一五日には衆議院の一議員として靖国神社を参拝しており、記者団の取材に対して「先の大戦において、祖国のために母や父、友や子、愛する人を残し祖国の行く末を案じながら、散華された尊い命を犠牲にされたご英霊に尊崇の念を表し、御霊安かれとお祈りいたしました」と応じている[10]。そして、翌二〇二二年八月一五日には、安倍元首相が靖国神社を訪れることはなかった。

安倍晋三元首相が凶弾に倒れたのは、二〇二二年七月八日のことだった。遊説中の狙撃という暴挙は断じて許されるものではないことを前提としながら、安倍元首相の襲撃事件をとおして明るみになったのは、ポスト3・11に顕在化した「右傾化」する社会ともかかわる政治と宗教右派の問題だ。まずは、従前から伝えられていた事実として、二〇一六年に多くの関連書が刊行され話題となった、一九九七年設立の保守的な右派組織である「日本会議」の問題があげられる[11]。政治への影響力も強く、日本会議国会議員懇談会には三〇〇名近い国会議員が参加しており、とくに安倍政権とは密接な関係にあった[12]。二〇一二年一二月二六日に発足した第二次安倍内閣では、安倍首相みずからを含む一九人の閣僚のうち一二人が日本会議国会議員懇談会に加盟しており、二〇一四年九月三日に発足した第二次安倍改造内閣では、一九人の閣僚のうち一五人が加盟している[13]。さらに、二〇一四年一二月二四日に発足した第三次安倍内閣では、一九人の閣僚のうち一六人まで増加している[14]。日本会議は公的な宗教団体としては認可されていないものの、その背後には宗教団体が深く関与している。[15]そんな日本会議の「綱領」や「基本運動方針」からは、「伝統文化の尊重」、「国民精神の興隆」、「自主独立」、「皇室崇敬」、「新憲法制定」、「政治改革」、「教育改革」、「国防強化」、「国際貢献」などを読み取ることができる。[16]保守的な日本会議の信条には、安倍政権を中心とする自民党の保守層が掲げる理念とも合致する側面が数多く見受けられるのだ。そのうえで、二〇二二年七月の襲撃事件によって大きな注目を浴びることになったのが、一九九〇年代に霊感商法が大きな社会問題となった「（旧）統一教会」（現在は「世界平和統一家庭連合」に改称）との関与だ。[17]狙撃犯である山上徹也容疑者による犯行動機として、安倍元首相との関係をうかがわせる供述があったことから、改めて旧統一教会が注目されるようになったというわけだ。もっとも、政治と宗教右派の関係という文脈において、安倍政権と旧統一教会との関与については、襲撃事件よりも前から指摘されていたことだ。[18]日本会議の保守的な価値観と同様に、旧統一教会が掲げる反共産主義や保守的な家族観は、一定数の自民党保守層を取り込むことに成功していたのだ。[19]日本会議や旧統一教会といった宗教右派は、政治との関係を保持しながら、ポスト3・11の「右傾化」する社会という言説に少なからず影響を与えることになった。もっとも、宗教右派が自民党や有権者の「右傾化」をうながしたのかどうかについては、慎重に検討する必要がある。[20]さらに、宗教右派と政治の関係そのものについても、別の文脈で検証すべき課題であることは言うまでもないことだ。[21]

　ポスト3・11の社会で語られるようになった「右傾化」だが、そもそも何が右に傾いているというのだろう。もちろん、ここで「右に傾いているもの」は、政治的な信条ということになる。現在の「右／左」に対する認識としては、保守的な与党を中心とする「右翼」と、革新的な野党を中心とする「左翼」という類別が一般的なものだ。たとえば、『広辞苑』第七版によると、政治的な意味合いでの「右翼」は「（フランス革命後、議会で議長席から見て右方の席を占めたことから）保守派。また、国粋主義・ファシズムなどの立場」、「左翼」は「（フランス革命後、議会で議長席から見て左方の席を急進派ジャコバン党が占めたことから）急進派・社会主義・共産主義などの立場。左党。左派」となっている。[22] 一八世紀のフランスで使われるようになった「右／左」の概念が、いまもなお日本のみならず、世界中の政治的な信条を説明しているというわけだ。もっとも、現在の日本社会に見られる「右傾化」に、これまで語られてきたような「右／左」の概念をそのまま当てはめることが不可能になっているのも確かなことだ。[23] 現在の日本における「右／左」の認識は、与党第一党だった自由民主党と、野党第一党だった日本社会党が政権を占めていた「五五年体制」にもとづいたものだと考えられる。その文脈における「右／左」は、「保守的／革新的」、「軍国主義／平和主義」や「改憲／護憲」など、戦後日本の歪みを孕みながらも、二項対立による価値基準から判断することが可能になる。たとえば、保守である「右」が「改憲」を掲げる一方で、革新である「左」が「護憲」の立場をとっている状況は、戦後日本の特異性を顕著に示している。もっとも、一九九三年七月に自民党が政権を失い、三八年間にわたる「五五年体制」が崩壊すると、「右／左」の認識は不明瞭なものになった。そもそも、「右／左」を規定する本質的なものなどは存在しなかったのだが、「五五年体制」の崩壊によってさらに複雑なものになってしまった。つまり、たとえ「右／左」という価値基準によって教条主義的なイデオロギーの対立がもたらされたとしても、そこで語られる「右／左」の概念は、時代、文化や社会といった状況によって問い直しを迫られる流動的なものなのだ。[24] したがって、最近になって顕著な「右傾化」に関する言説は、「五五年体制」にのっとった価値基準による「右／左」の認識にもとづいた「右」への傾斜というとらえ方のみならず、カタカナ表記の「ウヨク／サヨク（パヨク）」や「ネトウヨ（ネット右翼）」の意味合いを孕んだ「右傾化」という現象からも考察する必要があるだろう。[25]

「美しい国」の名のもとに

ポスト3・11の社会が本当に「右傾化」したのかについては議論の余地が残るものの、実際のところ

「右傾化」の声が多く聞かれるようになったのは確かなことだ。そうしたなかで、二〇一三年には「右傾エンタメ」という言葉が話題になった。[26]その矛先となったのは、安倍晋三元首相と親交の深かった作家の百田尚樹の作品だった。この「右傾エンタメ」という言葉は作家の石田衣良による造語で、「君たちは国のために何ができるのか、と主張するエンタメ」を指すものだ。二〇一三年におこなわれたとある小説賞の選考委員だった石田は、受賞を逃した作品について、「右傾エンタメのパターンを踏んでいて残念」と講評している。石田が「右傾エンタメ」について気にかける契機となったのは、二〇〇六年に刊行された『永遠の０（ゼロ）』（太田出版）だった。この作品について石田は、「かわいそうというセンチメントだけで読まれているが、同時に加害についても考えないといけないと思う。読者の心のあり方がゆったりと右傾化しているのでは」と指摘している。[27]みずからの作品に「右傾エンタメ」というレッテルを貼られた百田はSNSで、「「日本人の誇りを失うな」と主張した小説は、朝日新聞には「右傾化小説」とレッテルを貼られるわけか」[28]や、「朝日新聞が僕の『永遠の０』や『海賊とよばれた男』や有川浩さんの『空飛ぶ広報室』に「右傾化小説」というレッテルを貼るのは、ある意味、朝日らしいと言えるが、その朝日にケツかかれて、「右傾エンタメ」とかいうジャンル分けの発言して悦に入ってる小説家がいるのが呆れる」[29]といった投稿をしている。また、同様の主張は、安倍元首相との対談のなかでも確認することができる。[30]偶然にも、二〇〇六年は第一次安倍内閣が発足した年でもあり、安倍首相みずからが政治信条を綴った『美しい国へ』（文春新書）も刊行されている。二〇〇六年九月二九日におこなわれた安倍首相の所信表明演説では、「私が目指すこの国のかたちは、活力とチャンスと優しさに満ちあふれ、自律の精神を大事にする、世界に開かれた、「美しい国、日本」であります。この「美しい国」の姿を、私は次のように考えます。一つ目は、文化、伝統、自然、歴史を大切にする国であります」と言及している。[31]この時点ですでに、安倍政権による「右傾化」の兆候は垣間見られたものの、二〇〇七年九月一二日の辞任表明によって、第一次安倍内閣はわずか一年という短命に終わってしまった。しかし、その五年後の二〇一二年一二月に再び政権の座に返り咲いた安倍首相は、退任する二〇二〇年九月一六日までの通算在職日数が三一八八日という歴代首相の最長記録を更新し、第二次安倍政権（第二次〜第四次安倍内閣）は七年八ヶ月という長期政権になった。そこで顕著になったのが、ポスト3・11の「右傾化」する社会というわけだ。

「美しい国」を掲げた安倍晋三政権において、いわゆる「愛国心」条項が盛り込まれた改正教育基本法が成立したのは、第一次安倍内閣の発足からわずか三ヶ月後の二〇〇六年一二月一五日だった。改正教育基本法の第二条には全五項目の教育目標が設定されており、その第五項には「伝統と文化を尊重し、それらをはぐくんできた我が国と郷土を愛するとともに、他国を尊重し、国際社会の平和と発展に寄与する態度を養うこと」[32]と明記されている。安倍首相は教育基本法の改正について、「教育の憲法ともいうべき教育基本法が五九年ぶりに改正されました。戦後教育は、教育水準を向上させましたが、自律の精神や公共の精神、自分が生まれ育った地域や伝統に対する愛情、といった日本本来の価値観を置き去りにしたように思えてなりません。まずは、こうした価値観を、私たち大人が、子供たちに語り、教えていかなければなりません」[33]と述べ、その意義について力説している。戦後間もない一九四七年三月三一日に施行された教育基本法は、戦前の天皇制教育、国家主義や軍国主義教育を支えた教育勅語を否定し、戦後の日本国憲法との一体性を特徴としている[34]。保守的な立ち位置で「美しい国」を掲げる安倍政権にとっては、この教育基本法こそ真っ先に改定しなければならない政策のひとつだったことは言うまでもない。そして、再び政権の座についた二〇一二年以降の第二次安倍政権では、教育への政治介入がさらに加速することになった。二〇一三年には安倍首相が、「前回、安倍内閣において教育基本法を変えました。そこで教育の目的、目標をしっかりと書き込みました。そこに日本の伝統と文化を尊重する。しっかりと書き込んだのでございますが、そこに日本の伝統と文化を尊重する。そして愛国心、郷土愛と言うものも書いたのでございますが、残念ながら検定基準においては、この改正教育基本法の精神が私は生かされていなかったと思います[35]」と発言している。そして、二〇一四年には教科書検定基準が改定、二〇一五年には学習指導要領が改訂されることになった。さらに、二〇一七年には道徳が教科化され、「伝統と文化の尊重、国や郷土を愛する態度」といった「愛国心」が教育の場に入りこむことになった[36]。こうした安倍政権による教育への過度な介入には、保守的な思想を持つ宗教右派である日本会議との関係があることにも留意する必要がある[37]。このような時期に社会の「右傾化」が顕在化したのは、けっして偶然とは言えないだろう。

ポスト3・11で顕著になった「右傾化」する社会では、「美しい国」の名のもとに「愛国心」が見え隠れするようになった。そして、ポスト3・11の社会における「愛国心」は、ポピュラー音楽の分野にも及んでいる。二〇一八年六月六日に発売されたＲＡＤＷＩＭＰＳの〈ＨＩＮＯＭＡＲＵ〉について、辻田真佐憲は、「作者は、愛国心を発露しようとして、愛国歌の構図はほぼ完全におさえた」としながらも、「そこに当てはめる言葉の選択に失敗してしまった」がために「愛国歌としての完成度が低いといわざるをえない」と指摘する[38]。この作品は二〇一八年のＦＩＦＡワールドカップでフジテレビが放映するサッカー番組のテーマソングとなった〈カタルシスト〉のカップリング曲で、発売日には作詞・作曲を手がけた野田洋次郎が自身のＳＮＳで作品の制作意図について言及している。そこには、「日本に生まれた人間として、いつかちゃんと歌にしたいと思っていました」や「自分が生まれた国をちゃんと好きでいたいと思っています。好きと言える自分でいたいし、言える国であってほしいと思っています」といった言葉が綴られている[39]。野田の発言を受けて辻田は、〈ＨＩＮＯＭＡＲＵ〉を「愛国ソング（愛国歌）と呼ぶべきだろう[40]」と指摘する。これは、野田がみずからＳＮＳに投稿した制作意図と相まって、「さぁいざゆかん」や「御国の御霊」といった歌詞が、戦時下の軍歌を思わせるという多くの批判を踏まえたうえでの指摘だということには留意する必要がある。こうした批判に対して野田は、「ＨＩＮＯＭＡＲＵの歌詞に関して軍歌だという人がいました。そのような意図は書いていた時も書き終わった今も一ミリもありません。そのような具体的な歌詞も含まれていません。この曲は日本の歌です。この曲は（中略）どんなことがあろうと立ち上がって進み続ける日本人の歌です」[41]と発言している。〈ＨＩＮＯＭＡＲＵ〉は軍歌か否かという問題について、辻田は「軍歌とは、戦時下に国民を団結させたり、戦意を昂揚させたり、特定の社会的な機能を果たした（あるいは果たそうとした）からそう呼ばれるのであって、言葉づかいだけから決まるわけではない」と述べ、「『ＨＩＮＯＭＡＲＵ』が今後戦意高揚などに使われることはあるのかもしれないが、少なくとも現時点では（「軍歌っぽい」とはいえても）軍歌とはいえない」としながら、「むしろこの歌は、愛国ソング（愛国歌）と呼ぶべきだろう」と指摘するのだ。[42]もっとも、愛国心をまとった愛国ソングが、突如としてポスト3・11の社会に現れたわけではない。ポスト3・11の社会で一躍話題となった愛国ソングだが、その萌芽は一九九〇年代までさかのぼって確認することができる。あるいは、その時点で、ポスト3・11の「右傾化」する社会へ向けたお膳立てができあがったというとらえ方も可能だろう。音楽学者の増田聡によると、愛国的な表現としての「ニッポン」をテーマとする音楽作品は戦時下における軍歌の反動により、戦後日本のポピュラー音楽文化ではタブーとされてきた。ところが、冷戦崩壊やグローバル化という社会変動を背景に、一九九〇年代は「ニッポン」を意識したポピュラー音楽が顕在化することになったというのだ。[43]それはまた、アジアにおける日本の戦争責任の所在を契機とした歴史認識をめぐる論争に端を発し、のちに右派団体の日本会議も関与した教科書をめぐる問題とも関連する、教育への政治介入がおこなわれるようになった時期とも重なっている。[44]さらに、増田によると、二〇〇〇年代には「カウンターカルチャーの思想」を系譜とした左派リベラルの価値を踏襲してきたはずのポピュラー音楽が後退し、共同体主義や家父長制的な価値観にもとづいた反リベラルな作品が目立つようになった。[45]こうした価値観からは、その相関関係の是非はさておき、日本会議や旧統一教会といった宗教右派の保守的な信条、さらには、安倍政権が掲げた「美しい国」との親和性が透けて見えるのだ。

愛国ソングとして話題になった〈HINOMARU〉に先駆け、二〇一四年六月一一日に発売されたのがシンガーソングライター椎名林檎の〈NIPPON〉だった。この作品もまた、二〇一四年にブラジルで開催されたFIFAワールドカップをはじめとするNHKで放映されるサッカー番組のテーマ音楽としてつくられたものだ。そこで物議をかもしたのは、日本社会の「右傾化」が囁かれるなかで、その作品に見え隠れする「右寄り」の表現だった。[46]音楽評論家の藤田正は〈NIPPON〉について、「世界的スポーツの祭典に張り付く、忌まわしい国家主義と日本民俗純血思想だ。椎名はこれらに無批判、いや、胸を張り歌っている。二一世紀におけるニッポン愛国歌の第一号誕生？　とぼくが直感したのはこういう部分である。歌のアタマ部分なんか「乾杯！　乾杯！　いざ出陣」だもん（「乾杯」は「Cheers」と英語で歌う）。これは新しい軍歌なのか？」[47]と述べている。また、二〇一四年六月一七日の東京新聞には、「応援歌？　軍歌？　NHKのW杯テーマ曲で物議」という見出しの記事に、「NHK経営委員会の（右翼的な）雰囲気と無関係ではない」（音楽評論家の石黒隆之）、「日本人の「純血」が強調されていることは確かだ。ちょっと右傾化しつつある若者にとっては、自分たちの思いを肯定する歌だと映るだろう」（精神科医の香山リカ）や、筆者自身も記者からの質問を受けて回答した「一般論としては、楽曲の右翼的な表現がいけないというわけではない。ただ、日本社会の右傾化の流れの中で登場したことは深刻に捉えるべきだ」といったコメントが掲載されている。[48]そして、〈HINOMARU〉と同様、〈NIPPON〉にもまた、軍歌にまつわる言説が見え隠れしている。「右傾化」の象徴として語られる軍歌という言葉には、辻田が指摘しているように、「軍歌は戦時下に国民を団結させたり、戦意を昂揚させたり、特定の社会的な機能を果たしたもの」という、戦争のイメージがつきまとう。もっとも、辻田が〈HINOMARU〉を「軍歌」ではなく「愛国ソング」と呼ぶ理由は、軍歌に対する一般的な認識そのものが誤解に満ちたものであるからだ。軍歌という言葉から連想されるのは戦時下における勇ましい歌詞やメロディーの作品で、そこからイメージされるものが〈HINOMARU〉や〈NIPPON〉にも当てはまるというわけだ。もっとも、こうした軍歌のイメージは第二次世界大戦後半のわずか二～三年のあいだに形成されたもので、明治期の一八八〇年代に誕生したとされる日本の軍歌史からすれば限られた期間にすぎない。したがって、わずか数年のあいだに形成された軍歌〈のイメージ〉によって、軍歌全体について語ることはできないというわけだ[49]。そして、〈NIPPON〉や〈HINOMARU〉が彷彿とさせる軍歌はまさに、一般的な軍歌に対する認識となっている、負のイメージを担った戦時下の軍歌なのだ。

ポスト3・11の「右傾化」する社会において、愛国ソングが軍歌（っぽいもの）として扱われるのは、「右傾化」の象徴として形成された戦時下の軍歌というイメージによるところが大きい。実際のところ、〈NIPPON〉や〈HINOMARU〉が軍歌（っぽいもの）として批判を受けた理由には、直接的にせよ間接的にせよ、ポスト3・11の「右傾化」する社会背景と無関係ではないだろう。そして、そこにおける批判の声として聞こえてくるのは、戦時下の軍歌を連想させる愛国ソングに対しての嫌悪感だ。それは、「愛国心＝右」という構図として、いまもなお人びとの心性に深く根付いていると思われる、戦後の日本で築きあげられてきたイデオロギーの結果とも言えるだろう[50]。もっとも、戦時下における軍歌がどこまでイデオロギーをまとっていたのかについては、慎重に考慮する必要がある。もちろん、戦意昂揚のために用いられた戦時下の音楽が「軍需品」になっていたのは紛れもない事実だ[51]。たとえば、一九四〇年六月にNHKラジオ『国民歌謡』で放送された〈隣組〉は、大政翼賛会のプロパガンダとして機能することになった[52]。音楽が時の権力と結びつきながら、為政者によって利用されてきたことは、史実からも明らかになっている[53]。そして、戦時下においては、音楽がプロパガンダとして機能してきたのも確かなことだ[54]。その一方で、戦時下の音楽は必ずしも政府や軍部に押しつけられたものではなく、民衆みずからが娯楽として自発的に選んで消費していたという事実もある[55]。戦前の日本では軍歌が娯楽として需要されており、民衆に歓迎されるエンターテインメントだった。そんな商品としての軍歌が、戦時下においては「軍需品」になったというわけだ。辻田真佐憲は、〈NIPPON〉や〈HINOMARU〉が「軍歌（っぽいもの）」と形容される昨今の状況について、なぜいま、このような愛国ソングが注目されるのかについて言及する[56]。愛国ソングが戦時下の軍歌と比較されて然るべきは、表現の差異からではなく、その発生の経緯からというわけだ。〈NIPPON〉と〈HINOMARU〉はともに、サッカーというナショナリズムを刺激しがちなスポーツのテーマ音楽としてつくられた作品だ。したがって、自覚的にせよ無自覚的にせよ、そこにはナショナリズムにもつながりかねない愛国的な要素が含まれる可能性がある。もっとも、「そこにはかならずしも思想信条は必要ない。国策イベントやナショナリズムに興味がなくても、作詞者、作曲者などがビジネス志向で積極的に愛国的な音楽を大量生産する―これはかつてこの国で軍歌が蔓延ったときの状況そのものだった[57]」と指摘する辻田の言葉からは、プロパガンダというよりもむしろ、ビジネスとしての愛国ソングという側面が透けて見える[58]。もちろん、ビジネスとしての愛国ソングが、プロパガンダとして機能しないわけではない。辻田は、「銃で脅しながら宣伝しても、民衆を心の底から服従させることなどできはしない。だが、質の高いエンタメ作品に政治的なメッセージを紛れ込ませ、ソフトに宣伝したらどうだろう。民衆はそのエンタメを楽しんでいるうちに、抵抗することすらできず、知らず知らずのうちに影響され特定の方向へと誘導されてしまうかもしれない[59]」と述べている。ポピュラー音楽は資本主義のもとで商品として消費されるものだが、その一方で、人びとの意識を変革させるだけの影響力を持ち合わせているのも確かなことだ。したがって、たとえ音楽そのものに政治的な意図が含まれていなかったとしても、音楽家（作詞家、作曲家や歌手）や楽曲そのものの意思とは無関係に、音楽が政治的に利用されてしまうこともあり得るということだ。

ポスト3・11の「右傾化」する社会で話題になった愛国ソングは、戦時下の軍歌を彷彿とさせるもので、そこからはプロパガンダとしての音楽利用という懸念が拭い切れない。その一方で、増田聡は、愛国ソングに見られる愛国的なものは、軍国主義的なナショナリズムとは一線を画すると指摘する。そして、一九九一年に設立されたサッカーのJリーグは、「九〇年代以降の日本における大衆文化の愛国意識を考える上で重要であり、愛国ソングを考える上でも重要なヒントを与えてくれる」[60]と述べている。そもそもJリーグは、二〇〇二年のワールドカップ日本開催を見据えて発足したもので、当初からグローバルな文脈で成立したものだ。したがって、そこからは、軍国主義的なナショナリズムとは異なる、新たなナショナリズムが萌芽することになったというわけだ。そして、いまではさまざまなスポーツで目に〈耳に〉するようになった、試合前に演奏される〈君が代〉もまた、新たなナショナリズムの文脈から読みとることができるというのだ[61]。Jリーグでは一九九三年五月一五日に開催された開幕戦の開会セレモニーで、ミュージシャンの前田亘輝(TUBE)が〈君が代〉独唱を披露したのが初めてのことだった[62]。そして一九九七年からは、試合前セレモニーでの〈君が代〉独唱が通例となった。こうしたサッカーと〈君が代〉との関係をめぐって、精神科医の香山リカは、二〇〇二年に開催されたワールドカップにおいて、「日の丸」を振って〈君が代〉を歌う「屈託なく国に一体化する若者」の行為を「ぷちナショナリズム」と呼び、戦時下のナショナリズムとつながるものとして危機感を募らせている[63]。ここにおける懸念は、〈君が代〉にまとわりつく「侵略戦争の象徴、あるいは神権天皇制の遺物とみなし、悪しきナショナリズムを増幅させる歌」[64]というイメージによるものだ。もっとも、こうしたイメージをまとった〈君が代〉に対する香山の懸念について、増田は「旧世代の政治的な枠組みからのものでしかないように思える」[65]と辛辣だ。そのうえで、新たなナショナリズムの文脈における「君が代」は、「単に「ニッポン」を指し示す音楽的記号に過ぎない」[66]と指摘するのだ。

いまなお賛否両論の物議をかもしている〈君が代〉は、好むと好まざるとにかかわらず、一九九九年八月に成立した「国旗及び国歌に関する法律〈国旗国歌法〉」によって国歌に定められたものだ[67]。もちろん、〈君が代〉という作品そのものが、戦時下のナショナリズムへの回帰をうながすことはないだろう。

それよりも深刻なのは、それがたとえ音楽的記号であっても、国家である〈君が代〉が為政者によって利用されかねない状況にあるということだ。実際のところ、〈君が代〉を国歌に定めた国旗国歌法は、安倍晋三政権が積極的に介入した愛国心教育と密接にかかわるものだ[68]。二〇一五年四月九日の衆議院予算委員会では、「入学式や卒業式で国旗掲揚や国歌斉唱をおこなっていない国立大学がある」という質問に対し、安倍首相は「税金によって賄われているということに鑑みれば、教育基本法の方針にのっとって正しく実施されるべきではないか」と回答している[69]。もっとも、安倍政権において成立した改正教育基本法では、直接〈君が代〉について言及している箇所はない。これについて、辻田真佐憲は、改正教育基本法の第二条第五項にある「伝統と文化を尊重し、それらをはぐくんできた我が国と郷土を愛するとともに、他国を尊重し、国際社会の平和と発展に寄与する態度を養うこと」を念頭に置いたのだろうと推察している[70]。国旗国歌法が成立した一九九九年、ミュージシャンの忌野清志郎は、パンクロックにアレンジした〈君が代〉を収録したアルバム《冬の十字架》を発売した。増田聡は、忌野が〈君が代〉を取りあげたことによって、タブー視され神聖化されてきた〈君が代〉に対して問題が提起されたという肯定的な評価をしている[71]。もっとも、忌野の〈君が代〉に対する態度は、あくまでも「旧世代の政治的な枠組みからのもの」にすぎないのかもしれない。二〇二一年七月二三日、コロナ禍で一年延期となった東京オリンピックの開会式で、歌手のＭＩＳＩＡは〈君が代〉を独唱した。さらに、翌月の八月二二日に出演した「フジロック・フェスティバル」においても、みずからのステージで〈君が代〉を高らかに歌いあげている[72]。

イデオロギーを超えて

二〇二一年一〇月四日に岸田文雄政権が発足してから初めての「終戦の日」となった二〇二二年八月一五日に靖国神社を参拝した国会議員は、萩生田光一政調会長、小泉進次郎元環境相といった二〇人以上に及んだ。参拝を見送った岸田首相は自民党総裁として私費で玉串料を奉納したものの、高市早苗経済安全保障担当相、秋葉賢也復興相、そして、前々日の一三日には西村康稔経産相も靖国神社を参拝している。現役閣僚が「終戦の日」に靖国神社を参拝したのは、これで三年連続となった[73]。靖国参拝の背後にあるのは、政治と宗教右派の関係だ。とくに、神道の宗教集団である神社本庁は、日本会議を主柱的に支えていると同時に、政治との関係をより緊密にした神道政治連盟を発足させた組織でもある[74]。二〇二一年一〇月に発足した岸田内閣では、全二〇閣僚のうち一七人が宗教右派と関連する「日本会議国会議員懇談会」、あるいは「神道政治連盟（神政連）国会議員懇談会」のいずれかに加盟していた[75]。さらに、二〇二二年八月一〇日の岸田改造内閣では全二〇閣僚のうち、日本会議国会議員懇談会に一一人、神政連国会議員懇談会には一八人が加盟しており、神政連懇談会の閣僚は三人増加している[76]。ちなみに、靖国神社を参拝した高市経済安全保障担当相と西村経産相は両懇談会、秋葉復興相は神政連懇談会に加盟しており、参拝を見送った岸田首相は両懇談会に加盟している[77]。こうした一連の動きは、岸田内閣によって初めて顕在化したわけではなく、ポスト3・11の社会で「右傾化」をうながした安倍晋三政権から引き継がれたものだ。二〇一五年一〇月からの第三次安倍内閣では閣僚二〇人のうちの一九人、二〇一六年八月からの第三次安倍第二次改造内閣では一七人が神政連懇談会に名を連ねていた[78]。神道政治連盟が目指す日本のあり方からは、伝統文化の尊重（「万世一系の皇統と悠久なる歴史を持つ皇室と日本の伝統文化を尊重し、自国の文化に誇りを持てる社会づくりをめざします」）、自主憲法の制定（「日本の伝統と国柄に基づき、国土と国民を守ることのできる憲法の制定をめざします」）や、愛国的な教育（「道徳心や豊かな感受性を育み、子供たちが未来に希望を持つことのできる教育の実現をめざします」）といった、「美しい国」を掲げた安倍政権の保守的な政策と一致していることが理解できる。そして、そこでは、「日本を守るために尊い命を捧げられた、靖國神社に祀られる英霊に対する国家儀礼の確立をめざします」とする、靖国神社の参拝についても言及しているのだ[79]。

岸田文雄政権下で靖国神社を参拝した二〇人以上の国会議員のなかには、二〇二二年七月一〇日に投開票された参議院選挙で東京選挙区から初当選した生稲晃子議員の姿もあった。そんな生稲をめぐって、音楽業界を巻き込む騒動が持ちあがった。参院選を間近に控えた二〇二二年六月三〇日、大手音楽業界四団体（日本音楽事業者協会、日本音楽制作者連盟、コンサートプロモーターズ協会、日本音楽出版社協会）の代表者四名（瀧藤雅朝、野村達矢、中西健夫、稲葉豊）が自民党の候補者を激励したことによって波紋が広がったのだ。四団体が支援したのは、参院選で自民党から立候補して全国比例区から再選を果たした今井絵理子と生稲のふたりだった。自民党本部でおこなわれた決起集会では、一九九〇年代に一世を風靡したアイドルグループSPEEDのメンバーだった今井が、コロナ禍で打撃を受けた音楽業界に対して、「これからもこの業界の発展と、アーティストのみなさん、お一人ひとりの力になれるように。経験と取り組みを通してしっかりと実現していきたいです」と語っている。また、一九八〇年代に社会現象にもなったアイドルグループおニャン子クラブのメンバーだった生稲は、「（コロナ禍で）芸能界、音楽業界、非常に大変な思いをされました。疲弊された。誰が悪いわけではありませんが、くやしくて仕方ありませんでした。でも、光がいずれ灯ると思います。何かのお力になりたい。私にできることは何でもします」と訴えている。こうしたふたりの候補者の発言を受けて、日本音楽事業者協会の会長を務める瀧藤雅朝は、「おふたりの素晴らしいスピーチを聞いて、我々四団体安心しております。業界は大変な損害を抱えております。これをなんとかしていかなければならない。数々の中止によって、大変苦労しております。ネット上の誹謗中傷など、解決していかなければならない問題が山積みです」と説明し、「日本のエンターテイメント自体、もっともっと政治の力をお借りしていかなければなりません。お二人は、一〇代から長きにわたり、活躍されてこられました、私たち現場の声を反映していただいて、太いパイプになっていただければ」と期待を寄せている。(80)

ＣＯＶＩＤ－19のパンデミックにおいて、「補償なき自粛」という「自助」を強いてきた自民党の候補者への支援を表明した大手音楽業界団体だが、それが当該団体に関与するすべての人たちの総意というわけではなさそうだ。もっとも、どれほどの思想やイデオロギーが含まれているのかはさておき、少なくともこの一件をとおして、音楽業界四団体は先の参院選において「自民党の候補者を全面的に支援します」という見解を公式に表明したものととらえられても仕方がない。もちろん、音楽業界団体が特定の政党や候補者を支援したとしても、何か問題が生じるわけではない。それにもかかわらず、この一件が物議をかもしたのは、音楽と政治の近接性というよりはむしろ、コロナ禍における音楽文化への深刻な影響や、コロナ禍における政治のあり方が背景にある。そして、音楽業界団体の政治との近接性は、プレコロナ（あるいはポスト3・11）からの連続性としてとらえる必要がある。プレコロナの二〇一〇年代に政治との近接を試みていたのは、ポピュラー音楽産業のなかでも日本音楽事業者協会、日本音楽制作者連盟、コンサートプロモーターズ協会といった大手の音楽業界団体に顕著だった。とくに、二〇一二年八月に発足した超党派の国会議員によるライブ・エンタテインメント議員連盟は、その後の音楽業界団体と政治との近接を強固なものにする契機となった[81]。ライブ・エンタテインメント議員連盟の発足当初から大きな課題となっていたのは、施設の老朽化や二〇二〇年に開催予定だった東京オリンピック・パラリンピックに向けての改築や改修によって、コンサートホールや劇場などの会場が不足するとされる「二〇一六年問題」だった[82]。二〇一五年一一月五日におこなわれた「劇場・ホール2016年問題」記者会見には、大手音楽業界三団体（日本音楽事業者協会、日本音楽制作者連盟、コンサートプロモーターズ協会）を含む、劇場やホールに関連する業界一〇団体が参加した[83]。さらに、チケットの高額転売問題が深刻化した二〇一六年になると、法整備の拡充を求めた業界団体は政治への働きかけを積極的におこなうようになった[84]。二〇一六年八月二三日には、大手音楽業界三団体（日本音楽事業者協会、日本音楽制作者連盟、コンサートプロモーターズ協会）にコンピュータ・チケッティング協議会を加えた音楽業界四団体が、一〇〇組以上のアーティストの賛同を得て、「チケット高額転売に反対します」という声明を発表した[85]。二〇一七年四月に開催されたライブ・エンタテインメント議員連盟の報告会には、コンサートプロモーターズ協会の中西健夫会長、日本2・5次元ミュージカル協会の松田誠代表理事、ミュージシャンの山口一郎（サカナクション）、ライブ・エンタテインメント議員連盟の石破茂会長、鴨下一郎幹事長、山下貴司事務局長が参加し、チケットの高額転売問題について議論が交わされた[86]。その結果、ライブ・エンタテイメント議員連盟の議員が中心となって新たに発足したチケット高額転売問題対策議員連盟の呼びかけに応じて、二〇一八年一二月には「特定興行入場券の不正転売の禁止等による興行入場券の適正な流通の確保に関する法律」（チケット不正転売禁止法）が成立し、二〇一九年六月一四日から施行されることになった。これにともない、ユーザーが安心して利用できる二次流通サービスに関する情報提供をおこなうことを目的とした「チケット適正流通協議会」が発足し、日本音楽事業者協会、日本音楽制作者連盟、コンサートプロモーターズ協会の音楽業界三団体も参画することになった[87]。

プレコロナにおけるポピュラー音楽産業と政治の近接には、ライブハウスのような中小規模の業態が含まれることは必ずしも一般的ではなかった。そのような状況のなかで、比較的大規模に近い中規模に位置するライブハウス関係者が中心となって、二〇一六年六月二三日にライブハウスの業界団体であるライブハウスコミッションが設立されたのは異例の事態だった[88]。その発端となったのは、二〇一〇年代にクラブカルチャー全体を巻き込んだ風俗営業法の改正問題だ[89]。二〇一二年五月二九日には、クラブ関係者やアーティストが立ち上げた「Let's DANCE 署名推進委員会」による署名運動がはじまり、一年後には約一五万筆の署名が集まった。こうした動きに呼応するかのように、二〇一三年五月二〇日には、超党派の国会議員約六〇人による「ダンス文化推進議員連盟」が発足した[90]。国会内でもその是非が分かれた風営法の改正だが、二〇一六年六月二三日には改正風営法が施行されることになった。それはクラブカルチャーのみならず、ライブハウスにも影響を及ぼすことになった。言い換えれば、広義のポピュラー音楽文化への影響とも呼べるだろう[91]。風営法の改正は、欧米に比べて後発だった日本における「夜の経済活動（ナイトタイムエコノミー）」をうながすための布石としてもとらえることができる。二〇一七年四月には、自民党の時間市場創出推進議員連盟（ナイトタイムエコノミー議員連盟）が発足した。[92]ちなみに、風営法の改正に尽力したラッパーのＺｅｅｂｒａは、「渋谷区観光大使ナイトアンバサダー」という肩書のもとで、ナイトタイムエコノミーを加速化させるためにナイトメイヤー（夜の市長）制度の創設にも関与している。[93]観光政策との親和性が高いナイトタイムエコノミー議連は、「統合型リゾート」（ＩＲ）推進とも無関係ではない。ＩＲの正式な名称は「特定複合観光施設」で、その整備を推進するための「特定複合観光施設区域の整備の推進に関する法律（ＩＲ推進法）」が成立したのは二〇一六年一二月、その二年後の二〇一八年七月には「特定複合観光施設区域整備法（ＩＲ整備法）」が成立している。[94]

ＣＯＶＩＤ－19の感染拡大によってイベントやコンサートの中止や延期が相次ぐなか、ポピュラー音楽をはじめとするライブ・エンタテインメント産業が深刻な状況に見舞われた二〇二〇年三月には、チケット高額転売問題対策議員連盟に参加する超党派の国会議員による「新型コロナウイルスからライブ・エンタテイメントを守る超党派議員の会」が開催された。そこには、プレコロナにおけるポピュラー音楽と政治の近接に大きく関与した大手音楽業界三団体（日本音楽事業者協会、日本音楽制作者連盟、コンサートプロモーターズ協会）も参加しており、チケット高額転売問題で政治への働きかけを実践した業界団体とともに、ライブ・エンタテインメント業界の惨状を政治へ訴えかけた。[95]大手音楽業界三団体は、二〇二〇年六月に業界内の「自助」の仕組みとして「Music Cross Aid ライブエンタメ従事者支援基金」を創設している。[96]また、音楽ライブやコンサートの開催にあたり、感染予防対策のガイドラインの策定にも関与している。[97]さらに、政治との近接を示唆しながら、音楽業界の意向を数回にわたって声明として発表している。[98]こうした大手音楽業界団体による政治への働きかけは、ポピュラー音楽文化を持続するために必要不可欠な実践として好意的にとらえることもできるだろう。その一方で、政治的な思惑に利用される危険性を孕んでいることも憂慮しなければならない。たとえば、「ダンス文化推進議員連盟」の事務局長を務め、風営法改正の中心的役割を担った秋元司元衆議院議員は、ＩＲをめぐって中国企業から贈賄を受けたのみならず、その裁判にあたって証人を買収したとして二〇一九年一二月二五日に逮捕、(99)二〇二〇年九月には懲役四年の実刑判決を受けている。(100)もちろん、こうした事例は稀なことだが、音楽業界団体が政治への近接をはかる理由は、団体にとってのメリットがあるからだ。そして、当然のことながら、政治の側もメリットがあるからこそ業界団体からの働きかけを受け入れるわけだ。たとえば、二〇二二年七月の参議院選挙をめぐる問題では、その政治信条がどのようなものであれ、未来の「族議員」との強固な関係を構築しようとする業界団体の本音が透けて見える。そして、自民党からすれば、音楽業界団体という票田の獲得にもつながるというわけだ。

注

（1）辻田真佐憲『たのしいプロパガンダ』（イースト新書Q、二〇一五年）

（2）安倍晋三元首相は、みずからの政治的立場を「保守主義」と明言しながら、みずからの政治信条を獲得した背景について語っている（安倍晋三『新しい国へ―美しい国へ　完全版』文春新書、二〇一三年、二〇～四五ページ）。

（3）荊部直「「右傾化」のまぼろし―現代日本にみる国際主義と排外主義」『nippon.com』二〇一四年七月一日 [http://www.nippon.com/ja/in-depth/a03201/]

（4）スタイリッシュなデモを繰り広げたＳＡＳＰＬやＳＥＡＬＤｓのコールでは、しばしば「安倍はやめろ」というフレーズが用いられていた。

（5）たとえば、ウォール・ストリート・ジャーナル紙（"Tensions in Asia Stoke Rising Nationalism in Japan: Young Conservatives, Japan's Version of U.S. Tea Party, Are Fast Gaining Clout." *The Wall Street Journal* on

February 26, 2014.)、ワシントン・ポスト紙（"Japan's provocative moves." *The Washington Post* on February 17, 2014.）やニューヨーク・タイムズ紙（"Tea Party Politics in Japan: Japan's Rising Nationalism." *The New York Times* on September 12, 2014.）など。

（6） 靖国神社の参拝は、中国や韓国などからの批判を浴びながら外交問題の懸念材料になっている。A級戦犯は一九七八年に靖国神社へ合祀され、「英霊」として奉られるようになった。一九八五年に当時の中曽根康弘首相が公式参拝を表明すると、中国からの反発が起こり、のちに韓国も便乗する形で、「外交カード」として靖国問題が使われるようになった（大前研一「安倍首相の靖国参拝、知られざる波紋」『ＰＲＥＳＩＤＥＮＴ』二〇一四年二月十七日号）。

（7） 「靖国参拝、アメリカ反対押し切り決行『失望している』国内外の反応」『ハフィントンポスト』[https://www.huffingtonpost.jp/2013/12/26/yasukuni-on-papers_n_4502752.html] 二〇二三年四月二日閲覧

（8） アメリカ政府は二〇一三年一二月二六日に、在日米国大使館・領事館のウェブページをとおして声明を発表した（『在日米国大使館と領事館』[https://jp.usembassy.gov/ja/]）。なお、この声明は現在、ウェブページから削除されている。

（9） 「安倍首相は靖国参拝見送り　私費で玉串料を奉納」『毎日新聞』二〇二〇年八月一五日

（10） 「安倍前首相が靖国参拝　自民総裁選目指す高市氏も」『朝日新聞』二〇二一年八月一五日

（11） 日本会議については、塚田穂高『宗教と政治の転轍点—保守合同と政教一致の宗教社会学』（花伝社、二〇一五年）、青木理『日本会議の正体』（平凡社新書、二〇一六年）、菅野完『日本会議の研究』（扶桑社新書、二〇一六年）、塚田穂高編著『日本の右傾化』（筑摩書房、二〇一七年）などに詳しい。

（12） 中北浩爾「自民党の右傾化—その原因を分析する」前掲『日本の右傾化』九八ページ、塚田穂高「『宗教の右傾化』はどこにあるのか」同書、三六二～三六三ページ

（13） 前掲『日本会議の正体』、四九～五〇ページ

（14） 前掲『日本会議の研究』、二〇～二一ページ

（15） 前掲『宗教と政治の転轍点』、五七～六〇ページ

（16） 同書、六〇ページ

（17）統一教会については、鈴木エイト「統一教会＝勝共連合―その右派運動の歴史と現在」前掲『日本の右傾化』、有田芳生『統一教会とは何か（改定新版）』（大槻書店、二〇二二年）に詳しい。とくに、ジャーナリストの鈴木エイトは、SEALDsに対抗する存在として、旧統一教会の関連団体である国際勝共連合が支援する学生団体UNITEについても指摘している（「街頭デモで安倍政権を応援　旧統一教会系の国際勝共連合が支援する大学生集団「UNITE」の正体」『週刊朝日』二〇一六年七月八日号）。

（18）塚田穂高（前掲『宗教と政治の転轍点』）や鈴木エイト（前掲「統一教会＝勝共連合」）は、旧統一教会と政治との関係を指摘している。

（19）こうした価値観は、夫婦別姓や性的マイノリティに対して否定的な見解を示す自民党の政策との関連を想起させる（前掲『宗教と政治の転轍点』、三八三ページ）。

（20）宗教右派による「右傾化」の影響については、前掲「自民党の右傾化」や竹中佳彦「有権者の「右傾化」を検証する」（前掲『日本の右傾化』）に詳しい。

（21）本来ならば相容れないはずの日本会議と統一教会という宗教右派が、長期にわたって自民党の保守層との関係を保持してきたのかについては、改めて議論すべき問題となっている（「旧統一教会と日本会議、「野合」の運動史…歴史認識が対立しても「とりあえず共闘」の打算」『東京新聞』二〇二二年八月一八日）。

（22）『広辞苑』第七版、岩波書店、二〇一八年

（23）「右／左」の概念については、中立的な立場から国内外の状況を交え、分かりやすく解説している浅羽通明の『右翼と左翼』（幻冬舎新書、二〇〇六年）が参考になる。

（24）日本政治における「右傾化」の過程については、中野晃一『右傾化する日本政治』（岩波新書、二〇一五年）に詳しい。

（25）日本社会における「右傾化」については、二〇〇〇年代以降に数多く議論されている。とくに、一九九八年に「自虐史観」からの脱却を説いた小林よしのり『戦争論』（幻冬社、一九九八年）や、二〇〇二年に開催されたサッカーのワールドカップにおける人びとの熱狂ぶりなどを取りあげて話題になった香山リカ『ぷちナショナリズム症候群―若者たちのニッポン主義』（中公新書ラクレ、二〇〇二年）は、最近の「右傾化」に関する言説の発端となっている。

（26）「読者の右傾化？　不満の表れ？　「愛国エンタメ小説」が人気」『朝日新聞』二〇一三年六月一九日

（27）同記事

（28）百田尚樹（@hyakutanaoki）ツイッター、二〇一三年六月一八日一二時四〇分［https://twitter.com/hyakutanaoki/status/346834880463765504］二〇二三年四月二日閲覧

（29）百田尚樹（@hyakutanaoki）ツイッター、二〇一三年六月一八日一九時二一分［https://twitter.com/hyakutanaoki/status/346935613372628992］二〇二三年四月二日閲覧

（30）安倍晋三、百田尚樹『日本よ、世界の真ん中で咲き誇れ』ワック、二〇一三年、六四～六六ページ

（31）「第一六五回国会における所信表明演説」『自由民主党　安倍晋三』［https://www.s-abe.or.jp/analects/analects01/72］二〇二三年四月二日閲覧

（32）「改正前後の教育基本法の比較」『文部科学省』［https://www.mext.go.jp/b_menu/kihon/about/06121913/002.pdf］二〇二三年四月二日閲覧

（33）この文章は「安倍内閣メールマガジン　第一一号」（二〇〇六年一二月二一日『首相官邸』）に掲載されていたが、二〇二一年九月一三日号でメールマガジンが終了しており、現在は閲覧することができない（「『首相官邸メールマガジン』人知れず20年の歴史に幕。各ＳＮＳアカウントでの発信に移行へ」『INTERNET Watch』［https://internet.watch.impress.co.jp/docs/yajiuma/1361551.html］二〇二三年四月二日閲覧）。

（34）大内裕和「教育基本法「改定」とその後」前掲『日本の右傾化』、一四八ページ

（35）映画『教育と愛国』パンフレット、二〇二二年、三〇ページ

（36）教育への政治介入に関しては、杉原里見「国に都合のいい子、親、教師をつくる教育政策」（同上、一六八～一七九ページ）に詳しい。また、映画『教育と愛国』（二〇二二年）でも大きなテーマとして扱っている。

（37）教育と政治、そして宗教右派の関係については、マーク・R・マリンズ「〈震災後〉の日本におけるネオナショナリズム」（前掲『日本の右傾化』、一二八～一四七ページ）、前掲「教育基本法「改定」とその後」、前掲「国に都合のいい子、親、教師をつくる教育政策」、および、前掲『教育と愛国』などに詳しい。

（38）辻田真佐憲「ＲＡＤＷＩＭＰＳ衝撃の愛国ソング「ＨＩＮＯＭＡＲＵ」を徹底解剖する」『現代ビジネス』［https://gendai.media/articles/-/56060］二〇二三年四月二日閲覧

(39)野田洋次郎(yoji_noda)インスタグラム、二〇一八年六月六日[https://www.instagram.com/p/BjpfcKtlPIK/?hl=ja&taken-by=yoji_noda]二〇二三年四月二日閲覧

(40)辻田真佐憲「RADWIMPS「HINOMARU」騒動 「軍歌」についての〝4つの誤解〟」『文春オンライン』[https://bunshun.jp/articles/-/7843]二〇二三年四月二日閲覧

(41)Yojiro Noda (@YojiNoda1)ツイッター、二〇一八年六月一一日一五時一一分[https://twitter.com/YojiNoda1/status/1006056258212786176]二〇二三年四月二日閲覧

(42)前掲「RADWIMPS「HINOMARU」騒動 「軍歌」についての〝4つの誤解〟」

(43)増田聡「「愛国ソング」30年史を振り返る~長渕剛からRADWIMPSまで」『現代ビジネス』[https://gendai.media/articles/-/56365]二〇二三年四月二日閲覧

(44)歴史認識をめぐる問題が教育への政治介入とつながる過程については、倉橋耕平『歴史修正主義とサブカルチャー――90年代保守原説のメディア文化』(青弓社ライブラリー、二〇一八年、四七~八三ページ)や前掲「教育基本法『改定』とその後」に詳しい。

(45)増田聡「ゆずと椎名林檎に学ぶべき「愛国ソング」の作法」『現代ビジネス』[https://gendai.media/articles/-/56379]二〇二三年四月二日閲覧

(46)「NIPPON」と「右傾化」の関連性については、宮入恭平『J-POP文化論』(彩流社、二〇一五年、一三七~一六〇ページ)に詳しい。

(47)藤田正「陳腐な愛国ソング 椎名林檎「NIPPON」を斬る」『週刊金曜日』二〇一四年六月二十七日号、二五ページ

(48)「応援歌? 軍歌? NHKのW杯テーマ曲で物議」『東京新聞』二〇一四年六月十七日

(49)辻田真佐憲『日本の軍歌――国民的音楽の歴史』幻冬舎新書、二〇一四年、三三~三四ページ、二一〇~二一二ページ

(50)たとえば、フランスでは「自由・平等・友愛」を象徴する国旗を掲げることは「民主主義」と両立するために、「国旗を掲げた反戦運動」や「人種差別をなくすための愛国教育」も存在する。その一方で、戦後日本では、保守政党が戦前回帰を「愛国心」の名のもとに押しつけようとしたために、さらに対抗する側の革新政党も同じ枠組

みにあったために、フランスのような状況が生まれることなく、歪んだ感情が芽生えてしまった（小熊英二『社会を変えるには』講談社現代新書、二〇一二年、九〇ページ）。

(51) 戦時下の音楽については、櫻本富雄『歌と戦争―みんなが軍歌を歌っていた』（アテネ書房、二〇〇五年）、戸ノ下達也『音楽を動員せよ―統制と娯楽の十五年戦争』（青弓社、二〇〇八年）や前掲『日本の軍歌』などに詳しい。

(52) 大政翼賛会の「隣組」については、第5章で説明している。

(53) 二〇二二年二月二四日に開始されたロシアのウクライナ侵攻においても、音楽はプロパガンダとして利用されている。たとえば、ルガンスク人民共和国の活動家によるビクトリーシスターズが、ロシアの勝利を祝うパフォーマンスを動画で配信している（「【親ロシア派】ビクトリーシスターズ―ロシアを心に」[https://www.youtube.com/watch?v=xRR8NwfGgmQ] 二〇二三年四月二日閲覧）。為政者による音楽の政治利用に関しては、宮入恭平『ライブカルチャーの教科書―音楽から読み解く現代社会』（青弓社、二〇一九年、六〇～六三ページ）に詳しい。

(54) 「広報の父」とされるエドワード・バーネイズによって紹介された「説得の技法」は、第二次世界大戦時にナチス・ドイツの宣伝大臣だったヨゼフ・ゲッペルスなどによって戦時利用されてしまった。それ以降、プロパガンダには「政治目的やものの見方を押し進めるために利用される情報。とりわけ偏りがあったり誤解を招くような性質をもつもの」という否定的な意味で用いられるようになった。プロパガンダについては、エドワード・バーネイズ／中田安彦訳『プロパガンダ［新版］』（成甲書房、二〇一〇年）や、スチュアート・ユーウェン／平野秀秋、佐古輝人、挾本佳代訳『PR！―世論操作の社会史』（法政大学出版局、二〇〇三年）に詳しい。

(55) 前掲『日本の軍歌』、一九一～一九三ページ

(56) 前掲「RADWIMPS衝撃の愛国ソング「HINOMARU」を徹底解剖する」

(57) 同記事

(58) 筆者は東京新聞の取材において、「右翼的な表現を盛り込めば楽曲が売れる、というレコード会社の狙いもあるだろう」とも述べている（前掲「応援歌？　軍歌？　NHKのW杯テーマ曲で物議」）。

(59) 前掲『たのしいプロパガンダ』、三一～四ページ

(60) 前掲「ゆずと椎名林檎に学ぶべき「愛国ソング」の作法」

（61）同記事

（62）「川淵名誉会長がＴＵＢＥ前田氏と談笑」『ゲキサカ』［https://web.gekisaka.jp/news/detail/?40325-21190-fl］二〇二三年四月二日閲覧

（63）前掲『ぷちナショナリズム症候群』、一六〜二九ページ

（64）増田聡『聴衆をつくる─音楽批評の解体文法』青土社、二〇〇六年、一四一ページ

（65）同書、一五四ページ

（66）同書、一五五ページ

（67）「君が代」については、辻田真佐憲『ふしぎな君が代』（幻冬舎新書、二〇一五年）、田中伸尚『日の丸・君が代の戦後史』（岩波新書、二〇〇〇年）や、石山久男『日の丸・君が代─国旗・国家を考える』（学習の友社、一九九九年）に詳しい。

（68）愛国心教育については、前掲「〈震災後〉の日本におけるネオナショナリズム」（前掲『日本の右傾化』、一三四〜一三七ページ）に詳しい。

（69）「国旗・国歌の押しつけが許されないわけ」『法学館憲法研究所』［https://www.jicl.jp/articles/urabe_otona_20150427.html］二〇二三年四月二日閲覧

（70）前掲『ふしぎな君が代』、二五五ページ

（71）前掲『聴衆をつくる』、一四三〜一四六ページ

（72）「ＭＩＳＩＡ、フジロックで「君が代」熱唱の理由を直撃！「平和を願う気持ちで…」」『週刊女性ＰＲＩＭＥ』［https://www.jprime.jp/articles/-/21771?display=b］二〇二三年四月二日閲覧

（73）「「終戦の日」靖国参拝した国会議員20人超え　岸田首相は東京・千鳥ケ淵戦没者墓苑を訪れて献花」『日刊スポーツ』二〇二二年八月一五日［https://www.nikkansports.com/m/general/news/amp/202208150000907.html］二〇二三年四月二日閲覧

（74）神社本庁については、前掲『日本会議の正体』や、島薗進「神道政治連盟の目指すものとその歴史─戦後の国体論的な神道の流れ」（前掲『日本の右傾化』三〇二〜三二二ページ）に詳しい。

（75）「岸田内閣　大半が「靖国」派」『しんぶん赤旗』二〇二一年一〇月一三日［https://www.jcp.or.jp/akahata/

aik21/2021-10-13/2021101301_02_0.html] 二〇二三年四月二日閲覧

（76）「岸田新内閣には神政連関連18人、日本会議関連11人… "差別容認集団" と蜜月関係の閣僚ズラリ」『日刊ゲンダイ』二〇二二年八月一四日 [https://www.nikkan-gendai.com/articles/view/life/309731] 二〇二三年四月二日閲覧

（77）岸田文雄首相は自民党総裁選の際に、日本外国特派員協会での記者会見（二〇二一年九月一三日）において、靖国参拝について「国のため尊い命をささげた方々に尊崇の念を示すことが政治家にとって大切な姿勢だ」と発言しており、二四日の討論会でも「時期、状況を考えた上で、参拝を考えたい」と表明している（前掲「岸田内閣　大半が「靖国」派」）。

（78）前掲「神道政治連盟の目指すものとその歴史」（前掲『日本の右傾化』、三〇二ページ）、前掲『日本会議の正体』、一二六ページ

（79）『神道政治連盟』[https://www.sinseiren.org/] 二〇二三年四月二日閲覧

（80）「今井絵理子&いくいな晃子、参院選「勝つぞー！」音楽業界4団体も期待『解決すべき問題山積み』」『ＯＲＩＣＯＮ ＮＥＷＳ』[https://www.oricon.co.jp/news/2240466/full/] 二〇二三年四月二日閲覧

（81）「ライブ・エンタテインメント議員連盟が発足致しました。」二〇二一年八月三〇日『秋葉けんや活動報告』[http://blog.livedoor.jp/kenyaakiba21/archives/51824002.html] 二〇二三年四月二日閲覧

（82）「ホール・劇場不足、「２０１６年問題」はなぜ起きた？」『ＮＩＫＫＥＩ ＳＴＹＬＥ』[https://style.nikkei.com/article/DGXMZO05036370Q6A720C1000000/] 二〇二三年四月二日閲覧

（83）「コンサートが観られなくなる？「劇場・ホール２０１６年問題」」『ＢＡＲＫＳ』[https://www.barks.jp/news/?id=1000121308] 二〇二三年四月二日閲覧

（84）「チケット高額転売問題、法案提出へ　超党派の国会議員が参加し総会を開催」『ＡＣＰＣ』[https://www.acpc.or.jp/magazine/navi_issue.php?topic_id=308] 二〇二三年四月二日閲覧

（85）「なぜ今、「転売ＮＯ」と訴えたのか　チケット高額転売問題、音楽業界の "本音"」『ＩＴｍｅｄｉａ』[https://www.itmedia.co.jp/news/articles/1610/14/news103.html] 二〇二三年四月二日閲覧

（86）「サカナクション山口が議員連盟とチケット転売問題を議論、公式リセールも開始へ」『音楽ナタリー』

[https://natalie.mu/music/news/229767] 二〇二三年四月二日閲覧

(87) 「「チケット適正流通協議会」発足」『音楽主義』[https://www.ongakusyugi.net/1359/] 二〇二三年四月二日閲覧

(88) それまでライブハウスの業界団体としては、日本ライブハウス協会のみが存在したものの、コロナ禍まで実質的な活動はおこなわれることなく機能不全の状態だった。

(89) ライブハウスコミッション設立の背景にあったのは、ナイトエコノミーの将来を懸念した（一部の）ライブハウスが抱いた危機感だった。ライブハウスコミッションには、株式会社シブヤテレビジョン（O-Group）、株式会社スペースシャワーネットワーク（WWW）、株式会社ディフェンスアンドアソシエイツ（LIQUIDROOM）、株式会社デュオ・ミュージック・エクスチェンジ（duo MUSIC EXCHANGE）、株式会社パルコ（CLUB QUATTRO）、株式会社ロフトプロジェクト（新宿 LOFT）、有限会社ロフト（下北沢 SHELTER）が参画している（「風営法改正を受け、ライブハウス団体が発足　深夜のエンタメを促進へ」『ｗｉｔｈｎｅｗｓ』[https://withnews.jp/article/f0160623001qq000000000000000W01110101qq000013597A] 二〇二三年四月二日閲覧）。

(90) 「クラブ摘発の風営法改正へ「ダンス議連」発足」『ハフィントンポスト』[https://www.huffingtonpost.jp/2013/05/21/dance_n_3310339.html] 二〇二三年四月二日閲覧

(91) 「風営法の改正は、なぜ必要だったのか？　現役バンドマン弁護士・藤森純氏が語る」『ハフィントンポスト』[https://www.huffingtonpost.jp/2016/07/11/why-fueiho-need-to-change_n_10925016.html] 二〇二三年四月二日閲覧

(92) 高坂晶子「With/After コロナにおけるナイトタイムエコノミーとは」『ＪＲＩレビュー（2022 Vol. 4, No. 99）』日本総研、二〇二二年、八五ページ

(93) 「東京にも「夜の市長」を創設へ　Ｚｅｅｂｒａが準備委員会の設立を宣言」『Ｂｕｚｚ Ｆｅｅｄ』[https://www.buzzfeed.com/jp/ryosukekamba/night-mayor] 二〇二三年四月二日閲覧

(94) 「風営法の改正で、夜のまちはどう変わるのか」『LIFULL HOME'S PRESS』[https://www.homes.co.jp/cont/press/reform/reform_00461/] 二〇二三年四月二日閲覧

(95) 「新型コロナウイルスからライブ・エンタテイメントを守る超党派議員の会を開催、中止・延期公演数は１５

５０公演　損害額は４５０億円に」『Ｍｕｓｉｃｍａｎ』[https://www.musicman.co.jp/business/304586] 二〇二三年四月二日閲覧

(96)『Music Cross Aid　ライブエンタメ従事者支援基金』[https://www.musiccrossaid.jp/] 二〇二三年四月二日閲覧

(97) 二〇二〇年七月一〇日にガイドラインが策定され、二〇二三年三月九日には六回目の改訂がなされている（「音楽コンサートにおける新型コロナウイルス感染予防対策ガイドライン」『一般社団法人コンサートプロモーターズ協会』[https://www.acpc.or.jp/pdf/COVID-19/20230309_01.pdf] 二〇二三年四月二日閲覧）。

(98)「緊急事態宣言の延長に際しての声明文」『一般社団法人コンサートプロモーターズ協会』[https://www.acpc.or.jp/activity/newcoronavirus/news20210505.php] 二〇二三年四月二日閲覧

(99)「秋元議員逮捕　カジノ推進の裏で何が」『朝日新聞』二〇一九年一二月二六日

(100)「秋元議員に懲役４年の実刑判決　ＩＲ汚職・証人買収」『朝日新聞』二〇二〇年九月七日

第7章　文化は人を窒息させる

芸術はわれわれが用意した寝床に身を横たえに来たりはしない。芸術は、その名を口にしたとたん逃げ去ってしまうもので、匿名であることを好む。芸術の最良の瞬間は、その名を忘れたときである。

――ジャン・デュビュッフェ(1)

ＣＯＶＩＤ－19のパンデミックは、音楽文化にも深刻な影響をもたらした。音楽は不要不急か？　という言説によって、その存在意義が問われることになった。そして、「文化芸術」の名のもとで音楽を守ろうとする実践は、音楽と政治の関係を強固なものにさせた。そこからは、ポスト３・11からの連続性として、さまざまな課題が浮かびあがることになった。本章では、「文化」や「芸術」の意味を確認しながら、コロナ禍という有事に露呈した音楽と政治の近接性について検討する。

音楽と政治の近接性

ＣＯＶＩＤ－19の世界的な蔓延は、日本の社会にも大きな影響をもたらすことになった。そして、ポピュラー音楽を取り巻く環境も例外ではない。目の前に迫りつつあるウイルスの脅威が明らかになった二〇二〇年二月には、感染拡大防止を最優先の課題として、ポピュラー音楽産業は政府によるイベント開催の自粛要請を受け入れ、積極的に協力的な態度を示した(2)。もっとも、このときにはまだ、困難な状況が長期にわたることなど誰にも想像できなかったのは言うまでもない。まずは当座の危機的な状況を凌ぐことさえできれば、どうにか持ち堪えることができるだろうという、ある意味で楽観的な見通しがあった。しかし、実際のところポピュラー音楽産業は、その後も長引く苦境を強いられることになった。その影響は大手から中小規模にいたる広範囲まで及ぶことになり、そこで顕在化したのが音楽と政治の近接性だった。実際のところ、ＣＯＶＩＤ‐19によって露呈した音楽と政治の近接性は、大手音楽業界団体の実践から可視化されることになった。大手音楽業界団体による政治への近接は、ポスト3・11からの連続性としてとらえることができる。それは、コロナ禍で大きな危機感となって、二〇二二年七月の参院選におけるポピュラー音楽業界四団体による特定候補者への支援という形で顕在化することになった。その一方で、ポピュラー音楽産業の末端に位置すると思われるフリーランスのアーティストや音響・照明などのスタッフも含まれる中小規模の業態は、然るべき支援から除外される可能性が高い立ち位置にあることも明らかになった。もちろん、ポピュラー音楽産業全体を俯瞰すれば、ＣＯＶＩＤ‐19による深刻な打撃を受けたという事実に何ら変わりはない。しかし、中小規模の業態に及んだ影響は、可視化された大手音楽産業への影響からは読み解くことのできない実態がある。しかも、中小規模の業態のなかでさえ、その内実はまちまちだ。つまり、同じポピュラー音楽産業という言葉を用いて一括りにはできないというわけだ。たとえば、ポスト3・11以降、ある程度の政治との近接性を保持してきた大規模の音楽業界団体に対して、中小規模の業態はＣＯＶＩＤ‐19によって直面した危機的状況によってはじめて政治との近接性を自覚するようになったのだ。

二〇二〇年三月二六日にライブハウス経営者をはじめとする音楽関係者の有志が設立した#SaveOurSpace は、「新型コロナウイルス感染拡大防止のため営業停止を行う文化施設に対する国による助成金を求めています」という活動趣旨に明言されているとおり、国や行政に対してライブハウスやクラブへの助成金を求める活動からはじまった。[3] 二〇二〇年四月二二日には、音楽のみにとどまることなく、さまざまな業種の垣根を超えて継続的な助成を国に求める #SaveOurLife へと展開することになった。その内容には、「施設の家賃補償・固定資産税・水道光熱費の免除」、「事業借り入れ金の支払い猶予」、「休業期間中の免税」、「公共料金の免除」、「感染拡大防止協力金の継続的支給」、「従業員への継続的給与補填（非正規雇用を含む）」、「事業者の休業により仕事を失うフリーランスへの継続的給付」といった要求が盛り込まれることになった。[4] さらに、ライブハウスを中心とする #SaveOurSpace は、ミニシアターを中心とする SAVE the CINEMA[5] や小劇場を中心とする演劇緊急支援プロジェクト[6]と連携しながら、二〇二〇年五月二二日には文化活動の安定した継続を目的とした「文化芸術復興基金」の創設を求めた #WeNeedCulture を立ちあげることになった。[7] コロナ禍における文化芸術への支援策としては、文化庁の所管である独立行政法人日本芸術文化振興会が二〇二〇年五月二五日に「文化芸術復興創造基金」を創設している。この基金は民間より一口千円からの寄附を募るもので、その対象になるのは「舞台芸術等の活動」、「地域文化関係の活動」、「文化財関係の活動」、そして「映画芸術関係の活動」をおこなう文化芸術団体等の事業活動に限られている。[8] 実際のところ、「文化芸術復興創造基金」は民間のクラウドファンディングの形式と変わらないうえに、対象となる団体からライブハウス、ミニシアターや小劇場は除外されている。そこで、「文化」や「芸術」の名のもとで、ライブハウス、ミニシアターや小劇場にも国や行政の支援が必要になることを政治に訴えかけるようになったというわけだ。そもそも、#WeNeedCulture が創設を呼びかけた「文化芸術復興基金」の構想は、基金を構成する団体が国費からの拠出を受け、その後で各団体が支援対象の劇場や団体に分配するというものだ。この構想案は、かねてから文化芸術振興を考える超党派の文化芸術振興議員連盟[9]が提唱してきた基金構想を具体化したものとなっている。[10] すでに、二〇二〇年三月二三日の時点において、文化芸術振興議員連盟からは「文化芸術復興基金（仮）」の設置を求める緊急決議が示されており、文化芸術関係団体によって構成される文化芸術フォーラムもその緊急決議を支持している。[11] しかし、残念なことに、文化芸術振興議員連盟による「文化芸術復興基金」は具現化にはいたらず、#SaveOurSpace や #WeNeedCulture は著名なアーティストや文化人を巻き込みながら、インターネットやSNSを巧みに利用して政治との近接を実践した。[12]もっとも、こうした #SaveOurSpace や #WeNeedCulture による政治との近接は、当初の目的として掲げていた助成を求めるための政治への働きかけから、政治そのものへの関与とも呼べるような、必要以上に踏み込んだものへと変容している事実にも留意しなければならない。

#SaveOurSpace や #WeNeedCulture のような政治への直接的な働きかけとは別の方法で、ポピュラー音楽産業のなかでも中小規模の業態が中心となって組織化しながら、政治への近接を模索する動きも見られるようになった。その発端となったのは、行政、業界関係者と感染症の専門家を交えての感染拡大防止のためのガイドライン策定だ。[13]そこにはライブハウスの業界団体として、一般社団法人ライブハウスコミッション、[14]NPO法人日本ライブハウス協会、[15]一般社団法人日本音楽会場協会、[16]そして日本ライブレストラン協会[17]が参画することになった。これら四団体の尽力によって、中小規模のライブハウスを中心とした業界団体のガイドライン策定がうながされたことは確かなことだ。その一方で、大手の音楽業界団体である日本音楽事業者協会、日本音楽制作者連盟やコンサートプロモーターズ協会もガイドラインを策定しているものの、ライブハウスのような中小規模の会場を想定したガイドラインの基準とは一線を画するものになっていることは明記しておく必要があるだろう。[18]ライブハウスの業界団体による「ライブハウス・ライブホールにおける新型コロナウイルス感染拡大予防ガイドライン」には、ライブハウスコミッション、日本ライブハウス協会、日本音楽会場協会が策定、および改訂に関与している。[19]しかし、これらの団体はライブハウス業界全体を取りまとめるほどに組織化されたものではなく、策定されたガイドラインは必ずしもライブハウスの総意が反映されたものではないという点には留意する必要がある。そもそも、これまで全国のライブハウスを一律で取りまとめるような、一枚岩の組織が存在することはなかった。その大きな要因は、ライブハウスという言葉に回収されて不可視化されてしまう、ライブハウスそのものの多種多様な運営形態にあった。COVID-19のパンデミックによってもたら

された危機的な状況は、これまで機能不全に陥っていたライブハウスの業界団体のあり方を問い直す好機になったのは間違いない。さらに、出演アーティスト、照明や音響をはじめとするスタッフなど、ライブハウス文化を取り巻く環境を見直すことにもなった。奇しくもＣＯＶＩＤ‐19のパンデミックは、ライブハウス文化が抱えていた課題を露呈することになったというわけだ。

文化か、それとも文化産業か

はからずも、コロナ禍によって注目を浴びることになったのがライブハウスだ。その発端となる出来事が起こったのは、日本国内での感染拡大が話題になりはじめた二〇二〇年二月までさかのぼる。二月二九日には大阪府の吉村洋文知事が記者会見を開き、二月一五日に大阪市内のライブハウスを訪れていた三人がＣＯＶＩＤ‐19に感染していたことを明らかにした。[20] この会見で吉村府知事は、感染者集団（クラスター）の拡大を防ぐために、当該ライブハウスの了承を得たうえで、実名での公表に踏み切っている。[21] 大阪市内のライブハウスで発生したクラスターの連鎖は、行政によって情報が開示されたというわけだ。[22] それと同時に、テレビや新聞をはじめとするメディアでも、ライブハウスのクラスターが報道されている。もちろん、感染拡大を防ぐための情報発信は必要なことだが、有事におけるメディアの情報が必ずしも公正なものとは限らない。[23] ライブハウスのクラスター発生に関する報道では、ライブハウスが置かれている環境が否定的に誇張されたのも事実だ。[24] 確かに、多くのライブハウスは、のちに「三密」と名づけられた「密閉」、「密集」、「密接」というすべての条件が当てはまる可能性が高くなる。そして、残念なことに、ライブハウスからクラスターが発生してしまったのだ。もちろん、情報開示という点を考慮すれば、感染場所がライブハウスであるという報道は妥当なものかもしれない。その一方で、メディアによる報道によって、ライブハウスという言葉が一人歩きしてしまった感は否めない。さらに、ライブハウスに対する否定的な言説は、行政によっても後押しされたのだ。二〇二〇年三月三〇日には東京都の小池百合子知事が、感染拡大防止策として求めていた夜間の外出自粛の要請を強化し、業種を特化しての注意をうながした。そこで名指しされたのが、ほかでもないライブハウスだった。[25]もちろん、ライブハウスと感染拡大がまったく無関係だったわけではない。しかし、自覚的にせよ無自覚的にせよ、メディアが、そして行政も、あからさまにライブハウスを名指ししたことによって、「ライブハウスは感染しやすい場所である」という否定的な印象を人びとに与えることになってしまった。言い換えれば、ライブハウスのステレオタイプを人びとに植えつけてしまったということだ。その結果として、ライブハウスに対する人びとの認識は否定的なものとなって、その後のライブハウスの運営に大きな困難をもたらすことになったのだ。[26]

二〇二〇年一月にCOVID-19が顕在化してから、度重なる感染拡大の「波」を経験してきた。[27]このような状況のなかで、ライブハウスが窮地に立たされるようになった要因のひとつには、感染拡大防止のために余儀なくされた営業の自粛があげられる。もっとも、それを「自己責任」と呼ぶのは、あまりにも新自由主義的な発想だろう。そもそも、ライブハウスが自粛の判断を迫られたのは、感染拡大が顕在化した「第一波」にともない厚生労働省からの基本方針が示された二〇二〇年二月二五日までさかのぼる。その後、政府や行政からのイベント自粛をうながす声明が発表され、二〇二〇年四月七日に東京都をはじめとする七都府県に緊急事態宣言[28]が発出されると、ライブハウスは感染拡大防止のための営業自粛を余儀なくされることになった。東京都では二〇二〇年四月一六日から五月六日のあいだ、休業要請に応じた事業主に対して助成金の支給をおこなった。しかし、あくまでも一時的な協力金にすぎず、損失を補塡するものではなかった。[29]その後、二〇二〇年五月七日から二五日の休業要請に応じた第二回目となる協力金の支給もおこなわれることになったが、行政は（あくまでも補償ではなく）協力金という立場を保持することになった。[30]そして、二〇二〇年七月からの「第二波」の際には、休業要請にともなう営業の自粛には十分な補償をともなわないことが明らかになった。[31]こうした「補償なき自粛」を強いられるなかで、二〇二〇年一〇月からの「第三波」にともない二〇二一年一月八日に発出された二回目の緊急事態宣言[32]、さらに二〇二一年三月からの「第四波」と「第五波」の際に発出された三回目と四回目の緊急事態宣言[33]、まん延防止等重点措置[34]、およびリバウンド防止措置[35]によって、ライブハウスは継続的に自粛を要請されることになった。二〇二一年一一月からの「第六波」では、緊急事態宣言が発出されることはなかったものの、二〇二二年一月二一日からのまん延防止等重点措置[36]では、またしてもライブハウスへの自粛が要請された。これまでの「波」における緊急事態宣言やまん延防止等重点措置によって、「補償なき自粛」のもとで苦難を強いられてきたライブハウスには、補償の代替としての感染拡大防止協力金が支給されてきた[37]。ところが、二〇二二年六月の「第七波」において、政府は「感染症対策と社会経済活動との両立を図る」という方針のもとで、緊急事態宣言やまん延防止等重点措置といった行動制限を求めなくなった[38]。これにともない、ライブハウスは休業を強いられることはなくなったものの、それと同時に、「補償なき自粛」の代価としての協力金さえをも奪われることになってしまったのだ。

残念なことに、コロナ禍ではライブハウスがあまりにも不当な扱いを受けてきた。さかのぼって、二〇二〇年二月半ばに大阪のライブハウスで感染者のクラスターが確認されて以来、メディアでライブハウスが話題になる機会は増加した。そして、ライブハウスに対する人びとの認識は、否定的なものになってしまった。ライブハウスが感染拡大の恐れがあるということで自粛を要請されたのは、クラスターが発生したという事実に鑑みても仕方がないことだ。それでも、休業要請に応じた協力金があるとは言え、「補償なき自粛」が正当化される理由にはならない。その一方で、ライブハウスを大文字の「文化」としてとらえることには違和感を覚えてしまう。筆者が二〇二〇年三月にコロナ禍におけるライブハウスの窮状に関する取材を受けたときには、「生演奏が聴けるライブハウスは音楽文化の一つ。それが消えてしまいかねない[39]」とコメントしたものの、ライブハウスを大文字の「文化」として、その存続を強調する動きには抵抗がある。もちろん、ライブハウス文化を守ることは当然としながらも、ライブハウスを大文字の「文化」に仕立てあげることは、同時にライブハウス文化そのものの存在意義を否定してしまうことになるのではないだろうか。コロナ禍で大きな打撃を受けたライブハウスは、政治への近接性を迫られることになった。広義のライブハウス文化を存続させるために、ライブハウスはみずから政治と向き合うための実践を余儀なくされることになったのだ。否でも応でも、ライブハウスは政治への関与が必要不可欠になったというわけだ。「補償なき自粛」に疲弊したライブハウスを救済するための助成金申請では、「文化」や「芸術」への支援を政治に求める動きが積極的におこなわれるようになった。そこでは、ライブハウスをはじめ、ミニシアターや小劇場といった、いわゆる大文字の「文化」や「芸術」からこぼれ落ちてしまう（と考えられる）分野にも、国や行政の公的支援が必要になると訴えかけている。もっとも、ここで強調される「文化」や「芸術」の意味については、さらなる議論が必要になるだろう。もちろん、これまでライブハウスから数多の「文化」や「芸術」が生まれたことは間違いない。それにもかかわらず、その文脈に大文字の「文化」や「芸術」を当てはめることには若干の違和感を覚えてしまう。ライブハウスの存続を求める声は、あくまでも、（とくに中小規模の）音楽産業を守るということに等しい。言い換えれば、そこで守られるべきものは、必ずしも大文字の「文化」や「芸術」とは限らないということだ。実際のところ、ライブハウスは資本主義における文化産業の枠組みのなかで機能している。そして、助成金申請とは別の方法で政治との関与を実践している、多種多様なライブハウスの最大公約数の意見を盛り込むためのガイドライン策定もまた、文化産業としてのライブハウスを守るという試みにほかならないのだ。

　二〇一〇年代前半にクラブカルチャーを巻き込んだ風俗営業法の改正をめぐる問題では、多くのクラブが政治への関与を余儀なくされた[40]。もっとも、そうした事態を「対岸の火事」としてとらえていたライブハウスは少なくなかった。そもそも、当時はライブハウスの業界団体が有名無実のまま健全に機能しておらず、何かしらの対策が講じられることはなかった[41]。ましてや、ライブハウス関係者の有志が政治に対して働きかけをおこなうという実践も目にすることはなかった。ところが、コロナ禍においては、さすがにライブハウスも政治への関与を無視できなくなったのだ。そして、ポストコロナの時代では、政治への関与の是非というよりはむしろ、その姿勢が問われることは必至だろう。もはや、ライブハウスの政治への関与が必須なことは明らかだ。たとえば、クラブカルチャーの風営法問題では、政治への関与が法律の改正を実現させることになった。その一方で、従来のクラブカルチャーそのものの変質をうながすことにもなってしまった[42]。結局のところ、何のために政治への働きかけが必要だったのかということだ。クラブカルチャーの風営法問題では、守ろうとしたものが「文化としてのクラブ」だったのか、それとも「文化産業としてのクラブ」だったのか、という問いが見え隠れしている。それは、コロナ禍におけるライブハウスにも当てはまることだ。つまり、いま守ろうとしているライブハウスは、「文化としてのライブハウス」なのか、それとも「文化産業としてのライブハウス」なのかということだ。もちろん、その姿勢についての是非を問うのは不毛なことかもしれない。しかし、それを見誤ってしまうと、ポストコロナ時代のライブハウス文化のあり方そのものを左右しかねない事態になるのは目に見えている。実際のところ、時間の経過とともに感染の「波」が「時化（しけ）」から「凪（なぎ）」へと移行するに連れ、ライブハウスを守ろうとする動きはすっかりと影を潜めているのだから。

ポストコロナ時代の可能性と限界

二〇二〇年九月一六日、安倍晋三政権を引き継ぐことになった菅義偉首相は就任会見において、「私が目指す社会像、それは自助・共助・公助、そして絆であります。まずは自分でやってみる。そして、家族、地域でお互いに助け合う、その上で政府がセーフティーネットでお守りをする、こうした国民から信頼される政府を目指していきたいと思います」と表明した[43]。そもそも、菅首相による「自助」優先とも受け取られる発言は、二〇一二年に立案された自由民主党の政策にのっとったものだ。自民党が掲げた「日本の再起のための7つの柱（原案）」では、「自助を基本とし、共助・公助が補う安心の社会づくり」を目指し、「自助」を基本として「個々人が国に支えてもらうのではなく、自立した個人が国を構成する」という考え方を、年金、医療、介護、少子化、若者対策といった社会保障政策に当てはめている[44]。菅首相は就任会見に先立って、自民党総裁選挙への立候補を表明した二〇二〇年九月五日に自身のブログで「自助・共助・公助」について明言している[45]。コロナ禍のなかで「自助」を語る菅首相の発言には、野党からも批判の声があがった[46]。二〇二一年一月一八日にはじまった通常国会における菅首相の施政方針演説には、「一人ひとりが力を最大限発揮し、互いに支え、助け合える、「安心」と「希望」に満ちた社会を実現する[47]」という一節があった。就任会見における直接的な言葉遣いこそ避けたものの、そこからは「まずは自分でやってみる。そして、家族、地域でお互いに助け合う、その上で政府がセーフティーネットでお守りをする」という「自助」優先の思考が透けて見える。そして、コロナ禍における首相による「自助」優先の発言は、新自由主義的な「自己責任」を想起させてしまうだろう。

これまで「補償なき自粛」のもとで「自助」を強いられてきたライブハウス文化は、もはや努力の限界に達している。そして、「共助」や「公助」による支援を模索せざるを得ない状況のなかで、急場を凌ぐのに精一杯だ。もちろん、コロナ禍における「補償なき自粛」によって苦境に立たされているのは、ライブハウスに限ったことではない。しかし、COVID-19が顕在化した当初から、メディアや行政によって付与された否定的なステレオタイプのおかげでスケープゴートと化したライブハウスは、スティグマとも呼べる著しく失墜した社会的評価を受けるようになってしまった。それと同時に、ライブハウスが広く社会に認知されるようになって久しいものの、ライブハウスに対する認識が必ずしも人びとにあまねく浸透していたわけではないことも明らかになった。そもそも、ライブハウスという言葉はあくまでも総称にすぎず、規模から運営方法にいたるまで多種多様なスタイルが混在しているのだ[48]。それにもかかわらず、一括りにされたライブハウスなる言葉に回収されながら、メディアや行政に名指しされたことによって、ライブハウスはすっかりと悪名高き存在になってしまったというわけだ。そんなライブハウスが直面したCOVID－19による影響は、皮肉にもライブハウス文化がこれまで抱えてきた問題点を露呈することにもなった。コロナ禍で顕在化した課題からは、ポストコロナ時代にライブハウス文化が直面するであろう可能性と限界が浮かびあがるのだ。

コロナ禍において、アーティストやスタッフも含めたライブハウス文化が政治への関与を自覚するようになったのは確かなことだ。助成金やガイドラインをめぐる政治への近接は、喫緊の課題を乗り切るために、さらにはポストコロナ時代を見据えたときに、ライブハウス文化がなすべき必要最低限の実践と呼べるかもしれない。その是非については安易に言及できるものではないものの、コロナ禍がライブハウス文化の政治への近接性を高めることになったのは明らかだ。その一方で、当然のことながら、ライブハウスには政治に関与しないという選択肢も用意されている。そもそも、体制に意義を申し立てるカウンターカルチャーの思想との親和性が高い（と考えられている）ライブハウスにとって、政治に働きかけるという試みは、ある意味で不本意なものかもしれない。実際のところ助成金やガイドラインとは関係なく、独自の方法で運営の継続を試みているライブハウスも存在している。コロナ禍においては、個々のライブハウスが被った膨大な損失という部分には同情するものの、ライブハウス文化全体を俯瞰すれば、これまで不可視化されていた負の側面が露呈することになってしまったのだ。少なくとも、ポスト3・11の一〇年を振り返っても、ライブハウスはある意味で危機的な状況に直面してきた(49)。それにもかかわらず、幸か不幸か、直接的な致命的損失にいたらなかったことから、ライブハウスはみずからの危機管理体制を見直すことのないまま、ここまで存続してこられたというわけだ。それはまた、プレコロナ時代におけるライブハウス文化と政治の近接性の希薄さとしてとらえることができるかもしれない。ところが、コロナ禍の危機的な状況下において、ライブハウスは政治との近接の必要性を目の当たりにしたというわけだ。結果として、ライブハウスを中心として結成された有志団体は助成金を請うために、政治への働きかけを実践することになった。その一方で、ライブハウスの業界団体によるガイドライン策定の試みは、ライブハウス間の協調をうながすための自発的な互助行為へと結びつくことになった。もっとも、こうした試みは、ライブハウス文化全体を一枚岩にするには、いまだ道なかばにすぎないのだ。

コロナ禍における「補償なき自粛」をうながす「自助」から透けて見えるのは、新自由主義とも親和性が高い「自己責任論」ということになる。そこで必要になるのは、「共助」や「公助」による支援だ。コロナ禍では、ライブハウス文化にも深く関与している、個人事業主やフリーランスへの支援が大きな課題となった。実際のところ、政府や行政は、個人事業主やフリーランスに向けた支援に関する多くの情報を提供してきた(50)。もっとも、ライブハウス文化に含まれるすべての個人事業主やフリーランスが、自発的かつ積極的に支援を受け入れるわけではないだろう。むしろ、公的な支援とは無縁の個人事業主やフリーランスが圧倒的に多いと思われる。この文脈において、助成金やガイドラインをめぐる有志団体や業界団体は、個人事業主やフリーランスの期待に応えることはできない。ここで注目すべきは、コロナ禍で再評価されるようになった労働組合のあり方(ユニオニズム)だ(51)。これまで、大手の音楽業界団体はまだしも、ライブハウスをはじめとする中小規模の業態が労働組やユニオンについて自覚的に議論する環境は整っていなかった。ましてや、ライブハウス文化に含まれる個人事業主やフリーランスにとって、ユニオニズムは未知なる存在だった。労働社会学者の木下武男は、日本におけるユニオニズムの必要性について指摘している。戦後の日本における労働組合は企業別労働組合として、世界標準の産業別労働組合とは異なるものとして、年功賃金と終身雇用制とともに日本的労使関係という雇用制度を支えてきた。ところが、二〇〇〇年代に日本的雇用慣行が終焉を迎え、雇用不安がもたらされた。その結果、非正規雇用者は流動的労働市場のもとで貧困に陥ることになったというわけだ(52)。現在の日本における労働を取り巻く状況は、新自由主義によってもたらされたと言っても過言ではない。そして、日本では根付くことのなかった産業別労働組合の代替として、業種別職種別ユニオンに対する可能性が言及されている。ここで事例としてあげられているのが、一九八三年に発足した日本音楽家ユニオンだ。[53]木下は日本音楽ユニオンの概要を説明したうえで、「日本音楽家ユニオンは、企業に基盤のないフリーの労働者も、労働組合を組織することができることを示している」と指摘している。[54]COVID-19の影響によって、ライブハウス文化も含まれる音楽産業においては、ユニオニズムが重視されるのは必至だ。[55]もっとも、ユニオニズムはあくまでも、個人事業主やフリーランスを労働者としてとらえることが前提となることを肝に銘じなければならない。

文化は人を窒息させる

フランスの画家で著述家のジャン・デュビュッフェは、アール・ブリュット（art brut）の考案者として知られており、それは「既存の美術や文化潮流とは無縁の文脈によってつくられた芸術作品の意味で、英語ではアウトサイダー・アート（outsider art）と呼ばれるものだ。加工されていない「生の芸術」、伝統や流行、教育などに左右されることなく、みずからの内側から湧きあがる衝動のままに表現した芸術」に当てはまる。[56]もっとも、日本では福祉の文脈から、障害者による芸術という意味合いで浸透しているという事実は否めない。そもそも、アール・ブリュットは精神的な疾患を抱えた人たちによる作品を起源としていることから、精神医学に精通している西尾彰泰は「本邦においては、アール・ブリュットという言葉が、精神あるいは知的・発達にハンディキャップを持った者のアートという意味で用いられることがほとんどであろう。アール・ブリュットとされている作品のうち、デュビュッフェの言うところのアール・ブリュット的なものは極めて稀であると思われる」[57]と述べている。デュビュッフェは、「「正常」や「病気」という色分けを拒否することに基づいていた」からこそ、アール・ブリュットと命名したというわけだ[58]。そんなデュビュッフェはアール・ブリュットについて、「芸術文化の影響を受けていない人が作った作品があると聞いています。既存の芸術文化は模倣に陥っており、作家が自身の奥底からすべて（テーマ、素材の選択、移し替えの技法、リズム、書き方など）を引き出して作品を作るということが、ほとんど、あるいは全くありません。この新しい作品は、古典芸術や流行りのアートの凡作とは全く異なっています[59]」と語っている。そんなデュビュッフェの言葉からは、「生の芸術」であるアール・ブリュットの本質が見え隠れする[60]。そこから浮き彫りになるのは、文化に回収される芸術という文脈だ。そして、そのような芸術をデュビュッフェは「文化的芸術」と呼んでいる。たとえば、「公衆は芸術作品をそれがもたらす直接的喜びに応じて見るのではなく、そこに結びついている威光の程度に応じて見るようにうながされる」としながら、「芸術作品と商売とが結びつき、商人は利益のために値を釣り上げようとし、ついでこの値段が威光を生み出すことになる。商業と文化はこのうえなく緊密に結びついている。商業と文化は互いに助け合い強化しあう。（中略）商売はこのことをよく知っているがゆえに文化の神話を支持し、その権威を補強するのである[61]」と述べている。そして、「今日、文化という概念は、本質的に宣伝広告的であり、宣伝広告のメカニズムによく合致した度し難く単純な作品を指し示すものとなっている。要するに、作品の価値はしだいに宣伝広告の価値に移行しているのである[62]」と指摘している。ここからは、文化という言葉にまとわりつく欺瞞が垣間見える。そのうえで、「文化が芸術という名前を発するとき、それは芸術そのもののことを指しているのではなく、芸術という概念を指しているのである。（中略）文化がなくなったら芸術もなくなると言う人がいる。これは大きな誤りである。たしかに、文化がなくなったら芸術は名前を持たなくなるだろう。しかしそれは芸術という概念がなくなるのであって、芸術がなくなるわけではないのだ。芸術は名前を失って、健全な命を取り戻すのである[63]」と語るその言葉からは、欺瞞としての文化から解き放たれた真の芸術のあり方を思い描くことができるだろう。そして、欺瞞としての「文化的芸術」のあり方は、コロナ禍において大文字の「文化」の名のもとに擁護される「文化芸術」なるものを想起させるのだ。

ジャン・デュビュッフェはみずから、「私は個人主義者である。つまり私は、私の個人としての役割は社会的利害関係が引き起こすあらゆる拘束に反対することだと考えている[64]」という立場を主張する。個人主義について、仏文学者の杉村昌昭は「新自由主義の推奨する「個人主義」は支配的社会文化体制が公的責任を回避するための方便であり、そうであるがゆえに社会の「公的責任」ではなく、個人の「自己責任」を強調する詭弁が横行し、差別的階級社会の深化、格差社会の到来を招いているのである。新自由主義の唱える個人主義は、一見個人主義のように見えても本当は個人主義ではなくて、いわば個人があらかじめ支配体制に絡め取られ飼い慣らされた次元で成立する個人主義であると言わねばならない[65]」と述べている。そのうえで、「デュビュッフェの言う個人主義は、まさに「アール・ブリュット」がそうであるように、支配的社会文化体制に「飼い慣らされない」場所。そうした体制から逸脱したところに成立する個人主義なのである[66]」と指摘する。さらに、新自由主義のもとで「個人主義」の意味が歪められてきた背景を「文化」に当てはめながら、「文化という言葉の場合は歪曲されたというよりも、新自由主義の下でかつて以上にその支配的強度が高まったと言う方が妥当だろう。いまや、何でもかんでも「文化」という言葉を冠すれば社会的に合意が得られ、正当化されるような風潮が起きている。それは「スポーツも文化だ」というスローガンで推進されているオリンピックの開催に向けた動きに如実に現れている[67]」と綴っている。それに続けて、「「パラリンピック」にかこつけて「アール・ブリュット」を持ち上げようという理不尽な珍現象まで生み出している。これこそまさに、アール・ブリュットを文化的芸術の中に回収しようとするくわだてであり、デュビュッフェが本書（『文化は人を窒息させる』）で厳しく批判していることにほかならない[68]」と、辛辣な言葉を投げかけている。

その発足当初から政治への働きかけをおこなってきた #WeNeedCulture は、これまでも政府や行政に向けて度重なる要望書や提言書、あるいは公開質問状を提出している[69]。もちろん、コロナ禍におけるで、みずからの活動を継続させるためのさまざまな実践は必然になるはずだ。その一方で、ことさらに強調される「文化芸術」という言葉には違和感を覚えてしまう。そもそも、コロナ禍を契機として頻繁に耳にするようになった「文化芸術」という言葉は、二〇〇一年に文化庁が「文化芸術に関する基本的な法律」として制定した「文化芸術振興基本法」（二〇一七年には「文化芸術基本法」に改正されている）のもとで恣意的につくられたものだ。[70] #WeNeedCulture の実践において、ライブハウス（音楽）、ミニシアター（映画）や小劇場（演劇）は、文化庁が用いた「文化芸術」という言葉を無自覚なままに借用しているということになる。つまり、助成の対象になっているのは、いわゆる大文字の「文化芸術」に属する分野で、そこから除外されているライブハウス、ミニシアターや小劇場も含まれて然るべきという主張が透けて見える。そして、「文化芸術」の名のもとに庇護を受けることは、みずからの活動を継続させるためには十分すぎるほどの効果がある。しかし、はたしてライブハウス、ミニシアターや小劇場は大文字の「文化芸術」としてふさわしいのだろうか。アール・ブリュットは、欺瞞としての「文化芸術」から一定の距離を保つことによって、その存在意義が発揮されるのだ。

二〇二一年五月一一日、文化庁長官の都倉俊一は「文化芸術活動に関わるすべての皆様へ」と題したメッセージを発表した。コロナ禍で長引く苦境を強いられる文化芸術活動に関わる人たちに向けて、「これまでの新型コロナウイルス感染症との過酷な闘いの中で明らかになったことは、このような未曽有の困難と不安の中、私たちに安らぎと勇気、明日への希望を与えてくれたのが、文化であり芸術であったということです」という、希望に満ちた言葉を投げかけている。さらに、「文化芸術活動は、断じて不要でもなければ不急でもありません。このような状況であるからこそ、社会全体の健康や幸福を維持し、私たちが生きていく上で、必要不可欠なものであると確信しています」という言葉でこのメッセージを締めくくっている。[71] 人びとの日常生活において、あるいは社会にとって、文化活動や芸術活動は不要不急ではないかもしれない。しかし、デュビュッフェが呼ぶところの「文化的芸術」に回収される可能性がありながらも、大文字の「文化」の名のもとに擁護される「文化芸術」が不要不急かどうかについては、改めて検討する余地があるだろう。

注

（1）「アール・ブリュットとは」『ボーダレス・アートミュージアム NO-MA』〔https://www.no-ma.jp/artbrut/about/index.html〕二〇二三年四月二日閲覧

（2）「新型コロナウイルス感染症対策本部（第14回）」『首相官邸』〔https://www.kantei.go.jp/jp/98_abe/actions/202002/26corona.html〕二〇二三年四月二日閲覧

（3）『#SaveOurSpace』〔http://save-our-space.org/〕二〇二三年四月二日閲覧

（4）『#SaveOurLife』〔http://save-our-space.org/saveourlife/〕二〇二三年四月二日閲覧

（5）『SAVE the CINEMA』〔https://savethecinema.org/〕二〇二三年四月二日閲覧

（6）『演劇緊急支援プロジェクト』〔https://www.engekikinkyushien.info/〕二〇二三年四月二日閲覧

（7）『#WeNeedCulture』〔https://weneedculture.org/〕二〇二三年四月二日閲覧

（8）「文化芸術復興創造基金」『独立行政法人日本芸術文化振興会』〔https://www.ntj.jac.go.jp/kikin/shienn/reconstruction.html〕二〇二三年四月二日閲覧

（9）「文化芸術振興議員連盟とは」『文化芸術推進フォーラム』〔https://ac-forum.jp/group/〕

（10）「【5／22活動報告】」『#WeNeedCulture』〔https://weneedculture.org/%E3%80%905-22-%E6%B4%BB%E5%8B%95%E5%A0%B1%E5%91%8A%E3%80%91/〕二〇二三年四月二日閲覧

（11）文化芸術振興議員連盟『文化芸術』13、二〇二〇年三月〔https://ac-forum.jp/wp-content/uploads/2020/04/BunkaGeijutsu_13.pdf〕二〇二三年四月二日閲覧

（12）二〇二〇年五月二二日には、俳優の小泉今日子、渡辺えり、井浦新、ミュージシャンの大友良英らが出演した

イベント「#WeNeedCulture at DOMMUNE ～文化芸術復興基金をつくろう」がインターネットで生配信されている。「SUPER DOMMUNE 2020/05/22」〔https://www.youtube.com/watch?time_continue=1&v=jfj2bWwsDjI&feature=emb_logo〕二〇二三年四月二日閲覧

(13) 内閣官房のウェブページ内において、業種別ガイドライン一覧の最新版から確認することができる（「業種別ガイドライン」『内閣官房』〔https://corona.go.jp/guideline/〕二〇二三年四月二日閲覧）。ライブハウスは業界別ガイドラインの「6　遊興施設」に含まれており、担当省庁は厚生労働省になっている（『内閣官房』〔https://corona.go.jp/prevention/pdf/guideline.pdf〕二〇二三年四月二日閲覧）。

(14) 『一般社団法人ライブハウスコミッション』〔http://lhc.tokyo/〕二〇二三年四月二日閲覧

(15) 『NPO法人日本ライブハウス協会』〔http://j-livehouse.org/〕二〇二三年四月二日閲覧

(16) 『一般社団法人日本音楽会場協会』ウェブサイト〔https://www.japan-mva.com/〕二〇二三年四月二日閲覧

(17) 同協会は、二〇二〇年六月二六日に「飲食を主体とするライブスペース運営協議会」から名称変更している（『日本ライブレストラン協会』〔https://www.live-restaurant.com/〕二〇二三年四月二日閲覧）。また、二〇二〇年一〇月一四日にはライブレストラン単独のガイドラインを策定しており、内閣官房の業種別ガイドライン一覧の最新版でも、日本ライブレストラン協会はライブハウスではなくライブレストランのガイドライン策定に当たっている。業界別ガイドラインの「6　遊興施設」に含まれており、担当省庁は厚生労働省になっている（『内閣官房』〔https://corona.go.jp/prevention/pdf/guideline.pdf〕二〇二三年四月二日閲覧）。

(18) 大手音楽業界団体が策定する「音楽コンサートにおける新型コロナウイルス感染予防対策ガイドライン」は、業界別ガイドラインの「1　劇場、観覧場、映画館、演芸場」に含まれており、担当省庁は経済産業省と文部科学省になっている（『内閣官房』〔https://corona.go.jp/prevention/pdf/guideline.pdf〕二〇二三年四月二日閲覧）。

(19) 二〇二〇年六月一三日に策定された「ライブホール、ライブハウスにおける新型コロナウイルス感染拡大予防ガイドライン」（『NPO法人日本ライブハウス協会』〔http://j-livehouse.org/wp-content/uploads/2020/06/%E3%83%A9%E3%82%A4%E3%83%96%E3%83%8F%E3%82%A6%E3%82%B9-%E6%A5%AD%E7%95%8C%E3%82%AB%E3%82%99%E3%82%A4%E3%83%88%E3%82%99%E3%83%A9%E3%82%A4%E3%83%B3_0613.pdf〕二〇二三年四月二日閲覧）は、二〇二〇年九月二五日に「ライブハウス、ライブホールにおける

新型コロナウイルス感染拡大予防ガイドライン」(『NPO法人日本ライブハウス協会』[http://j-livehouse.org/wp-content/uploads/2020/09/%E3%80%90%E6%94%B9%E8%A8%82%E7%89%88%E3%80%91%E3%83%A9%E3%82%A4%E3%83%95%E3%82%99%E3%83%8F%E3%82%A6%E3%82%B9-%E6%A5%AD%E7%95%8C%E3%82%AB%E3%82%99%E3%82%A4%E3%83%88%E3%82%99%E3%83%A9%E3%82%A4%E3%83%B3_0925_3.pdf] 二〇二三年四月二日閲覧)へと名称を変更して以降、感染状況に見合った内容へと改善されており、二〇二三年三月一三日にも改訂がなされている(「ライブハウス、ライブホールにおける新型コロナウイルス感染拡大予防ガイドライン」『一般社団法人日本音楽会場協会』[https://www.japan-mva.com/_files/ugd/58f3a1_52b1d06716574ae4b6e041452bdbce8.pdf] 二〇二三年四月二日閲覧)。

(20)「感染の3人、大阪で同じライブに　2月15日に開催」『日本経済新聞』二〇二〇年二月二九日

(21)「感染確認の3人が大阪市豊島区のライブハウスに　症状あれば「保健所に」」『毎日新聞』二〇二〇年二月二九日

(22) 大阪府の健康医療部は、クラスター発生の経緯を明らかにしている(「第2回　大阪市新型コロナウイルス感染症対策本部会議」『大阪府』[https://www.city.osaka.lg.jp/templates/chonaikaigi2/cmsfiles/contents/0000496/496590/siryou.pdf] 二〇二三年四月二日閲覧)。

(23) コロナ禍では、SNSなどによって不確かな情報が大量に拡散されてしまう「インフォデミック」(「インフォメーション(情報)」と「エピデミック(流行拡大)」を合わせた造語)への注意がうながされている。二〇二〇年二月にWHOは、「我々は感染症とだけでなく、インフォデミックとも戦っている」と宣言している("Munich Security Conference" on February 15, 2020. World Health Organization [https://www.who.int/director-general/speeches/detail/munich-security-conference] 二〇二三年四月二日閲覧)。

(24) たとえば、「「高リスク3条件」そろうライブハウス…混雑・近くで発生・密閉空間」(『読売新聞』二〇二〇年三月一一日)といった見出しがつけられた記事も掲載されている。

(25) 小池百合子都知事は対象となる業種の一例として、「若者はカラオケやライブハウス、中高年はバーやナイトクラブ」をあげ、「密閉空間、密集場所、密接会話といった条件が重なる場所」を強調している(「小池知事『知事の部屋』/記者会見(令和二年三月三〇日)」『東京都』[https://www.metro.tokyo.lg.jp/tosei/governor/governor/

kishakaiken/2020/03/30.html〕二〇二三年四月二日閲覧）。

(26) 二〇二〇年三月から一二月のあいだに、ＣＯＶＩＤ－19の影響によって閉店を発表したライブハウスは四四店だった（八木橋一寛「コロナ禍により閉店したライブハウス一覧」〔https://note.com/tinyrecords/n/n2fda538eb9bb〕。それ以降も閉店を余儀なくされたライブハウス数は増加を続け、二〇二三年三月時点では五六店にのぼっている「新型コロナウイルス感染症の影響により閉店を発表した音楽会場」『ライブ部』〔https://www.livebu.com/covid19/close/〕二〇二三年四月二日閲覧）。もっとも、実際にはこの数字以上のライブハウスが、ＣＯＶＩＤ－19の影響によって閉店している可能性もある。

(27) ＮＨＫでは過去における感染拡大の「波」について、「第一波」（二〇二〇年一月～五月）、「第二波」（二〇二〇年七月～九月）、「第三波」（二〇二〇年一〇月～二〇二一年二月）、「第四波」（二〇二一年三月～六月）、「第五波」（二〇二一年七月～九月）、「第六波」（二〇二二年一月～六月）、「第七波」（二〇二二年七月～九月）、「第八波」（二〇二二年一〇月～二〇二三年一月）と区分けしている（「新型コロナ第8波 死亡が多くなった要因 専門家の考察や対策は」『ＮＨＫ』〔https://www.nhk.or.jp/shutoken/newsup/20230224c.html〕二〇二三年四月二日閲覧）。

(28) 新型コロナウイルス対策の特別措置法にもとづき、二〇二〇年四月七日に緊急事態宣言が発出された（「緊急事態宣言 1回目の状況」『ＮＨＫ特設サイト』〔https://www3.nhk.or.jp/news/special/coronavirus/emergency/〕二〇二三年四月二日閲覧）。

(29) 「「東京都感染拡大防止協力金」の受付を開始します！」『東京都』〔https://www.metro.tokyo.lg.jp/tosei/hodohappyo/press/2020/04/22/11.html〕二〇二三年四月二日閲覧

(30) 「「東京都感染拡大防止協力金（第2回）」の実施概要をお知らせします」『東京都』〔https://www.metro.tokyo.lg.jp/tosei/hodohappyo/press/2020/05/19/16.html〕二〇二三年四月二日閲覧

(31) 「第二波」の際には、二〇二〇年八月三日から九月一五日までの期間、酒類を提供する飲食店等を対象に二二時以降の営業の自粛を要請し、これに協力する店舗に対して八月分（八月三日～三一日までの時短営業）として二〇万円、九月分（九月一日～一五日までの時短営業）として一五万円の「営業時間短縮に係る感染拡大防止協力金」を給付することになった（「東京都 飲食店などに営業時間の短縮要請へ 協力金支給の方針」『ＮＨＫ』

[https://www3.nhk.or.jp/news/html/20200730/k10012541011000.html] 二〇二三年四月二日閲覧）。

（32） 首都圏の一都三県に対して、二〇二一年一月八日に二回目の緊急事態宣言が発出された（「緊急事態宣言 2回目の状況」『ＮＨＫ特設サイト』[https://www3.nhk.or.jp/news/special/coronavirus/emergency_2021/] 二〇二三年四月二日閲覧）。

（33） 二〇二一年四月二五日から四都府県を対象として、三回目の緊急事態宣言が発出された（「新型コロナ 4月25日から3回目の〝緊急事態宣言〟 4都府県が対象」『ＮＨＫ特設サイト』[https://www3.nhk.or.jp/news/special/coronavirus/emergency_third/detail/detail_29.html] 二〇二三年四月二日閲覧）。しかし、感染拡大に歯止めがかからないことから、三回目の緊急事態宣言終了後の二〇二一年六月二一日から適用されたまん延防止等重点措置に引き続き、二〇二一年七月一日に四回目の緊急事態宣言が発出されることになった（「東京に4回目の緊急事態宣言 政府決定 沖縄は延長 8月22日まで」『ＮＨＫ特設サイト』[https://www3.nhk.or.jp/news/special/coronavirus/emergency_fourth/detail/detail_04.html] 二〇二三年四月二日閲覧）。

（34） 二〇二一年四月一二日～二四日（一回目）、および二〇二一年六月二一日～七月一一日（二回目）と、二度にわたってまん延防止等重点措置が発出された（「新型コロナウイルス感染症対策に係る東京都の取組」『東京都政策企画局』[https://www.seisakukikaku.metro.tokyo.lg.jp/cross-efforts/2022/10/images/h1_1.pdf] 二〇二三年四月二日閲覧）。

（35） 四回目の緊急事態宣言終了後の二〇二一年一〇月一日に、リバウンド防止措置が発出された（同ウェブサイト）。

（36） 二〇二二年一月二一日に、まん延防止等重点措置が発出された（同ウェブサイト）。

（37） 東京都の感染拡大防止協力金については、東京都産業労働局が内訳を公開している（「東京都 協力金・支援金」『東京都産業労働局』[https://www.sangyo-rodo.metro.tokyo.lg.jp/topics/jitan/index.html#jitan] 二〇二三年四月二日閲覧）。また、支給対象者に向けて、会計事務所が協力金スケジュールの一覧を公開している（「【東京都協力金】飲食店感染拡大防止協力金のスケジュール」『大島税務会計事務所』[https://oshima-tax.com/kyouryokukin-schedule/] 二〇二三年四月二日閲覧）。

（38） 「コロナ〝第7波〟行動制限はもう必要ない？ 対応新局面に」『ＮＨＫ政治マガジン』[https://www.nhk.

or.jp/politics/articles/feature/86822.html〕二〇二三年四月二日閲覧

（39）「ＨＥＬＰ！ライブハウス　新型コロナ　客席減・拡がる休止　大打撃　「音楽文化の一つ」存続に危機感」『東京新聞』二〇二〇年三月一一日

（40）クラブカルチャーの風営法改正をめぐる問題は、磯部涼編著『踊ってはいけない国、日本―風営法問題と過剰規制される社会』（河出書房新社、二〇一二年）、磯部涼編著『踊ってはいけない国で踊り続けるために―風営法問題と社会の変え方』（河出書房新社、二〇一三年）に詳しい。

（41）この時点でライブハウスの業界団体として存在していたのは唯一、ＮＰＯ法人日本ライブハウス協会のみだった。改正風営法による「特定遊興飲食店営業」の許可申請にともない、ライブハウスも該当する可能性があることから、その対策として新たに発足したのが、比較的中規模のライブハウスが加盟する一般社団法人ライブハウスコミッションだった。

（42）風営法改正がクラブカルチャーに与えた影響については、前掲『ライブカルチャーの教科書』（五五～五八ページ）に詳しい。

（43）「令和２年９月16日　菅内閣総理大臣記者会見」『首相官邸』〔https://www.kantei.go.jp/jp/99_suga/statement/2020/0916kaiken.html〕二〇二三年四月二日閲覧

（44）「日本の再起のための７つの柱（原案）」『自由民主党』〔https://www.jimin.jp/policy/policy_topics/recapture/pdf/061.pdf〕二〇二三年四月二日閲覧

（45）「自民党総裁選挙：政策発表」『すが義偉オフィシャルブログ』〔https://ameblo.jp/suga-yoshihide/entry-12622752975.html〕二〇二三年四月二日閲覧

（46）立憲民主党の枝野幸男代表（当時）は「政治家が自助と言ってはいけない。責任放棄だ。人生には、自助や共助でどうにもならない時がある。政治の役割は公助だ」と指摘し、共産党の志位和夫委員長は「あからさまな自己責任論だ。人々が支え合い、連帯を大切にする社会に」と主張している（「菅氏の描く社会像は…「自助」優先、弱者置き去りの懸念」『東京新聞』二〇二〇年九月一五日）。

（47）「【全文】菅首相　施政方針演説」『ＮＨＫ』〔https://www3.nhk.or.jp/news/html/20210118/k10012820521000.html〕二〇二三年四月二日閲覧

(48) 多様化するライブハウスのあり方については、宮入恭平『ライブハウス文化論』(青弓社、二〇〇八年)や宮入恭平『ライブカルチャーの教科書―音楽から読み解く現代社会』(青弓社、二〇一九年、一四九～一六〇ページ)に詳しい。

(49) 二〇一一年三月一一日に発生した東日本大震災(3・11)では、多くのライブハウスが影響を受けることになった。ポスト3・11のライブハウス文化については、宮入恭平、佐藤生実『ライブシーンよ、どこへいく―ライブカルチャーとポピュラー音楽』(青弓社、二〇一一年、一五六～一六二ページ)に詳しい。

(50) 政府(「新型コロナウイルス感染症に伴う各種支援のご案内」『新型コロナウイルス等感染症対策推進室(内閣官房)』[https://corona.go.jp/action/] 二〇二三年四月二日閲覧)や東京都(「【企業の皆様・はたらく皆様へ】新型コロナウイルス感染症に対応した支援策について」『東京都産業労働局』[https://www.sangyo-rodo.metro.tokyo.lg.jp/attention/2020/0305_13201.html] 現在は閲覧不可])など、支援策に関する情報を公開してきた。

(51) 「ユニオニズムで未来を構想せよ―木下武男『労働組合とは何か』を読み解く」NPO法人POSSE『POSSE vol. 48』堀之内出版、二〇二一年、一〇六～一三五ページ

(52) 木下武男『労働組合とは何か』岩波新書、二〇二一年、ii～ivページ、二〇八～二二四ページ

(53) 『日本音楽家ユニオン』[https://www.muj.or.jp/] 二〇二三年四月二日閲覧

(54) 前掲『労働組合とは何か』、二六二～二六四ページ

(55) コロナ禍では、ユニオニズムを超えて、労働者みずからが出資し運営に携わる協同労働というあり方も模索されている。共同労働の実現に向けて、二〇二〇年一二月に労働者協同組合法が衆院本会議で成立している(「協同労働」実現する労働者協同組合法が成立　多様な雇用機会の創出に期待」『東京新聞』二〇二〇年一二月五日)。厚生労働省は、共同労働に関する情報を提供している(「知りたい!労働者協同組合法」『厚生労働省』[https://www.roukyouhou.mhlw.go.jp/] 二〇二三年四月二日閲覧)。

(56) 前掲「アール・ブリュットとは」

(57) エミリー・シャンプノワ/西尾彰泰、四元朝子訳『アール・ブリュット』文庫クセジュ(白水社)、二〇一九年、一三五ページ

(58) 同書、一五ページ

（59）同書、八ページ
（60）前掲「アール・ブリュットとは」
（61）ジャン・デュビュッフェ／杉村昌昭訳『文化は人を窒息させる—デュビュッフェ式〈反文化宣言〉』人文書院、二〇二〇年、三六ページ
（62）同書、五四ページ
（63）同書、七八〜七九ページ
（64）同書、一一〜一二ページ
（65）同書、一三八ページ
（66）同書、一三八ページ
（67）同書、一三八〜一三九ページ
（68）同書、一三九ページ
（69）二〇二〇年五月二二日の要望書、二〇年一〇月一四日の要望書、二一年一月一三日の要望書、および、二一年二月一〇の公開質問状の内容と回答、さらに二一年八月三一日の提言書については、#WeNeedCulture のウェブサイトから確認できる（前掲『#WeNeedCulture』）。
（70）「文化芸術基本法」『文化庁』［https://www.bunka.go.jp/seisaku/bunka_gyosei/shokan_horei/kihon/geijutsu_shinko/kihonho_kaisei.html］二〇二三年四月二日閲覧
（71）「文化芸術活動に関わるすべての皆様へ」『文化庁』［https://www.bunka.go.jp/koho_hodo_oshirase/sonota_oshirase/20032701.html］二〇二三年四月二日閲覧

第8章　情動の音楽

六〇歳になってまで、オールマン・ブラザーズを聴かなければならない理由はない。だけど、たとえいくつになっても心に残るのは、思春期に聴いていた音楽なんだ。

——ローレンス・スタインバーグ[1]

脳科学や神経科学の分野で分析が進んでいる情動の概念は、音楽と政治の関係にも大きな影響をもたらしている。情動の概念を音楽に関連づけると、社会運動における音楽の有用性にも結びつくというわけだ。もっとも、ポスト3・11の社会における一九六〇年代末から七〇年代初頭を想起させる「政治の季節」の再燃は、政治信条におけるイデオロギーの対立によるところが大きかった。さらに、二〇一〇年代の社会運動は人びとの対立を深化させ、その敗北によって分断がうながされることになった。本章では、人びとの情動に訴えかける音楽が社会運動に及ぼす影響を確認しながら、その可能性と限界について検討することにする。

情動の音楽

ポスト3・11の社会でSEALDsが大きな反響を呼んだ理由のひとつとして、ラップを取り入れた「スタイリッシュなデモ」を確立したことがあげられる。そして、その話題性がゆえに、「音楽に政治を持ち込むな」問題が引き起こされることにもなったわけだ。もちろん、SEALDsが音楽をどれほど重視していたのかについては議論の余地があるものの、SEALDsと音楽の強固な結びつきは明らかだ。そもそもＳＥＡＬＤｓは、自覚的に音楽をデモに取り入れてきたのだ。たとえば、ＳＥＡＬＤｓの「民主主義ってなんだ?」「これだ!」というコール・アンド・レスポンスは、二〇一一年九月にアメリカのニューヨークで起こった「オキュパイ・ウォール・ストリート（ウォール街を占拠せよ）」で顕著だった"Tell me what democracy looks like?" "This is what democracy looks like!" というリズムに乗せたコール・アンド・レスポンスを手本にしている。[2] ライターの磯部涼は、「ＳＥＡＬＤｓの成果は、日本におけるデモにラップを持ち込んだというよりは、コール・アンド・レスポンスを持ち込んだということなんじゃないですかね[3]」と語っている。また、作家の高橋源一郎の「デモやりながら、サウンドカーの上でスピーチ。これは新しいスタイルだったね。誰が考えたの?」という質問に対して、ＳＥＡＬＤｓのメンバーだった奥田愛基は「いろいろ見て。けっこう海外のスピーチは参考になりました。チャップリンのスピーチとか。海外じゃないけどいとうせいこうさんとかも、半分音楽みたいな感じで。あと、キング牧師のスピーチもすごいリズムがついてる。何回も韻を踏んだりとかリフレクションがあって。俺ら的には「やってることがヒップホップだ!」みたいな」と答え、それに呼応して同じくＳＥＡＬＤｓのメンバーだった牛田悦正は「「これ、コール&レスポンスじゃん!」って」と話している。[4] ＳＥＡＬＤｓによる「スタイリッシュなデモ」のような、ポスト3・11のいわゆる「〈新しい〉新しい社会運動」に関与したのは、二〇〇〇年代以降の世界情勢を背景に注目される社会的・政治的主体のマルチチュードだ。そして、マルチチュードとしてのＳＥＡＬＤｓがみずからの主張を訴えるために利用したのは、「スタイリッシュなデモ」には欠かすことのできないラップという音楽だったというわけだ。ＳＥＡＬＤｓの「スタイリッシュなデモ」が人びとに大きな影響を及ぼした理由のひとつには、音楽が効果的に作用したことがあげられるだろう。

　あくまでも一般論として、音楽によって心が高鳴り、気持ちが揺さぶられることを自覚している人は少なくないだろう。そもそも、音楽が人びとの内面に大きな影響を与えることは、すでに古代ギリシャの時代から認識されていた。哲学者のプラトンは、道徳や理性と大きくかかわる「エートス論[5]」にもとづきながら、「リズムと調べというものは、何にもまして魂の内奥へと深くしみこんで行き、何にもまして力づよく魂をつかむものなのであって、人が正しく育てられる場合には、気品ある優美さをもたらしてその人を気品ある人間に形作り、そうでない場合には反対の人間にする[6]」と説いている。こうした、音楽が人びとの内面に与える影響について、アメリカの発達心理学者ローレンス・スタインバーグはみずからの音楽経験にもとづきながら、「たとえいくつになっても心に残るのは、思春期に聴いていた音楽なんだ[7]」と語っている。もっとも、スタインバーグは単に個人的な経験を主観的に語っているだけではなく、「人間の推論能力や衝動の抑制を司る脳の前頭前野は思春期の直前に大きく活動し、アイデンティティを形成しようとする。したがって、思春期に受ける文化的な刺激は、大きな印象を残すことになる[8]」と分析している。近年の脳科学や神経科学の発展にともない、スタインバーグがほのめかす「青年期のありふれたことは、他の年頃のありふれたことよりもよく覚えている傾向がある。人生のこの時期には、ごく些細な出来事でも記憶に焼きつてしまうような何かがあるのだ[9]」というクリシェは、論理的に裏づけられるようになってきたというわけだ。確かに、音楽は人びとの内面へと訴えかけるものだが、それはあまりにも主観的で感覚的に過ぎるだろう。合理性にもとづく論理的な議論が必要とされる(「自然科学」だけではなく「人文科学」や「社会科学」も含まれる)「科学」の分野では、音楽が人びとの内面へ及ぼす影響について、たとえ直感(あるいは直観)的には理解できたとしても、主観的で感覚的な議論は敬遠されがちだった。ところが、近年の脳科学や神経科学の分野における議論が展開するなかで、音楽のような主観的で感覚的な事象を論理的に分析する道筋が見えてきた。そこで用いられるのは、人びとの内面と深くかかわる情動や感情の概念だ。

ポルトガル出身の神経学者アントニオ・ダマシオは、フランスの哲学者ルネ・デカルトやオランダの哲学者バールーフ・デ・スピノザの議論を援用しつつ、一九九〇年代に情動や感情と理性の関係を分析している。そもそもダマシオの問題意識は、合理性の本質に関する伝統的な見解、つまり、理性的な判断には情動や感情を排除すべきだとする「崇高な理性」の見解に対する妥当性を疑うことにあった。[10]そんなダマシオは、かつて「合理的な判断は冷静な頭から生まれる、情動と理性は水と油のように混じり合わない」[11]と考えていた。しかし、「理性は、われわれのほとんどが考えているほど、あるいはそう願うほど、純粋ではないのかもしれない。情動と感情はけっして理性という砦への侵入者ではないかもしれない。情動と感情は、よかれ悪しかれ、理性のネットワークに絡んでいるのかもしれない」[12]という疑問を抱くようになった。そして、情動や感情と理性の不可分性を指摘することになるのだ。ダマシオはまず、「通常使われている情動という言葉には、感情の概念も包含されていることが多い。しかし、情動からはじまって感情で終わる一連の複雑な事象を理解しようというなら、そのプロセスを、外にあらわれる公的な部分と内にとどまる私的な部分とに原理的に分離することが助けになるだろう。研究の目的にそって、私は前者を「情動」、後者を「感情」と呼んでいる」[13]と言及する。そして、「情動は身体という劇場で演じられ、感情は心という劇場で演じられる」[14]という表現を用いて、情動と感情が似て非なるものであることを指摘する。たとえば、恐ろしい光景を目の当たりにした際には、体の硬直や激しい鼓動などのような身体的変化が生じて恐怖を感じる。この身体的変化として表出した生命調節のプロセスが情動であり、それを心的なものとして感じとることが感情になる。ここで注意すべき点は、その順序にある。恐怖を感じたことによって身体的な変化が生じるのではなく、身体的な変化によって恐怖を感じるというわけだ。そのうえでダマシオは、古代ギリシャのプラトンにまでさかのぼることができる「崇高な理性」の見解に反して、日常生活における合理的な意思決定には、そのときの身体状態と不可分に結びついている情動と感情の作用が不可欠であることをほのめかすのだ。

自然科学の分野によって分析された情動の概念は、分野を横断して学際的な注目を集めるようにもなっている。社会科学の分野ではメディア研究者の大山真司が、カルチュラル・スタディーズの分野に影響を与えたのは「スピノザからドゥルーズに至る「触発する／される身体の強度」としての情動[15]」と指摘しており、アントニオ・ダマシオも依拠しているバールーフ・デ・スピノザに重きを置いていることが理解できる。心と身体との分離を掲げるルネ・デカルトの心身二元論に対して、スピノザは心と身体が同じ実体の属性であるとする心身並行論を説いている。神経科学の分野でダマシオがスピノザに依拠しながら情動の概念を分析しているように、カルチュラル・スタディーズの分野ではスピノザを系譜とするジル・ドゥルーズによる情動の概念が重要になっている[16]。社会学者の伊藤守は、「情動と感情とは連接し、持続的継起としてつながっているとはいえ、両者は異なっていることを認識しておく必要がある。感情とは情動の持続的継起からなる変様の一つの帰結だからである[17]」と述べ、「スピノザ＝ドゥルーズの情動概念を支えているのが「意識（consciousness）」とは明確に区別される「思惟」あるいは「精神（mind）」に関する規定である[18]」と指摘している。また、社会学者の毛利嘉孝は「「情動」という語を、（スピノザに始まりドゥルーズを経由した）ネグリとハートの用法にならい「感情」とわけて使いたい。「感情」が主として心の内面の動きを表すのに対して、情動は他者との接触や相互作用によって身体的に誘発された感情の動きを指す[19]」としたうえで、「新しい権力に抗するには、言語によって分節化された対抗的な言説だけでは十分ではない。それ以上に具体的な直接行動や、情動に訴える身体的なパフォーマンスや音楽が、動員される必要がある[20]」と述べている[21]。この「情動に訴える身体的なパフォーマンスや音楽」は、ポスト3・11の社会運動においてマルチチュードによって実践されることになった。

マルチチュードの行方

民主主義のあり方が問われることになったポスト3・11の社会運動は、他人事ではなく自分事として政治をとらえ直す契機になったという点において、ある程度の成果を収めることができたと言えるだろう。なかでも、ＳＥＡＬＤｓが確立した「スタイリッシュなデモ」は、それまでのデモに対する人びとの（どちらかと言えば）否定的な認識を払拭する役割を果たすことになった。もっとも、それが社会運動そのものへの評価に値するのかどうかについては、今後の課題として検討の余地がある。そして、民主主義を問う社会運動は、ポスト3・11の日本に限って見られた現象ではない。中東諸国の「アラブの春」、スペインの「M15運動」、アメリカの「オキュパイ・ウォール・ストリート（ウォール街を占拠せよ）」、さらに、アジアにおける台湾の「ひまわり運動」や香港の「雨傘革命」といった社会運動は、二〇一〇年代を象徴する世界的な出来事となった[22]。そこで中心的な役割を担ったのが、哲学者のアントニオ・ネグリとマイケル・ハートによって提唱された政治的主体を表すマルチチュードという概念だ。国境を超えたネットワーク状のグローバルな主権形態である〈帝国〉的な権力に抗うマルチチュードは、新自由主義に収奪された〈共〉の解放を求めることになったというわけだ[23]。ネグリとハートによると、「市場と生産回路のグローバル化に伴い、グローバルな秩序、支配の新たな論理と構造、ひと言でいえば新たな主権の形態が出現して[24]」おり、「〈帝国〉とは、これらグローバルな交換を有効にする政治的主体のことであり、この世界を統治している主権的権力のことである」[25]。そんな〈帝国〉に抗うマルチチュードは、〈共〉にもとづく民主主義の構成を試みるのだ。ネグリとハートによれば、〈共〉には、空気や水、大地の恵みといった自然的な資源としての伝統的な〈共〉と、知識や言語、コード、情報、情動などの社会的生産の諸結果としての生政治的な〈共〉というふたつの意味がある[26]。そして、「グローバル化の時代においては、この両方の意味での〈共〉の、エコロジー的な枠組みと社会経済学的枠組みの両方における維持と生産、分配という問題が、ますますその重要性を増す[27]」と指摘しながら、「自然と文化と社会に対して同時に作用を及ぼすような〈共〉[28]」が求められることをほのめかすのだ。

　二〇一〇年代の社会運動が世界的に拡散した要因には、グローバル資本をもたらした新自由主義の跋扈があげられる。アントニオ・ネグリとマイケル・ハートは、二〇一〇年代の社会運動を「〈共〉のための闘い」であると指摘する[29]。それは、「新自由主義の不正に、また究極的には私有財産（＝私的所有）の支配に抗議しているという意味で、〈共〉を求める闘いなのである。けれでも、だからといってこれらの闘争が社会主義的であるということにはならない。じっさい、二〇一一年に始まる闘争のサイクルのなかに伝統的な社会主義運動はほとんどみられない。〈共〉を求めるさまざまな闘争は、私有財産の支配に対する異議申し立てであると同時に、公有財産の支配や国家による管理に抗する闘いでもある[30]」と述べている。つまり、「私的でも公的でもなく、資本主義でも社会主義でもないものに向けて、新たな政治的空間を切り拓くもの[31]」として〈共〉を求める闘いが重要になるというわけだ。二〇一〇年代のマルチチュードを中心とする〈共〉を求める闘争では、「リーダーを立てる代わりに組織化のための水平的なメカニズムを発展させていったのである。それらの運動は、司令部を立ち上げたり、中央委員会を作ったりすることなく、昆虫の群がりのように拡大していった。そしてもっとも重要なのは、すべての参加者がともにコミュニケーションをリードできるように、それらの運動が意思決定の民主的な慣行を創り上げたことだ[32]」。そして、「それらの運動は、指導者を欠いているにもかかわらず強力なのではない。そうではなくて、まさに指導者を欠いているからこそ強力なのだ。マルチチュードと同じく、それらの運動は水平に組織される。そして、あらゆるレベルで民主主義の重要性が強調されるのだが、それはたんなる美徳を超えたもの、言いかえれば、運動が保持する権力の鍵にあたるものなのだ[33]」と主張する。続けて、「さらに、それらの運動が掲げるスローガンや、そこで交わされる議論は、きわめて広範囲に普及することになった。だが、そうしたスローガンや議論は、それらが表現していたさまざまな立場を、固定したイデオロギー的路線へと集約させたり、規律化したりすることができなかったにもかかわらず普及したのではない。そうではなくて、まさに集約も規律かも不可能であったからこそ、それらは普及したのである。そこには、人びとに何を考えるべきかを告げる党幹部は存在しない。その代わりに存在するのは、多様きわまりない見解に対して開かれた議論の積み重ねである。それらの見解は、時には互いに矛盾することさえあるかもしれない。しかし、たいていはゆっくりと時間をかけて、首尾一貫した展望を練り上げて行くのである[34]」と述べている。そこでは、「知識の創出と普及」がうながされるだけでなく、「政治的情動の教育」も育まれており、「情動の生産と実習訓練」が実践されることになった。〈共〉（コモン）を求める闘争は、それ自体が「社会的かつ民主的な情動を生産する、大いなる工場」になるというわけだ[35]。

アントニオ・ネグリとマイケル・ハートは、二〇一〇年代の社会運動におけるリーダー不在の水平的な組織による民主的な意思決定の可能性を積極的に評価している。こうした特徴は、日本における二〇一〇年代の社会運動にも見られる。編集者で活動家の野間易通は、「実際に「蜂起」に馳せ参じた人々の多くは（中略）結社のメンバーではなかった[36]」と指摘したうえで、「集まる人々は結社には加わっていないが、しかしある一定の価値観や政治的信条を共有している。明確なリーダーはおらず、会合も行われないが、アイデアは日々交換され、全体としてその価値観や政治的信条をエンパワメントする方向に働く[37]」と述べている。それは、「二〇一一年の素人の乱による反原発デモ、反原連による金曜官邸前抗議、それから二〇一四年の秘密保護法反対国会前行動や二〇一五年の安保法制反対国会前デモまでほとんど同じ[38]」であり、そこにはＳＥＡＬＤｓによる「スタイリッシュなデモ」も含まれることになる。奥田愛基は組織としてのＳＥＡＬＤｓについて、「僕らは明確なリーダーを決めていなくて、できるやつがやる。スピーチが上手い人はそれをやるし、デザインが上手い人はそれをやるし。それぞれがゆるく繋がっているコミュニティというか、無理な時は無理だって断っていいんだけど、できるだけみんなでたすけあおうよ、くらいの組織。あまりかっちりしていない[39]」と語っている。こうした二〇一〇年代の社会運動について、野間は「ツイッターをはじめとしたＳＮＳ上でオープンに行われているもので、「指令」もその中から発せられる。「指令」はシングル・イシューで、どのような内容かによって、それを発する人はその都度替わる。ビラやプラカードといった印刷物はネット上で配布され、各地のセブン‐イレブンから出力される[40]」と指摘する。「政党や組合や結社といった強固なつながりを持つ組織ではなく、社会問題の各イシューを通じて形成される集合的アイデンティティのようなものが動員の直接的要因となって[41]」おり、「それをドライブするのが、ネット上で生まれる集合的アイデンティティ[42]」というわけだ[43]。こうした野間の指摘に対して、作家で思想家の笠井潔は「「集合的アイデンティティ」の形成と運動化のスタイルは、ネグリ（とハート）が注目した「組織化のための水平的なメカニズム」の日本版として捉えることができる[44]」と述べている。もっとも、笠井の発言は、ネグリとハートによる二〇一〇年代の社会運動への積極的な評価を支持する野間とは裏腹に、必ずしも肯定的なものではない。笠井にとっての二〇一〇年代の社会運動とは、「左翼を終わらせ、左翼的な組織と運動に不可欠であるオルグを蜂起の空間から排除[45]」するものだった。こうした社会運動に対する価値観の（世代的な）相違は、二〇一〇年代の社会運動を経て露呈することになった、（このあとで議論する）対立や分断の構造とも無関係ではない。たとえば、イデオロギー批判をしてきた旧態依然の社会運動のあり方に一石を投じたのは、「スタイリッシュなデモ」を確立したSEALDsだった。しかし皮肉なことに、そのSEALDsを全面的に支持したのは、旧態依然の社会運動の主体となったシニア世代だったことも忘れてはならない事実だ[46]。

二〇一〇年代の社会運動を積極的に評価したアントニオ・ネグリとマイケル・ハートは、その限界と可能性についても言及している。二〇一一年にはじまった〈共〉(コモン)を求める闘争のサイクルでは、リーダー不在の水平的な組織によって民主的な意思決定が可能になり、マルチチュードが中心的な担い手となった。もっとも、その結末はと言えば、必ずしも期待どおりの成果を得られたわけではなかった。そもそも、ネグリとハートによる積極的な評価は、「アラブの春」、「M15運動」や「オキュパイ・ウォール・ストリート」といった、世界的に拡大した民主化運動である二〇一一年の闘争サイクルの渦中にあった二〇一二年の時点で描かれたものだ。つまり、ネグリとハートによる評価の対象となったのは、二〇一〇年代の社会運動が社会にもたらしたものというよりはむしろ、二〇一一年の闘争サイクルのあり方そのものとして理解する必要があるだろう。もちろん、社会運動のあり方そのものによって社会運動の実践が機能し、その結果として社会に何らかの影響をもたらす可能性は多分に考えられる。それを踏まえたうえで、ネグリとハートが積極的に評価したのは、民主化した社会運動ではなく、あくまでも社会の民主化をうながすために展開した社会運動であること、言い換えれば、目的としての社会運動ではなく、手段としての社会運動であることを見過ごしてはならない。闘争サイクルから一〇年の歳月を経て、ハートは「それらの運動はいずれも巨大な障害に直面することになった。そのほとんどは敗北し、その多くは以前と同じかそれよりも悪い統治体制にあとを襲われてしまったのである[47]」と述べている。闘争サイクルの渦中では露呈することのなかった、「指導者（リーダー）不在の社会運動は、持続的な政治組織や政治制度へと変化するができなかった」という事実が顕在化したのだ[48]。それを踏まえて、ネグリとハートは、「指導（リーダーシップ）」という概念を再確認しながら、二〇一一年の闘争サイクルの敗北の要因を超えた社会運動の可能性をほのめかす。ネグリとハートは、集権的かつ垂直的な組織形態である中央集権的な指導（リーダーシップ）を批判しながらも、それを放逐することには異を唱える。それと同時に、垂直性を排除したうえで、盲目的に水平性を崇めることにも難色を示す。そして、指導（リーダーシップ）の政治的機能を「意思決定と集合形成（アセンブリ）」と位置づける[49]。ネグリとハートによれば、「意思決定と集合形成（アセンブリ）は中央集権的支配を必要とせず、マルチチュードが一緒になってそれらを民主的に実現しうるというものだ。もちろん、その緊急性と技術的な性質ゆえに、さまざまな種類の集権的な意思決定を必要とする問題は存在しており、また存在し続けるだろうが、そうした「指導（リーダーシップ）」はつねにマルチチュードに従属したものでなければならず、場面が求めるのに応じて配備されたり解任されたりしなくてはならない[50]」のだ。

〈象〉と〈乗り手〉

二〇一一年の闘争サイクルにおいて、マルチチュードが担った社会運動は世界的な広がりを見せた。それはある意味で、情動が発露する場と呼ぶことができるかもしれない。リーダー不在の水平的な組織による民主的な意思決定は、二〇一〇年代の社会運動における特徴として顕在化した。そんな「「組織化のための水平的なメカニズム」の日本版」として「「集合的アイデンティティ」の形成と運動化のスタイル」を実践したのが、民主主義のあり方に声をあげたＳＥＡＬＤｓだった。実際のところ、日本におけるポスト３・11の社会運動は大きな話題となり、とくにＳＥＡＬＤｓは（たとえ一時的だったとは言え）社会現象にまでなったほどだ。ポスト３・11の社会運動が大規模に展開した要因として、野間易通は「東日本大震災と原発事故を経て、多くの人々が自分の生活の問題として国政の矛盾に直面せざるをえなくなった[51]」と指摘する。そして、こうした社会運動には、国政に異議を唱えると同時に住民運動や生活運動といった側面もあり、「問題意識を共有すること自体が集合的アイデンティティを形成するのであり、それが既存の組織が果たしてきた役割――連帯、オーガナイズ、動員を担ってきた[52]」と述べている。そうしたなかで、リーダー不在の水平的な組織として、ＳＥＡＬＤｓはラップを取り入れた「スタイリッシュなデモ」を確立したというわけだ。そこには、「具体的な直接行動や、情動に訴える身体的なパフォーマンスや音楽」が含まれることになった。もっとも、集合的アイデンティティをともないながら、情動を発露する場となったポスト３・11の社会運動は、「左派／リベラル側に限ったことではなく、ネット右翼を基盤とする極右市民運動の側[53]」にも見られた。つまり、情動を用いた社会運動は、左派やリベラルの専売特許ではなかったというわけだ。そして、社会現象にまでなったＳＥＡＬＤｓの実践が短命に終わった要因のひとつには、「スタイリッシュなデモ」に含まれる「情動に訴える身体的なパフォーマンスや音楽」が、はからずも「言語によって分節化された対抗的な言説」へと回収されてしまったことがあげられる。それは、二〇一〇年代後半のアメリカにおけるドナルド・トランプ大統領の誕生やイギリスにおけるブレグジットといったポピュリズムの台頭とも結びつく、二〇一一年の闘争サイクルにおける敗北の連続性としてとらえることができる。アメリカの社会心理学者ジョナサン・ハイトは、「心は〈乗り手〉と〈象〉に分かれる。〈乗り手〉の仕事は〈象〉に仕えることだ[54]」と述べている。ここでの〈乗り手〉は「理性」に、〈象〉は「情動」に、それぞれ置き換えることができる。そして、ここで描かれる「〈乗り手〉と〈象〉」の関係は、しばしば語られるリベラルの限界を示唆しているのだ。

ジョナサン・ハイトは、「人間の思考はメタファー（暗喩）に依存している。私たちは、新しいものや複雑なものを理解する時、すでにじぶんが知っている物事との関連性から理解する。（中略）一度何らかのメタファーを選択すれば、それが思考を導いてくれる。有史以来、人は動物と共に生活し、彼らをコントロールしようと試みてきた。そしてこれらの動物によって古いメタファーが生まれてきた[55]」と述べている。そして、馬車と御者（馭者）をメタファーとして用いたプラトンに言及するのだ[56]。プラトンは「魂の本来の相（すがた）」を説明する際に、御者と二頭の馬を魂に見立てている。ハイトはプラトンの「二頭の馬をコントロールしなければならない御者」というメタファーについて、「いくつかの感情や情熱（たとえば、名誉愛）は良いものであり、自分自身を正しい方向へと導くのを助けるが、その他の感情（たとえば、食欲や肉欲）は悪いものである。プラトン派の教育の目的は、馬車の御者がこの二頭の馬を完璧にコントロールするのを手助けすることである[57]」と説明する。ここから垣間見えるのは、プラトンの「理性主義」に対するハイトの態度だ。ハイトはプラトンによる馬車と御者のメタファーについて、「プラトンは、徳の大半を御者の合理性の中にあるとしたにもかかわらず、徳には正しい情熱が必要であると認めなければならなかった。それゆえに彼は、二頭の馬のうちの一頭はいくらか徳を持ち、もう一方はまったく持っていないという複雑なメタファーを思いついたのである。プラトンや後の多くの思想家にとって、合理性は神からの贈り物であり、私たちの動物的欲望を制御するための道具立てであった。合理性が責任を持たなければならなかった[58]」と辛辣な評価をする。そして、プラトンをはじめとする「崇高な理性」の見解に批判的な態度を示すハイトは、日常生活における合理的な意思決定には情動や感情が不可欠であることを指摘するアントニオ・ダマシオを援用しつつ、プラトンが馬車と御者のメタファーを用いたように、みずからも〈象〉と〈乗り手〉をメタファーとして用いながら、理性的な思考と直観的な判断の関係を分析するのだ。

〈象〉と〈乗り手〉のメタファーについて、ジョナサン・ハイトは「合理的選択や情報処理に関する現代の理論では、意志の弱さを十分に説明できない。それに対して、動物をコントロールするという古いメタファーは、うまく説明している。自分の意志の弱さに驚いた時私が思いついたイメージは、自分が象の背中に乗っている象使いであるというものだった。私は手綱を握り、あっちへ引っ張ったり、こっちへ引っ張ったりして、象に回れ、止まれ、進めなどと命令することができる。象に指令することはできるが、それは象が自分自身の欲望を持たない時だけだ。象が本当に何かしたいと思ったら、私はもはや彼にかなわない(59)」と述べている。この問題意識を発展させて、ハイトは理性的な思考と直観的な判断について分析することになる。そして、「〈乗り手〉とは、言葉の流れや明確なイメージなど、私たちが持つ意識的な思考を、また〈象〉とは、残った九九パーセントの心のプロセス、すなわち私たちの気づかないところで生じるが、実際には行動のほとんどを支配しているプロセスを指す(60)」と説明している。つまり、〈乗り手〉は「「理由を考えること」などの、意識によってコントロールされたプロセス(61)」であり、〈象〉は「情動、直観、そしてあらゆる形態の「見ること」を含む自動的なプロセス(62)」というわけだ。〈象〉と〈乗り手〉のメタファーは、「まず直観、それから戦略的な思考」という道徳心理学の第一原理を説明するために用いられたものだ(63)。ここで重要になるのが、〈乗り手〉としての理性的な思考と、〈象〉としての直観的な判断の関係だ。「理性が主人たるべき」とするプラトンの理性主義に反して、ハイトは「まず直観、それから戦略的な思考」という直観主義の可能性を訴える。ハイトによれば、「誰かが道徳的に啞然としているところを観察すれば、〈乗り手〉が〈象〉に仕えている様子を確認できる。何が正しくて、何が間違っているかについて直観を得たあとで、その感覚を正当化しようとするのだ。たとえ召使い（思考）が正当化に失敗しても、主人（直観）は判断を変えようとしない(64)」のだ。「したがって、道徳や政治に関して、誰かの考えを変えたければ、まず〈象〉に語りかけるべきである(65)」と主張するのだ。

その一方で、「〈象〉は〈乗り手〉よりもはるかに大きな力を持っているが、絶対的な独裁者ではない[66]」という態度を示しながら、ハイトは「思考が、友好的な会話、あるいは情動的な満足をもたらしてくれる小説、映画、ニュースなどで提供される場合には特に、直観は思考によって形成され得る[67]」と指摘する。「しかし、他人がしていることを見たり聞いたりする段になると、私たちの〈象〉はたちまち特定の方向に傾き始める。そして〈象〉の次の動きをつねに予測しようとしている〈乗り手〉は、それを支援する方法を探そうとする[68]」のだ。そのうえでハイトは、「〈乗り手〉の仕事は〈象〉に仕えることである」という直観主義の立ち位置から、アメリカにおける保守（共和党）とリベラル（民主党）の対立的な構造に言及する。

ジョナサン・ハイトは、「共和党員はこれまで長く、〈乗り手〉ではなく〈象〉が政治的な態度を決定するということを、また、〈象〉がどのように機能するかをよく心得ていた。（中略）それに対して民主党は、〈乗り手〉に訴えようとする傾向が強く、特定の政策やその恩恵を強調することが多い[69]」と指摘している。この事実は、共和党の政治家が「道徳基盤に依拠して人々の直観に訴える術を心得ている[70]」ことを示唆するのだ。ここでハイトが用いる道徳基盤とは、文化を超えて普遍的と考えられる、人びとが生得的に有する美徳を類型化したもので、〈ケア／危害〉、〈公正／欺瞞〉、〈忠誠／背信〉、〈権威／転覆〉、〈神聖／堕落〉、そして〈自由／抑圧〉という六つの基盤から説明することが可能になる[71]。この類型化に際して、ハイトは「生得性を「経験に先立って組織化されたもの」として、また、さまざまな文化のもとで個人が成長するにつれ、やがて改訂されていく草稿のようなものとして定義[72]」している。たとえば、〈公正／欺瞞〉基盤では、リベラルが二〇一一年の闘争サイクルのひとつである「オキュパイ・ウォール・ストリート」の問題意識となった「裕福な人々や権力者を、「公正な税負担」の責を追わず、社会の底辺で暮らす人々を搾取して儲けていると非難する[73]」その一方で、「右派では、ティーパーティー〔アメリカの保守派の一つで、小さな政府を推進する〕が公正さに大きな関心を寄せている[74]」。つまり、「誰もが公正さに配慮しているが、それには大きく分けて二種類がある。左派は、公正を平等としてとらえる場合が多いが、右派は比例配分として考える」[75]という差異が見受けられる。さらに、保守とリベラルのあいだでは、依存する基盤に違いが生じていることが明らかになる。みずからの分析をもとに、ハイトは「リベラルは〈ケア／危害〉〈自由／抑圧〉〈公正／欺瞞〉の三つ、保守主義者は六つすべてに依存する」[76]と述べている。つまり、リベラル（民主党）の政治家と比べて保守（共和党）の政治家は、支持者の直観に訴えながら、より広い支持層を獲得することが可能になるというわけだ。こうした、直観主義と道徳基盤にもとづいた結果、保守（共和党）はリベラル（民主党）よりも優位に立ち、二〇一一年の闘争サイクルの敗北後には、アメリカでドナルド・トランプ大統領が誕生することになるのだ。

対立と分断

〈象〉と〈乗り手〉のメタファーを用いながら、ジョナサン・ハイトは理性的な思考と直観的な判断の関係について分析した。そして、両者の関係は保守とリベラルの政治的な対立にも大きな影響を及ぼすことが明らかになった。こうしたハイトの主張も踏まえながら、哲学者のジョセフ・ヒースは、理性よりも直観（感情や情動）に重きを置く現代社会に警鐘を鳴らしながら、新たな転換を模索する作業を試みようとしている。それは、「正気を取り戻す」ために、理性にもとづく合理的な社会の改革を目指した啓蒙思想（啓蒙思想1・0）を更新しようとする試み（啓蒙思想2・0）だ。ヒースは、ハイトをはじめとする現代心理学における理性の限界という論調を認めながら、新たなる理性の可能性をほのめかしている。[77]そして、「一八世紀の啓蒙思想を鼓舞した理性という概念の主な欠陥は、それがまったく個人主義的なものだったことだ。理性はもっぱら個人の脳内に宿ると考えられていた。そのせいで、個人をとりまく物理的および社会的環境で何が起こっているのかに注意が向けられなかった。新たな啓蒙思想の発展には、理性は多様な個人にまたがる非集権的で分散的なものであるという認識が必要だ。自分だけでは合理的にはなれない。合理性は本来、集団的なプロジェクトである[78]」と指摘する。そして、〈象〉と〈乗り手〉のメタファーを再検討するのだ。ハイトによる「まず直観、それから戦略的な思考」というとらえ方について、ヒースは、「理性は、いざ直感とまともに太刀打ちしようと思っても、そこまで強力ではない。とは言え、ハイトが描いた構図には重要なピースが欠けている[79]」と指摘して、〈乗り手〉は〈象〉から降りるという選択肢を提示するのだ。地面の状態を整えるなど環境を改善することによって、〈乗り手〉は〈象〉をコントロールすることができるというわけだ。ヒースが試みる新たな理性の可能性の模索について、政治学者の宇野重規は、「理性は個人のものではなく、社会事業であるという認識[80]」が重要だと指摘する。そのうえで、ヒースが訴える「正気を取り戻す」ためには、「合理的な思考と計画に役立つ制度的環境を整備すること[81]」がより重要になると述べている。

ジョセフ・ヒースが新たな理性の可能性を模索したのは、アメリカでドナルド・トランプ大統領が就任する二年前のことだった。そして、トランプ大統領の誕生は、政治における非合理主義を露呈することになった。非合理的な政治の世界的な蔓延をうながすことになったトランプ大統領に対する懸念について、ヒースは「トランプは特異でも例外でもなく、むしろ、数十年の民主政治で機能してきた大きな潮流の、極端な形態だった。さらに、トランプが体現した潮流はほかの国でも見ることができる。アメリカでは例によって、その潮流がより大きく、より幅広く現れたにすぎない[82]」と述べている。ヒースによれば、「歴史的には左派が合理主義、右派が反合理主義であった。（中略）フランス革命とその後のせいで、古典的な啓蒙思想プロジェクトの評判は損なわれたが、一九世紀に出現したさまざまな社会主義運動は、どれもきわめて合理主義的な性質をもっていた[83]」。そして、「二〇世紀の大いなる再編成、すなわち左派の反合理主義の出現をもたらしたのは、第二次世界大戦とその後の資本主義対共産主義の冷戦の経験であった[84]」。理性の問い直しを試みるヒースは、アンドルー・ポターとともに、「左派はポリティカル・コレクトネス（政治的正しさ）に回帰し、国民にますます多くの（公的な）行動のルールを課すことにこだわるようになった。その一方で、ルールを破ることを称賛しだしたのは右派だった[85]」と指摘している。この言葉は、カウンターカルチャーの政治が左派から右派へ移ったことを示すと同時に、理性と直観（感情や情動）の移行をも示唆している。そもそも、カウンターカルチャー（の思想）に対して辛辣な議論を展開しているヒースが、左派（リベラル）を批判的な評価の対象としてとらえていると考えるのは、必ずしも穿った見方ではないだろう。ヒースは共和党が「有権者のほとんどは論理の整合性など気にしていないという発見に基づいた、意識的かつ計算された戦略[86]」を展開していると指摘する。その「目的は、国民のスイッチを押して、頭でなく心に訴えること[87]」なのだ。ヒースは、「保守の言い回しは、反論されるような具体的な主張はまったくしないで、感情的・直観的反応をかき立てることを意図している[88]」と述べ、右派の非合理的な政治のあり方を指摘する。それと同時に、こうした直観（感情や情動）に訴える右派の反合理的な戦略について、これまで理性を批判してきたはずの左派が批判することにも苦言を呈している。ヒースは、「反合理主義は一九六〇年代カウンターカルチャーのとてつもなく強力な潮流であったし、今日に至るまで左派に、特にジェンダーや環境保護運動に、強大な影響を及ぼしつづけている。いろいろな意味で現在の右派の非合理主義は、左派の戦略を盗んだ結果にすぎない[89]」と指摘している。

理性をめぐる保守とリベラルの対立は、敗北を喫した二〇一一年の闘争サイクルにおいても繰り広げられた。そして、さらなる可能性を託されたマルチチュードによる情動の発露の場は、もはや保守とリベラルの対立というイデオロギーの側面からだけでは理解できない新たな局面を迎えている。それは、ドナルド・トランプ大統領の誕生によって顕在化した、保守とリベラルにおける（反）合理主義的な政治のあり方だった。トランプ元大統領の非合理的な政治は、保守とリベラルの対立を深めながら、アメリカ社会の分断を深化させることになった。これまで、とくにアメリカの政治における対立軸としてあげられてきた保守とリベラルの関係については、ここで改めて確認しておく必要があるだろう。政治学者の宇野重規によると、そもそも「保守」の対抗概念となるのは「革新」や「急進」であり、「リベラル」の対抗概念となるのは「権威主義」や「不寛容」であるはずだ。それにもかかわらず、「保守」と「リベラル」が対立するのは、アメリカにおける「保守」と「リベラル」の二大政党制が大きくかかわっているからだ。アメリカにおいては、国王や貴族が存在せず、社会主義やマルクス主義が力を持つこともなかったために、リベラリズム（自由主義）が正統的なイデオロギーになった。そのうえで、小さな政府を説くリベラリズムが「保守」、政府のより積極的な役割を重視するリベラリズムが「リベラル」と呼ばれるようになったというわけだ。ヨーロッパでは「右」と「左」の区分が一般的であり、「保守」は封建的な伝統にもとづくもの、「リベラル」は中道もしくは右派の新自由主義的な政党が結びつくようだ。[90]

宇野は、保守主義を「抽象的な理念に基づいて現実を根底から変革するのではなく、むしろ伝統のなかで培われた制度や慣習を重視し、そのような制度や慣習を通じて歴史的に形成された自由を発展させ、秩序ある斬新的改革を目指す思想や政治運動」、リベラリズムを「他者の恣意的な意志ではなく、自分自身の意志に従うという意味での自由の理念を中核に、寛容や正義の原則を重視し、多様な価値観を持つ諸個人が共に生きるための社会やその制度づくりを目指す思想や政治運動」と定義している。[91]しかし、残念ながら日本では、保守主義やリベラリズムの定義にもとづいた「保守」や「リベラル」の概念が定着することはなかった。宇野によると、それまで「革新」と呼ばれていた政治勢力の一部、あるいは保守政党内で「リベラル」と呼ばれていた勢力が合流することによってリベラルが存在感を示すようになった。保守とリベラルという図式が広まったのは、冷戦後の一九九〇年代以降だった。もっとも、日本における保守とリベラルという図式は、かつての「右（保守）」と「左（革新）」の対抗図式が持続しているにすぎないととらえることもできる。さらに、「右（保守）」と「左（革新）」の理解にも変化が生じており、従来の対立構造を知らない世代にとっては、憲法改正に反対する政治勢力が「右（保守）」で、新自由主義的な改革を進める政治勢力が「左（革新）」だと認識する可能性もある。[92]

日本における二〇一〇年代の社会運動では、（曖昧な認識ながらも）保守とリベラル、あるいは右と左（と思われるもの）のあいだに生じた対立が争点となった。そして、ポスト3・11の右傾化する社会をもたらした安倍晋三元首相が率いた政権は、いわゆる保守、あるいは右（と思われるもの）として認識されてきた。もっとも、安倍元首相みずからの政治信条については留意する必要がある。宇野重規によると、一九五五年に自由党と日本民主党が合同して成立した自由民主党は、いわゆる五五年体制における保守（右）の座に就くことになった。もっとも、自由民主党には、軽武装・経済国家を目指す吉田茂元首相の路線と、ナショナリズムへの思考を持つ岸信介元首相の路線という、異なる政治的志向が併存することになった。前者は「保守本流」と呼ばれ、自由民主党の主流となっていたが、一九九〇年代になるとその存在感は低下し、二〇〇〇年代以降は後者の流れを汲んだ保守主義が主流になった。そこで頭角を現したのが、岸元首相の孫でもある安倍元首相だったというわけだ。もっとも、安倍元首相による保守主義は、戦後日本の「保守本流」とは異なるものだった。[93] 宇野は、「戦後日本の「保守本流」が日本国憲法を前提とし、経済発展を通じた富の再分配による平等の実現を目指し、キャッチ・オールを掲げた包括的な保守であったとすれば、安倍元首相の保守は憲法改正を強く求め、左派やリベラル派に対する敵愾心を隠さない、より対立的な保守である。言い換えれば、経済成長を前提とした戦後コンセンサスに基づく協調主義的な保守ではなく、世論の分断・分極化を前提とする、より攻撃的な保守であった」[94]と述べている。こうした保守としての安倍政権の対抗軸になったのは、リベラル、あるいは左（と思われるもの）として認識されたSEALDsということになる。ポスト3・11の社会運動として代表的なSEALDsが「スタイリッシュなデモ」で実践した「民主主義ってなんだ？」「これだ！」というコール・アンド・レスポンスは、当時の安倍政権へ向けられたものでもあり、そこには「安倍はやめろ」という安倍元首相への直接的なコールも含まれていた。奥田愛基との対談で、高橋源一郎は「「安倍はやめろ」みたいな攻撃的なコールには乗れないという声もあったけど、政治運動の本質には「敵」を見出してその「敵」を倒すということがある。その部分は、深く注意を払いつつも、逃げることができないところなのかもしれない。こちらがどんなに非暴力的にことばで立ち向かっても、権力を持つ相手が受け入れないときには、あえて敵対的な言い方をすることはありうると思う[95]」と語っている。

ＳＥＡＬＤｓによる「スタイリッシュなデモ」は、人びとの情動に訴えかけながら、社会運動に対する認識を変える要因のひとつになったことは間違いない。そして、リベラル、あるいは左（と思われるもの）の可能性に一条の光を与えることにもなった。しかし、それはあまりにも一元的なものの見方に過ぎるだろう。それはまた、保守とリベラル、あるいは右と左（と思われるもの）の対立を深め、分断をうながすことにもなったのだ。リベラル、あるいは左（と思われるもの）の価値観が共有される環境は、同じ価値観を共有した人たちのみによってつくられる。そして、もしかしたら「スタイリッシュなデモ」は、結果的に同質的な価値観を共有した人たちのみを動員したにすぎなかったのかもしれない。ポスト3・11の社会運動は「クラウド化した社会運動」として、ＳＮＳが人びとの動員に大きな影響をもたらすことになった。それは、コロナ禍における #MeToo や #BLM 運動から派生したツイッターデモとしての可能性を見出すことにもなった。その一方で、毛利嘉孝は、「ソーシャルメディアの情報ネットワークは多くの場合、個人ごとに編成されるので、ひとたび特定のクラスターに属してしまうと、異なるクラスターの情報から遮断されてしまいがちです。メディアは、人を繋げる機能もありますが、同時に人を分断する機能もあるのです[96]」と述べている。我が家から徒歩五分ほどのところに、ドキュメンタリー作品を中心に上映するミニシアターがある。そこでは、ポスト3・11の社会情勢をテーマにしたリベラルな作品が扱われることも少なくない。そして、タイトルによっては、平日の昼間にもかかわらず満席になることも珍しくない。そのような環境に身を置くと、そこにいる観客すべてが同質的な価値観を共有しているような思いにかられてしまう。さらに、そのような価値観を抱いている人たちが社会的に多数派かもしれないという錯覚にさえ陥ってしまう。しかし、上映後に客電が灯った館内で冷静にまわりを見わたせば、観客のほとんどがシニア世代だったということがしばしばある。そして、午後の陽光へと一歩足を踏み出せば、さまざまな価値観が混在する現実を目の当たりにするのだ。多様化する価値観が混在する社会のなかで、対立や分断を超えて、はたして情動は理性に惑わされることなく機能するのだろうか――野間易通は、その可能性について語っている[97]。

> 内容には賛同できるけど音楽的に趣味に合わない――これはプロテスト・ソングが音楽である以上、避けて通れない宿命のようなものだ。これだけ音楽が多様化し、ひとつのユース・カルチャーの枠内に収まりきらない現状では、かつてのようにジョーン・バエズで何万人もの民衆が一体化するというようなことはもう起こらないだろう。しかし、だからこそ音楽がより深く個人の政治的行動にコミットできる可能性が開かれているとも言えるのではないだろうか。

注

（1） "Why You Truly Never Leave High School" in *New York Magazine* on January 20, 2013

（2） SEALDs編『SEALDs 民主主義ってこれだ！』大月書店、二〇一五年、三九ページ

（3） 『ユリイカ』二〇一六年六月号、青土社、一四八ページ

（4） 高橋源一郎、SEALDs『民主主義ってなんだ？』河出書房新社、二〇一五年、四五～四六ページ

（5） 音楽に関連する「エートス論」については、上垣渉、根津知佳子「古代ギリシアにおける音楽的エートス論の形成」（『三重大学教育学部研究紀要　自然科学・人文科学・社会科学・教育科学』六五号、三重大学教育学部、二〇一四年、三五～六二ページ）に詳しい。

（6） プラトン／藤沢令夫訳『国家（上）』岩波文庫、一九七九年、二一八ページ

（7） op.cit. "Why You Truly Never Leave High School"

（8）Ibid.

（9）ローレンス・スタインバーグ／阿部寿美代訳『15歳はなぜいうことを聞かないのか?―最新脳科学でわかった第2の成長期』日経BP社、二〇〇五年、二八ページ

（10）アントニオ・R・ダマシオ／田中三彦訳『デカルトの誤り―情動、理性、人間の脳』ちくま学芸文庫、二〇一〇年、二〇ページ、二六七ページ

（11）同書、二〇ページ

（12）同書、二一ページ

（13）アントニオ・R・ダマシオ／田中三彦『感じる脳―情動と感情の脳科学 よみがえるスピノザ』ダイヤモンド社、二〇〇五年、五〇ページ

（14）同書、五二ページ

（15）大山真司「ニュー・カルチュラル・スタディーズ02―情動的転回?」『5―Designing Media Ecology』二号、二〇一四年、七七～七八ページ

（16）ジル・ドゥルーズは一九八一年に、バールーフ・デ・スピノザに関する書籍を刊行している（ジル・ドゥルーズ／鈴木雅大訳『スピノザ―実践の哲学』平凡社ライブラリー、二〇〇二年）。なお、本稿では触れられないが、カルチュラル・スタディーズにおける情動の概念に寄与している研究としては、哲学者のブライアン・マッスミも重要であることは添えておく必要があるだろう。

（17）伊藤守『情動の社会学―ポストメディア時代における"ミクロ知覚"の探求』青土社、二〇一七年、三八ページ

（18）同書、三八ページ

（19）毛利嘉孝『ストリートの思想―転換期としての1990年代』NHKブックス、二〇〇九年、一八二ページ

（20）同書、一八三ページ

（21）毛利嘉孝が指摘する「情動」と「感情」の使い分けについて、哲学者のアントニオ・ネグリとマイケル・ハートは、「心的現象である感情とは異なり、情動とは精神と身体の両方に等しく関連する。喜びや悲しみといった情動は、一定の思考の様態と一定の身体の状態をともに表現することで、人間という有機体全体の現在の生をあ

きらかにするのだ」と述べている（アントニオ・ネグリ、マイケル・ハート／幾島幸子訳『マルチチュード―〈帝国〉時代の戦争と民主主義（上）』ＮＨＫブックス、二〇〇五年、一八五ページ）。なお、ネグリとハートが論じている情動の概念は、おもにスピノザが由来となっている。また、スピノザとは少し異なるものの両立しうる議論として、アントニオ・ダマシオとブライアン・マッスミもあげられている（同書、三一九ページ）。

(22) 二〇一〇年代の社会運動については、第3章で説明している。

(23) ここであげている〈帝国〉、マルチチュード、〈共（コモン）〉という三つの概念は、〈帝国〉三部作とも呼ばれるアントニオネ・ネグリ、マイケル・ハート／水嶋一憲、酒井隆史、浜邦彦、吉田利実訳『〈帝国〉―グローバル化の世界秩序とマルチチュードの可能性』（以文社、二〇〇三年）、前掲『マルチチュード（上）・（下）』、アントニオ・ネグリ、マイケル・ハート／幾島幸子、古賀祥子訳『コモンウェルス―〈帝国〉を超える革命論（上）・（下）』（ＮＨＫブックス、二〇一二年）で詳しく説明されている。

(24) 前掲『〈帝国〉（上）』、三ページ

(25) 同書、三ページ

(26) 前掲『コモンウェルス（上）』、一四～一五ページ、二七二～二七三ページ

(27) 同書、一五ページ

(28) 同書、二七三ページ

(29) アントニオ・ネグリ、マイケル・ハート／水嶋一憲、清水知子訳『叛逆―マルチチュードの民主主義宣言』ＮＨＫブックス、二〇一三年、一七ページ

(30) 同書、一八ページ

(31) 前掲『コモンウェルス（上）』、一六～一七ページ

(32) 同書、一六～一七ページ

(33) 同書、一九二ページ

(34) 同書、一九二～一九三ページ

(35) 同書、一〇二～一〇四ページ

(36) 笠井潔、野間易通『3・11後の叛乱―反原連・しばき隊・ＳＥＡＬＤｓ』集英社新書、二〇一六年、一七五ペ

ージ

(37) 同書、一七五ページ

(38) 同書、一七五ページ

(39) ＳＥＡＬＤｓ『日本×香港×台湾―若者はあきらめない』太田出版、二〇一六年、一〇六ページ

(40) 前掲『3・11後の叛乱』、一七五ページ

(41) 同書、一七六ページ

(42) 同書、一七七ページ

(43) 政治学者の五野井郁夫は、二〇一〇年代の社会運動を「社会運動のクラウド化」という言葉で説明している（五野井郁夫『「デモ」とは何か―変貌する直接民主主義』ＮＨＫブックス、二〇一二年、一五〜一六ページ）。また、ＳＮＳが社会運動に及ぼした影響については、津田大介『動員の革命―ソーシャルメディアは何を変えたのか』（中公新書ラクレ、二〇一二年）や伊藤昌亮『デモのメディア論―社会運動社会のゆくえ』（筑摩選書、二〇一二年）でも議論されている。

(44) 前掲『3・11後の叛乱』、一九六ページ

(45) 同書、一九八ページ

(46) ジャーナリストの小林哲夫は、ポスト3・11の社会運動の主体となったのは若者よりもむしろシニア世代（＝「シニア左翼」）で、ＳＥＡＬＤｓを支持しているのはまさにその世代だと指摘している（小林哲夫『シニア左翼とは何か』朝日新書、二〇一六年）。

(47) アントニオ・ネグリ、マイケル・ハート／水島一憲、佐藤嘉幸、箱田徹、飯村祥之訳『アセンブリ―新たな民主主義の編成』岩波書店、二〇二二年、viページ

(48) 同書、四五一ページ

(49) 同書、二〜三ページ

(50) 同書、三ページ

(51) 前掲『3・11後の叛乱』、一七八ページ

(52) 同書、一七八ページ

(53) 同書、一七六ページ
(54) ジョナサン・ハイト／高橋洋訳『社会はなぜ左と右にわかれるのか―対立を超えるための道徳心理学』紀伊國屋書店、二〇一四年、一七ページ
(55) 前掲『しあわせ仮説』、一〇～一一ページ
(56) プラトン／藤沢令夫訳『パイドロス』岩波文庫、一九六七年、六九～七〇ページ、九二～九三ページ
(57) 前掲『しあわせ仮説』、一一ページ
(58) 同書、二三八ページ
(59) 同書、一四ページ
(60) 前掲『社会はなぜ左と右にわかれるのか』、一七ページ
(61) 同書、八九～九〇ページ
(62) 同書、九〇ページ
(63) 同書、二三～一六〇ページ（第1部「まず直観、それから戦略的な思考」）
(64) 同書、九六ページ
(65) 同書、九七ページ
(66) 同書、一一三ページ
(67) 同書、一二七ページ
(68) 同書、一二八ページ
(69) 同書、二四九ページ
(70) 同書、二五〇ページ
(71) ジョナサン・ハイトは、道徳基盤を五まず五つの基盤に類型化し（同書、二〇三～二〇八ページ）、その後、修正を加えたうえで、六つの基盤に類型化している（同書、二七〇～二七九ページ）。
(72) 同書、二四五ページ
(73) 同書、二二三ページ
(74) 同書、二二三ページ

(75) 同書、二二四ページ
(76) 同書、二九一ページ
(77) ジョセフ・ヒース／栗原百代訳『啓蒙思想2・0〔新版〕―政治・経済・生活を正気に戻すために』ハヤカワ文庫NF、二〇二二年、三五〜三九ページ
(78) 同書、五一〜五二ページ
(79) 同書、五三ページ
(80) 同書、五四〇ページ
(81) 同書、五四〇ページ
(82) 同書、一二ページ
(83) 同書、三三二ページ
(84) 同書、三三三ページ
(85) ジョセフ・ヒース、アンドルー・ポター／栗原百代訳『反逆の神話―「反体制」はカネになる』ハヤカワ文庫NF、二〇二一年、二五〜二六ページ
(86) 前掲『啓蒙思想2・0〔新版〕』、三一八ページ
(87) 同書、三一八ページ
(88) 同書、三一九ページ
(89) 同書、三三〇ページ
(90) 宇野重規『日本の保守とリベラル―思考の座標軸を立て直す』中公選書、二〇二三年、三〜七ページ
(91) 同書、一〇ページ
(92) 同書、一六〜一八ページ
(93) 同書、二二八〜二二九ページ
(94) 同書、二二九〜二三〇ページ
(95) 前掲『SEALDs 民主主義ってこれだ！』、一四〇ページ
(96) アントニオ・ネグリ、市田良彦、伊藤守、上野千鶴子、大澤真幸、姜尚中、白井聡、毛利嘉孝／三浦信孝訳『ネ

グリ、日本と向き合う』NHK新書、二〇一四年、一五四ページ

(97) 野間易通「音楽がつなげるものと、分断するもの」『ミュージック・マガジン増刊 プロテスト・ソング・クロニクル—反原発から反差別まで』八月増刊号、ミュージック・マガジン、二〇一一年、六九ページ

終章　非現実的な夢想家として

ベトナム戦争当時、この国（アメリカ）の心あるアーティストたちは戦争に反対だった。その気持ちはレーザービームのように、一致して同じ方向へと向かっていた。もっともその威力は、わずか六フィートの高さからカスタードパイを落とした程度のものだった。

――カート・ヴォネガット(1)

二〇一〇年代以降、３・11による災禍、ＣＯＶＩＤ－19による疫禍、そして、ロシアのウクライナ侵攻による戦禍と、多くの苦難に直面してきた。こうしたなかで、音楽の持つ力の可能性と限界について、わたしたちは身をもって経験してきた。それでも、闇のなかの絶望から、光を射す希望を見ることはできるだろう。本章では、わたしたちが近年に経験した災禍、疫禍、そして戦禍から、改めて音楽と政治の関係を見直すことにする。

イマジン

二〇一二年一二月一三日、音楽評論家の湯川れい子は、ミュージシャンの忌野清志郎による「地震のあとには戦争がやってくる。軍隊を持ちたい政治家がＴＶででかい事を言い始めてる。国民を馬鹿にして戦争に駆り立てる。自分は安全なところで偉そうにしているだけ……」という文章がプリントアウトされた紙片の写真を自身のツイッターに投稿した。(2)その文章は、阪神・淡路大震災から五年後の二〇〇〇年に書かれたものだった。それはまるで、福島第一原子力発電所の事故による核に対する不安や、自由民主党の保守的な長期政権によって揺らぐ民主主義への懸念が広まるようになった、ポスト3・11の社会を見透かしたかのような内容だった。そもそも、この文章は二〇〇〇年に刊行された忌野の単行本『瀕死の双六問屋』に収められた「日本国憲法第9条に関して人々はもっと興味を持つべきだ」と題したエッセイの一部で、二〇〇七年の文庫化の際に再掲されたものだ[3]。湯川によってＳＮＳで拡散されたことで、二〇一二年になって改めてその文章が話題になったというわけだ[4]。そのときにはすでに忌野は他界していたものの、ポスト3・11の混沌とする社会のなかで、歯に衣着せぬ物言いをした忌野の再来を切望する声は高まっていた。そのエッセイは、「どうだろう、……この国の憲法第9条はまるでジョン・レノンの考え方みたいじゃないか？　戦争を放棄して世界の平和のためにがんばるって言ってるんだぜ。俺たちはジョン・レノンみたいじゃないか、戦争はやめよう。平和に生きよう。そして、みんな平等に暮らそう。きっと幸せになれるよ[5]」という言葉で締め括られている。忌野は物議をかもしたＲＣサクセションのアルバム《カバーズ》で、ジョン・レノンの〈イマジン〉をカヴァーしている。二〇〇五年のライブで〈イマジン〉を演奏する前に、忌野は「ジョン・レノンが生きてたらね、どう思うんだろうね、いまの状況を。ぜんぜん世界が平和になんないじゃないか。戦争がずっと続いてる。二一世紀になったのに、二一世紀になったら、世界が平和になると思ったのに、ますますひどくなってる[6]」と語りかけている。そして、忌野は呼びかける、「夢かもしれない　でも　その夢を見てるのは　一人だけじゃない　世界中にいるのさ」と。忌野が他界した二〇〇九年以降も、世界はますますひどくなっている。そして、地震のあとには、疫病を経て、戦争がやってくることになった。

　一九七一年のリリースから、ジョン・レノンの〈イマジン〉は「平和の象徴」として歌い継がれてきた。戦意を喪失させる平和的なその主張から、戦時下においてはしばしば規制を受けることになった。一九九〇年八月のイラクによるクウェート侵攻をきっかけとして勃発した湾岸戦争では、アメリカ軍を主軸とした多国籍軍が構成された。イギリスも参加したこの戦争では、ＢＢＣが六七曲を放送禁止にした。インターネットが普及する以前に勃発した湾岸戦争は、テレビの衛星放送で生中継されることになった初めての戦争だった。当時は情報発信がテレビをはじめとするマスメディアに集約されていたことから、その影響力は甚大なものだった。イギリスでは国営放送であるＢＢＣが、人びとに公正で中立な情報を提供するという重要な義務を課されていた[7]。そのために、イギリスの世論を刺激したり反感を抱かせたりする可能性のある作品を放送禁止にしたのだ。そして、そのなかの一曲には〈イマジン〉も含まれていた。二〇〇一年九月一一日に発生したアメリカ同時多発テロの際には、全米に一二〇〇もの系列局を持つラジオ・ネットワークのクリア・チャンネル・コミュニケーションズ社（現在はアイハートメディア）が、「問題のある楽曲」として一五〇曲をリストアップして系列局に放送の自粛をうながしたとされるメモ（クリア・チャンネル・メモランダム）が明るみになり物議をかもした。そのリストは系列局への提案として意図されたものだったにもかかわらず、放送禁止を指示したものであると誤解されてしまった。その後の調査によって、リストそのものは存在するものの、それが放送禁止を指示したものではないという結論にいたった[8]。そのリストにもまた、〈イマジン〉が含まれていた。その一方で、〈イマジン〉は文字通り、「平和の象徴」としても利用されている。二〇一二年に開催されたロンドン・オリンピックでは、八月一二日（現地時間）の閉会式において、リヴァプールの児童合唱団による歌唱の際には、ジョン・レノンの未公開映像が流された。また、二〇二一年に開催された東京オリンピックでは、七月二三日の開会式において、ジョン・レジェンド、キース・アーバン、アレハンドロ・サンス、アンジェリーク・キジョー、そして杉並児童合唱団が〈イマジン〉を歌唱している。さらに、その翌年の二〇二二年に開催された北京オリンピックでも、二月四日の開会式において〈イマジン〉が採用されている。「平和の祭典」を謳ったオリンピックの欺瞞性については別稿に譲るとして、好むと好まざるとにかかわらず、〈イマジン〉はあまりにも平和的に過ぎるということだ。

Imagine by John Lennon

Imagine there's no heaven
It's easy if you try
No Hell below us
Above us only sky
Imagine all the people
Living for today

Imagine there's no countries
It isn't hard to do
Nothing to kill or die for
And no religion too
Imagine all the people
Living life in peace

You may say I'm a dreamer
But I'm not the only one
I hope someday you'll join us
And the world will be as one

Imagine no possessions
I wonder if you can
No need for greed or hunger
A brotherhood of man
Imagine all the people
Sharing all the world

You may say I'm a dreamer
But I'm not the only one
I hope someday you'll join us
And the world will live as one

ジョン・レノンの〈イマジン〉がリリースされてから、すでに半世紀もの歳月が流れている。それにもかかわらず、世界は平和になるどころか、戦争が絶えることはない。二〇二二年三月一八日、作家の村上春樹は自身が不定期で担当しているＴＯＫＹＯ　ＦＭのラジオ番組「村上ＲＡＤＩＯ」の特別版「戦争をやめさせるための音楽」[9]で、「音楽に戦争をやめさせるだけの力があるのか？　正直言って、残念ながら音楽にはそういう力はないと思います。でも聴く人に「戦争をやめさせなくちゃならない」という気持ちを起こさせる力はあります。今日は八曲か九曲の音楽をかけるつもりですが、それだけを聴き終えたとき、おそらくあなたは前よりも強く「戦争をやめさせなくちゃいけない」という気持ちになっているはずです。おそらく……」[10]と語っている。その番組で「戦争をやめさせるための音楽」のひとつとして選ばれたのが、ジョン・レノンの〈イマジン〉だ[11]。村上は、「ずいぶん楽観的な歌詞だなと思いますけど、（中略）一九七一年、理想がまだ生き残っていたというか、未来を信じることができた時代だったんですね。理想を信じたシニカルなドリーマー、ジョン・レノン。彼の死によって、世界の情景が大きく変わってしまいました。とても残念なことですが[12]」と紹介している。「村上RADIO」の特別版は、日本民間放送連盟賞2022ラジオ部門の準グランプリを受賞した。村上は受賞を喜ぶと同時に、「肝心の戦争がちっとも収まらないことには、無力感のようなものを感じざるを得ません[13]」と、相変わらず収束の気配がない戦禍を憂える言葉を綴っている。もちろん、ここで村上が語る戦争とは、ロシアによるウクライナ侵攻だ。そして、「こんな無意味で血なまぐさい戦争を続けるより、地球温暖化とか、エネルギー問題とか、飢餓問題とか、パンデミックとか、真剣に解決しなくてはならないことが世界にはいっぱいあるのに。ジョン・レノンさんも言っています、「そう思うのは僕ひとりではない[14]」と語っている。

海の向こうで戦争がはじまる

ＣＯＶＩＤ－19のパンデミックが世界を脅かすなか、ロシアによるウクライナ侵攻が開始されたのは二〇二二年二月二四日のことだった。疫禍のただなかにおける戦禍を受けて、ミュージシャンの後藤正文（ASIAN KANG-FU GENERATION）は連載しているコラムにおいて、「どれだけの反戦歌が歌われようが、人々が様々な場所で「戦争反対」と書こうが、相変わらず戦争はなくならない。そうしたことを言い立てて、戦争への嫌悪感の表明を揶揄する人たちが目につく[15]」と諦念を吐露する。そのうえで、「しかし、反戦歌や戦争への嫌悪感の表明がひとつもない社会や世界を想像したらどうだろうか。ささやかでも、僕たち一人ひとりの声が、世の中がこれ以上悪化しないように食い止めている命綱のひとつなのではないかと僕は思う[16]」と希望を語る。そのコラムは、「恥ずかしげもなく、戦争反対と書きたい。世界中に、私と同じ思いを持つ人がいると信じて[17]」という言葉で結ばれている。後藤の願いが届いたかのごとく、二〇二二年三月五日には、新宿駅南口で反戦デモイベント「No War 0305」が開催された。ロシアによるウクライナ侵攻によって傷つき、危機的な状況に置かれている人たちの支援と寄付を呼びかけることを目的としたこのイベントには、ミュージシャン、研究者、活動家やジャーナリストが登壇した。会場に約一万人の人びとが集まり、オンラインでの視聴者数は四千人にのぼった[18]。政治学者の五野井郁夫は、このイベントについて「これまでのデモや抗議運動、あるいはフェスと同じものとして括ることは、はたして適当なのだろうか[19]」としながら、「たんなるフェスでもなければ、デモや情宣でもない。では何だったのかといえば、かれら自身の音の力によって警察権力などの既存の政治権力をその空間内で一定程度無効化する、極めて自律的な祝祭的な公共空間[20]」である「『フェス公共圏(festival public sphere)』生成に成功していた[21]」と述べている。

海の向こうではじまった戦争について、遠く離れた日本でさえも平和を望む声が高まっていた。そんな人びとの思いは、ジョン・レノンの〈イマジン〉の理念にも共通するものがあるだろう。ロシアのウクライナ侵攻について、哲学者のスラヴォイ・ジジェクは「私からすれば、ジョン・レノンの大ヒットソング「イマジン」は間違った理由から人気になった曲だ。「一つになった世界」をイマジン(想像)するのは、地獄のような結末を迎えるうえで一番の方法なのだから。ロシアによるウクライナ侵攻を眼前にしながら平和主義に拘泥する人々は、彼らなりの「イマジン」に囚われたままである[22]」と述べ、「想像してごらん、対立状態が武力でないものに解消される世界を……[23]」と問いかける。そして、「ヨーロッパはそんな「想像の世界」に固執するあまり、国境の外で繰り広げられている残虐な現実から目を背けてきた。だが今こそ、それを直視すべき時だろう[24]」と続ける。ジジェクが批判するのは、当然のことながら「平和(peace)」そのものではなく「平和主義(pacifism)」であり、その象徴が〈イマジン〉というわけだ。もちろん、〈イマジン〉が訴える「世界がひとつになること」は理想であり、それは否定されるものではない。そして、「対立状態が武力でないものに解消される世界」は理想であり、断じて否定されるものではない。ジジェクが辛辣に批判するのは、〈イマジン〉の理念そのものというよりはむしろ、ヨーロッパ（西側）にとっての「ひとつの世界」であるという「平和主義」だ。ロシアによる一方的な軍事介入は、現代の国際的な倫理観から許されるものでないことは前提としながらも、ロシア（東側）にとっての「ひとつの世界」という〈イマジン〉の理想があるのは紛れもない事実だ。そして、「戦争を続けるぐらいなら領土を明け渡してしまえばいいじゃないか。人命を守るためにはウクライナも妥協することが必要だ」[25]とする思考について、ジジェクは警鐘を鳴らしているのだ。ロシアのウクライナ侵攻から一年が経過した時点で、ジジェクはウクライナによる武力をともなったロシアへの抵抗を高く評価している。ウクライナの勇敢な抵抗は、ウクライナみずからが未来を見据えた政治的自律性をうながしているというのだ[26]。

ウォロディミル・ゼレンスキーは、二〇一九年四月のウクライナ大統領選において当選を果たした[27]。主演ドラマで大統領役を演じたコメディアンが現実世界での大統領に就任したわけだが、停滞する内外政策からその支持率は伸び悩みを見せていた。そんなゼレンスキー大統領の支持を後押しすることになったのは、皮肉にもロシアによるウクライナ侵攻だった。その是非はさておき、ロシアに対する抵抗に加えて、祖国であるウクライナを死守するために奮闘するゼレンスキー大統領の勇姿は、インターネットをはじめとするメディアをとおして世界に向けて発信されることになった[28]。すっかりウクライナの英雄となったゼレンスキー大統領だが、もしかするとその座に着いたのは別の人物だった可能性もあった。それは、ウクライナの国民的人気ロックバンドであるオケアン・エリズィのリーダーで、スラヴァという名でも知られるスヴャトスラフ・ヴァカルチュクだ。ウクライナでは、コメディアン出身の大統領ではなく、ミュージシャン出身の大統領が誕生していた可能性もあったということだ。ヴァカルチュクの音楽はウクライナで圧倒的な人気を誇っており、それは政治とも無関係ではなかった。二〇〇四年にはウクライナ大統領選挙の結果に対する抗議運動をはじめとするオレンジ革命を支持し、二〇一四年のマイダン革命では親ロシア派のヤヌコーヴィチ政権に反対するデモの際にも演奏しており、クリミア併合以降はロシアでの公演を拒否している[29]。実際のところ、ヴァカルチュクは政界にも進出しており、ウクライナ議会の副議長を務めたうえに、みずからの政党「ホロス（声）」も立ちあげていた。ゼレンスキーが出馬した二〇一九年の大統領選における世論調査では、本人が不出馬を表明していたにもかかわらず、ウクライナ人の三人に一人はヴァカルチュクを大統領にふさわしい人物とみなしたほどだった[30]。そして、二〇二二年のロシアによるウクライナ侵攻によって、ゼレンスキー大統領は英雄になり、ヴァカルチュクはミュージシャンを経て戦士になった。

政治から距離をおくようになったスヴャトスラフ・ヴァカルチュクは、ふたたび音楽に専念するようになった。国に変化をもたらすのは、政治よりも音楽だと判断したからだ。それは、ヴァカルチュク自身の音楽経験によるものだ。ジャーナリストの金平茂紀による「音楽で世界は変えられると思うか？」という質問に対して、ヴァカルチュクは「音楽はすでに世界を変えてきました。（中略）六〇年代、七〇年代にローリング・ストーンズなどのバンドがいなければ、ソ連の崩壊はずっと遅れていたと思うからです。しかし、音楽や精神的なものは、人々の心に浸透します。人々の意識を遥かに、急激に変えていきます[31]」と答えている。戦禍のなか、ヴァカルチュクは戦闘の最前線、病院、市民が避難する防空壕、難民で溢れかえる駅などで演奏をおこなった。イギリスのガーディアン紙は、「歴史上、最も危険なロックツアーのひとつとして語り継がれるに違いない[32]」と報じている。ヴァカルチュクが「最も危険なロックツアー」を敢行できるのは、「ロックスターであると同時に、陸軍中尉でもある」という肩書きのおかげだ。「この国では、大学卒業後に軍隊訓練を受ける場合がある。俺たちもそうだった。最終的には予備軍中尉になる。一度も活用せずに終わることもあるが、戦争中は駆り出される。俺の友人も、ミュージシャン仲間も、ウクライナの有名ミュージシャンもみんな銃を取り、防衛軍として活動している。ある意味両極端だ[33]」と、複雑な心境を明かすヴァカルチュクは、「はた目には、俺はアーティスティックな人間なんだから――音楽が大好きで、音楽に夢中な人間だよ。俺自身、自分は生粋のミュージシャンだと思ってきた。常々こういう人々は、いってみれば平和主義なんだ。戦うことよりも、愛や善行を重んじる。彼らが戦をおっぱじめるなんて誰も思わない[34]」と語る。そして、「戦争前は、ジョン・レノンの「イマジン」が俺の信条だった。わかるだろ？　それは今でも俺の胸に、骨の髄に刻まれている。だが、子どもたちや女性を殺そうとする奴が現れたら話は別だ。これまでの人生で自分たちが築き上げてきたもの、自分たちの街やなにやらを全て破壊しようとする奴が現れたことで変わった。頭の中に、魂に、胸の奥に、なにやら憎しみが生まれる。この手の憎しみはとても質が悪い。俺はそんなのを抱えていたくない。自分の中にあるのも嫌だ。だが、それを取り除くにはこの戦争に勝つしか方法はない。だから、アーティスティックな人間が戦士になるという両極端が起こる。今は戦士になるしかない[35]」と葛藤をほのめかすのだ。

炭鉱のカナリア

平和であるからこそ、平和を語ることができるのかもしれない――言い換えれば、平和主義でいられるのかもしれない。その一方で、対岸から平和を語ることは絵空事になってしまう――つまり、平和主義であることは有名無実になってしまう。しかし、それがただちに平和（主義）を否定することにはならないはずだ。少なくとも戦禍を被っていない、表面的には平和である日本において、はたして海の向こうではじまった戦争について反対の立場をとることに、どのような意味があるのだろうか。とある雑誌のコラムで、忌野清志郎は音楽の力の限界と可能性について言及している。忌野は「君は知ってるかい？　どうして空がいつも曇っているのか。君には見えるかい？　空の向こうで何が起こっているか。この同じ時間に何が起こっているのか。この同じ空の下で何が行われているのか[36]」と問いかける。ここで忌野が問いかけている「君」とは、音楽産業のなかで成功をおさめた大スターのことだ。忌野は続けて、「戦争はいけないと誰もがわかっているはずなのに、誰も止めることができない。ブルースマンやフォークシンガーやロックスターがずっと昔から反戦を歌ってきた。でも戦争が無くなったためしはない。歌になんか何の力も無い。本気で歌った人達はさぞかしガックリきたことだろう。無力を思い知ったことだろう。君には聴こえるかい？　それでも誰かが歌う力無き歌が[37]」と語りかけている。影響力のある「君」が「力無き歌」を歌うことによって、そこから音楽の力の可能性が見いだせるというわけだ。もっとも、実際には「君」が「力無き歌」を歌わなくなってしまう。そんな「君」に対して、忌野は辛辣な態度をとる、「君のせいだよ。君が歌わないからさ。想像しないからだ。目先の利益しか考えないからだ。せっかく大スターに慣れて影響力を持っているというのに、これっぽっちも人々のために役立てようとは思っていないのさ。まぁ、寄付ぐらいはしてるかもしれないがね[38]」と。残念ながら、名もなき誰かが歌う力無き歌が、戦争を止めることはできないだろう。それでも、平和主義を貫くことは、けっして無意味ではない。そして、仮に戦禍を被ったならば、スヴャトスラフ・ヴァカルチュクのように、戦士として戦争に立ち向かうという選択肢も残されている——もっとも、それは最終手段だ。

二〇二三年三月三日に他界した作家の大江健三郎は、一九九四年一二月七日にノーベル文学賞の受賞記念講演において、「あいまいな日本の私」というタイトルのスピーチをおこなっている。そこで大江は平和主義の立場から、「日本は、再出発のための憲法の核心に、不戦の誓いをおく必要があったのです。痛苦とともに、日本人は新生へのモラルの基本として、不戦の原理を選んだのです[39]」と述べている。そして、「この不戦の誓いを日本国の憲法から取り外せば（中略）、なによりもまずわれわれは、アジアと広島、長崎の犠牲者たちを裏切ることになるのです。その後へ、どのように酷たらしい新しい裏切りが続きうるかを、私は小説家として想像しないわけにはゆきません[40]」と語っている。こうした大江の平和に対する姿勢（あるいは覚悟）は、原爆の被爆者や被爆者の治療に当たった医師を取材したノンフィクション『ヒロシマ・ノート』（岩波新書、一九六五年）から一貫したものだった[41]。大江の核兵器に反対する態度は、「ノーモア・ヒバクシャ記憶遺産を継承する会[42]」の発足（二〇一一年一二月）へとつながっている。また、自衛隊のイラク派兵や憲法改正議論の高まりを背景に、二〇〇四年六月に発足した「九条の会[43]」には発起人として、評論家の加藤周一や哲学者の鶴見俊輔らとともに名を連ねた。さらに、ポスト3・11には脱原発の立場から多くの集会やデモに参加しており、二〇一一年六月には「さようなら原発1000万人アクション」の呼びかけ人のひとりとして、音楽家の坂本龍一らとともに名を連ねている[44]。二〇一四年一二月に安倍晋三政権下で施行された特定秘密保護法に関するインタビューでは、平和主義について言及している。安倍政権が用いた「積極的平和主義」という言葉を取りあげながら、大江は「政府が言う「積極的平和主義」は、憲法9条への本質的な挑戦だ。米国の戦争の一部を担う立場に変えていこうとするために「積極的平和主義」という言葉をつくった。だから、何よりも特定秘密保護法が必要になる[45]」と語っている。そもそも「積極的平和」という概念は、ノルウェーの平和学者ヨハン・ガルトゥングが提唱したもので、戦争のない状態を「消極的平和」としたうえで、戦争がないだけではなく、貧困、差別など社会的構造から発生する暴力がない状態を「積極的平和」と定義している[46]。二〇一五年八月に来日した際のインタビューで、ガルトゥングは「積極的平和のことを、私は英語でPositive Peace と呼んでいます。日本政府の積極的平和主義の英訳は Proactive Contribution to Peace です。言葉だけでなく、内容も全く異なります。積極的平和は平和を深めるもので、軍事同盟は必要とせず、専守防衛を旨とします。平和の概念が誤用されています[47]」と述べたうえで、「参院で審議中の安全保障関連法案は、平和の逆をいくものです。成立すれば、日本は米国と一致協力して世界中で武力を行使していくことになるでしょう。そうなれば、必ず報復を招きます。日本の安全を高めるどころか、安全が脅かされるようになります[48]」と危機感をあらわにしている。

一九八四年に来日したアメリカの作家カート・ヴォネガットとの対談において、大江健三郎は「坑内カナリア理論（炭鉱のカナリア理論）」について言及している[49]。一九八〇年代初頭に核兵器への反対を訴える作家たちの集会において、大江は「危機においての作家や評論家、文学者の役割は、炭鉱でガスに弱いためにすぐに卒倒してしまう、そのことで危険を知らせるカナリアのそれのようだ[50]」と語り、ヴォネガットが提唱した「坑内カナリア理論」を紹介したのだ。ヴォネガットは「坑内カナリア理論」について、一九六九年のアメリカ物理学会の講演において、「芸術家は非常に感受性が強いからこそ社会にとって有用だ、という理論です。彼らは超高感度ですから、有毒ガスで満ちた坑内のカナリアよろしく、より屈強な人々が多少とも危険を察知するずっと前に気絶してしまいます[51]」と説明している。ヴォネガットは、文学や音楽といった芸術の有用性を認識していたものの、その限界を知ることにもなった。一九七三年のインタビューでは、「社会が非常に危険な状態にたち至ると、きっとわたしたち作家が警報を鳴らすのです。わたしは芸術について、〈坑内カナリア理論〉なるものを持っています。昔の炭鉱労働者は、人間が倒れないうちにガスを検出する手段として小鳥を坑内に持ち込んだものです。ベトナムの場合、芸術家はたしかにその役を果たしました。彼らはピーピーさえずったあげく気を失ったのです。しかし結果はまるで変わりませんでした。おえらがたはみんな知らん顔です[52]」と語っている。ベトナム戦争を経験して、芸術の限界を目の当たりにしたというわけだ。もっとも、ヴォネガットは諦めたわけではなかった。「それでもわたしは相変わらず、芸術家は——あらゆる芸術家ですよ——警報組織として尊重されるべきだと考えています[53]」と語気を強める、炭鉱のカナリアであれと[54]。

非現実的な夢想家として

3・11から三ヶ月後の二〇一一年六月九日（現地時間）、作家の村上春樹はスペインで開催されたカタルーニャ国際賞の授賞式において、「非現実的な夢想家として」というタイトルのスピーチをおこなった[55]。そこで言及されたのは、3・11によって甚大な被害がもたらされた福島第一原子力発電所の事故についてだ。被爆国である日本において、核（兵器）に対する拒否感が「効率」によって歪められてしまったというのだ。そんな村上のスピーチは、必ずしも肯定的に受け取られたわけではなかった。反原発という立ち位置を明確にした村上に対して、批判的な意見も少なくはなかった(56)。それでも、たとえ賛否両論の物議をかもしたとしても、世界的に著名な作家である村上が公の場において、世界に向けてみずからの意思表示をしたことは意味のあることだ。少し長くなってしまうが、村上のスピーチから重要と思われる部分を引用しておこう(57)。

戦後長いあいだ我々が抱き続けてきた核に対する拒否感は、いったいどこに消えてしまったのでしょう? 我々が一貫して求めていた平和で豊かな社会は、何によって損なわれ、歪められてしまったのでしょう? 理由は簡単です。「効率」です。原子炉は効率が良い発電システムであると、電力会社は主張します。つまり利益が上がるシステムであるわけです。また日本政府は、とくにオイルショック以降、原油供給の安定性に疑問を持ち、原子力発電を国策として推し進めるようになりました。電力会社は膨大な金を宣伝費としてばらまき、メディアを買収し、原子力発電はどこまでも安全だという幻想を国民に植え付けてきました。そして気がついたときには、日本の発電量の約三〇パーセントが原子力発電によってまかなわれるようになっていました。国民がよく知らないうちに、地震の多い狭い島国の日本が、世界で三番目に原発の多い国になっていたのです。そうなるともうあと戻りはできません。既成事実がつくられてしまったわけです。原子力発電に危惧を抱く人々に対しては「じゃああなたは電気が足りなくてもいいんですね」という脅しのような質問が向けられます。国民の間にも「原発に頼るのも、まあ仕方ないか」という気分が広がります。高温多湿の日本で、夏場にエアコンが使えなくなるのは、ほとんど拷問に等しいからです。原発に疑問を呈する人々には、「非現実的な夢想家」というレッテルが貼られていきます。

そのようにして我々はここにいます。効率的であったはずの原子炉は、今や地獄の蓋を開けてしまったかのような、無惨な状態に陥っています。それが現実です。原子力発電を推進する人々の主張した「現実を見なさい」という現実とは、実は現実でもなんでもなく、ただの表面的な「便宜」に過ぎなかった。それを彼らは「現実」という言葉に置き換え、論理をすり替えていたのです。それは日本が長年にわたって誇ってきた「技術力」神話の崩壊であると同時に、そのような「すり替え」を許してきた、我々日本人の倫理と規範の敗北でもありました。我々は電力会社を非難し、政府を非難します。それは当然のことであり、必要なことです。しかし同時に、我々は自らをも告発しなくてはなりません。我々は被害者であると同時に、加害者でもあるのです。そのことを厳しく見つめなおさなくてはなりません。そうしないことには、またどこかで同じ失敗が繰り返されるでしょう。

（中略）

我々日本人は核に対する「ノー」を叫び続けるべきだった。それが僕の意見です。我々は技術力を結集し、持てる叡智を結集し、社会資本を注ぎ込み、原子力発電に代わる有効なエネルギー開発を、国家レベルで追求すべきだったのです。たとえ世界中が「原子力ほど効率の良いエネルギーはない。それを使わない日本人は馬鹿だ」とあざ笑ったとしても、我々は原爆体験によって植え付けられた、核に対するアレルギーを、妥協することなく持ち続けるべきだった。核を使わないエネルギーの開発を、日本の戦後の歩みの、中心命題に据えるべきだったのです。それは広島と長崎で亡くなった多くの犠牲者に対する、我々の集合的責任の取り方となったはずです。日本にはそのような骨太の倫理と規範が、そして社会的メッセージが必要だった。それは我々日本人が世界に真に貢献できる、大きな機会となったはずです。しかし急速な経済発展の途上で「効率」という安易な基準に流され、その大事な道筋を我々は見失ってしまったのです。

村上春樹はスピーチの終盤で、「我々は夢を見ることを恐れてはなりません。そして我々の足取りを、

「効率」や「便宜」という名前を持つ災厄の犬たちに追いつかせてはなりません。我々は力強い足取りで前に進んでいく「非現実的な夢想家」でなくてはならないのです[58]」と語っている。この「夢想家」という言葉からは、ジョン・レノンを思い出さずにはいられない。愛と平和を訴えたレノンには、しばしば「夢想家」というレッテルが貼られてきた。もっとも、それはレッテルですらないだろう。そもそも〈イマジン〉で、レノンはみずからを「夢想家」と呼んでいるのだから。そして、こう呼びかけるのだ、「君は僕を夢想家と言うかもしれない　だけど僕だけじゃないさ　いつか君も僕らと一緒になって　世界はひとつになるだろう」と。

　村上春樹による「非現実的な夢想家として」のスピーチから、すでに一二年の歳月が流れている。それはまた、3・11から経過した時間とも等しい。二〇二三年二月におこなわれた原子力発電所についての意識調査によると、現在停止している原発の運転再開については「賛成」が五一パーセントで、3・11以降におこなわれた調査では初めて過半数となった。それに対して、「反対」は四二パーセントだった。原発の運転再開に対する賛否について、3・11以降は「賛成」が三〇パーセント前後、「反対」が五〇～六〇パーセントで推移してきたが、二〇二二年の調査で「賛成」が三八パーセント、「反対」が四七パーセントと賛否の差が縮まり、今回の調査で初めて賛成が反対をうわまわることになった[59]。こうした世論に対して、非現実的な夢想家として声をあげたのは坂本龍一だった[60]。3・11以降、これまで封印されてきた、「原発の建て替え」や「六〇年を超えた原発の運転容認」といった原子力政策の転換に踏み切った岸田文雄政権に対して疑問を投げかける坂本の言葉には、いまだからこそ耳を傾ける価値があるはずだ[61]。

> ２０１１年の原発事故から12年、人々の記憶は薄れているかもしれないけれど、いつまでたっても原発は危険だ。
> いやむしろ時間が経てば経つほど危険性は増す。

コンクリートの劣化、人為的ミスの可能性の増大、他国からのテロやミサイル攻撃の可能性など。なぜこの国を運営する人たちはこれほどまでに原発に固執するのだろう。ロシアによるエネルギー危機を契機にヨーロッパの国々では一時的に化石燃料に依存しながらも、持続可能エネルギーへの投資が飛躍的に伸びているというのに。わが国では、なぜ未完成で最も危険な発電方法を推進しようとするのか分からない。発電によってうまれる放射性廃棄物の処理の仕方が未解決で増えるばかり。埋める場所もない。事故の汚染水・処理水も増えるばかり。事故のリスクはこれからも続く。それなのに何かいいことがあるのだろうか。世界一の地震国で国民を危険にさらし、自分たちの首もしめるというのに、そこまで執着するのはなぜだろう。

坂本龍一（音楽家）

二〇二三年三月二八日、坂本龍一が永眠した。享年七一歳だった。訃報が伝えられた二〇二三年四月二日は、奇遇にも盟友である忌野清志郎の誕生日だった。二〇二三年四月六日には朝日新聞の社説に、坂本を偲ぶ記事が掲載された(62)。そこには、「「政治や社会を考えることは立場に関係ない。生きていればみなすること。それは日本でも当たり前にすべきだ」。それが坂本さんの信念だった。（中略）坂本さんは、危機に気づいて知らせる「炭鉱のカナリア」であろうとした」と記されている。

注

（1）アメリカの作家。カート・ヴォネガットは第二次大戦中にヨーロッパ戦線へ送られ、ドイツ軍の捕虜となる。ドレスデンに抑留中の一九四五年二月一三日に連合軍の大空襲に遭うが、屠殺場地下の生肉貯蔵所に監禁されていたため奇跡的に助かる。この体験が、彼の作品に大きな影響を与えることになる（Kurt Vonnegut and David Hope. 'Aggressively Unconventional: An Interview with Kurt Vonnegut,' in *Utne Reader*. May/June 2003, p. 34）。

（2）湯川れい子（@yukawareiko）ツイッター、二〇一二年一二月一三日二三時二九分［https://twitter.com/yukawareiko/status/279231508340953088］二〇二三年四月二日閲覧

（3）忌野清志郎「日本国憲法第９条に関して人々はもっと興味を持つべきだ」『瀕死の双六問屋』小学館文庫、二〇〇七年、二二二ページ

（4）湯川れい子は、忌野清志郎の文章を投稿する前日は、忌野の著書に関する投稿をしている（前掲ツイッター、二〇一二年一二月一二日一六時三五分［https://twitter.com/yukawareiko/status/278765100050051072］二〇二三年四月二日閲覧）。そして、二〇一二年一二月一五日には、文庫化の際に忌野から送られた手紙の写真を投稿している（同ツイッター、二〇一二年一二月一五日〇時三〇分［https://twitter.com/yukawareiko/status/279609309858516993］二〇二三年四月二日閲覧）。

（5）前掲『瀕死の双六問屋』、二二三ページ

（6）二〇〇五年一〇月七日に日本武道館で開催された「ジョン・レノン　スーパー・ライブ」に出演した際の忌野清志郎によるＭＣ。

（7）Leatham, Thomas. September 1, 2022. 'From Blondie to Lulu: The songs the BBC banned during the Gulf War.' Far Out Magazine. [https://faroutmagazine.co.uk/songs-bbc-banned-during-gulf-war/] on April 2, 2023.

（8）Dutton, Jeremy; Puchert, William. October 10, 2001. "Music industry responds to terrorism". Zephyr. Archived from the original on June 20, 2008. [https://web.archive.org/web/20080620024102/http://zephyr.unr.edu/zephyr/arts/archives/art_dutpuch_musicindustry.html#TOP]. Retrieved on April 2, 2023.

（9）「村上ＲＡＤＩＯ特別版　戦争をやめさせるための音楽」『ＴＯＫＹＯ　ＦＭ』二〇二二年三月一八日放送

(10)「村上ＲＡＤＩＯ特別版　戦争をやめさせるための音楽」『ＴＯＫＹＯ　ＦＭ』[https://www.tfm.co.jp/murakamiradio/index_20220318.html] 二〇二三年四月二日閲覧

(11) 番組では、ジョン・レノンのヴァージョンではなく、シンガーソングライターのジャック・ジョンソンが演奏するヴァージョンが選曲された（同ウェブサイト）。

(12) 同ウェブサイト

(13)「村上ＲＡＤＩＯ」『ＴＯＫＹＯ　ＦＭ』[https://www.tfm.co.jp/murakamiradio/] 二〇二三年四月二日閲覧

(14) 同ウェブサイト

(15) 後藤正文「反戦の声、ささやかでも」『朝日新聞』二〇二二年三月二日

(16) 同紙

(17) 同紙

(18)「「戦争反対」と叫ぶのは無意味か？「No War 0305」でＧＥＺＡＮらと1万人のデモが暴力と冷笑に抗議」『ＣＩＮＲＡ』二〇二二年三月八日 [https://www.cinra.net/article/202203-briefing-nowar_ymmtscl] 二〇二三年四月二日閲覧

(19) 五野井郁夫「戦争に対抗する音の公共圏　ＧＥＺＡＮと「No War 0305」」『ユリイカ』令和五年四月臨時増刊号、青土社、二〇二三年、二一五ページ

(20) 同書、二一六ページ

(21) 同書、二一六ページ

(22) スラヴォイ・ジジェク「ウクライナが侵攻されているいま、偽りの平和主義を掲げるなど愚の骨頂だ」『クーリエ・ジャポン』二〇二二年七月二一日 [https://courrier.jp/news/archives/294978/] 二〇二三年四月二日閲覧

(23) 同ウェブサイト

(24) 同ウェブサイト

(25) 同ウェブサイト

(26) スラヴォイ・ジジェク「ロシアの植民地主義、イスラエルの植民地主義」『ハンギョレ』二〇二三年三月一五日 [https://japan.hani.co.kr/arti/opinion/46189.html] 二〇二三年四月二日閲覧

(27) ウクライナ大統領選の経緯については、「ウクライナ大統領選は立候補者44人！「ティモシェンコ」が2人も出馬」（『朝日新聞ＧＬＯＢＥ＋』二〇一九年二月一四日 [https://globe.asahi.com/article/12138017] 二〇二三年四月二日閲覧）や「ウクライナのゼレンスキー次期大統領につきまとう「一発屋」の不安」（『朝日新聞ＧＬＯＢＥ＋』二〇一九年四月二四日 [https://globe.asahi.com/article/12316876] 二〇二三年四月二日閲覧）に詳しい。

(28) ロシアによるウクライナ侵攻に際して適切に対処したウォロディミル・ゼレスキ大統領の立ち居振る舞いについては、マイケル・イドフ「ウクライナの大統領になったコメディアン。ウォロディミル・ゼレンスキーはどのようにして〝物語〟を支配したか？」（『ＧＱ ＪＡＰＡＮ』二〇二二年三月一日 [https://www.gqjapan.jp/culture/article/20220301-story-of-zelensky] 二〇二三年四月二日閲覧）に詳しい。

(29) 「ウクライナの人気ロックスターが、母国防衛に協力する理由「今は戦士になるしかない」」『ローリングストーン』二〇二二年三月二七日 [https://rollingstonejapan.com/articles/detail/37411] 二〇二三年四月二日閲覧

(30) 前掲「ウクライナのゼレンスキー次期大統領につきまとう「一発屋」の不安」、「「戦わずしてあきらめはしない」理不尽な権力へ抗議する魂の曲」『ステラｎｅｔ』二〇二二年一一月二五日 [https://steranet.jp/articles/-/1158] 二〇二三年四月二日閲覧

(31) 「止められるのはロシア人だけ」ウクライナの国民的ロックバンドのボーカルが語る　自ら前線を慰問、その思い」『ＴＢＳ ＮＥＷＳ ＤＩＧ』二〇二二年三月二一日 [https://newsdig.tbs.co.jp/articles/-/19670] 二〇二三年四月二日閲覧

(32) 'The dangerous tour: Ukraine's top rock star takes music to the bunkers' March 25. 2022. *The Guardian.* [https://www.theguardian.com/world/2022/mar/25/the-dangerous-tour-ukraines-top-rock-star-svyatoslav-vakarchuk-takes-music-to-the-bunkers]

(33) 「ウクライナの人気ロックスターが、母国防衛に協力する理由「今は戦士になるしかない」」『ローリングストーン』二〇二二年三月二七日 [https://rollingstonejapan.com/articles/detail/37411] 二〇二三年四月二日閲覧

(34) 同ウェブサイト

(35) 同ウェブサイト

(36) 忌野清志郎「ぼくの自転車のうしろに乗りなよ」『ＴＶ Ｂｒｏｓ』二〇〇五年一月八日号、二五ページ

(37) 同誌
(38) 同誌
(39) 大江健三郎『あいまいな日本の私』岩波新書、一九九五年、一〇ページ
(40) 同書、一〇ページ
(41) 「九条の会、核廃絶、脱原発…平和訴え続けた、大江健三郎さん」『毎日新聞』二〇二三年三月一三日
(42) 『ノーモア・ヒバクシャ記憶遺産を継承する会』[https://www.nomore-hibakusha.org/] 二〇二三年四月二日閲覧
(43) 『九条の会』[http://www.9-jo.jp/] 二〇二三年四月二日閲覧
(44) 『さようなら原発1000万人アクション』[http://sayonara-nukes.org/] 二〇二三年四月二日閲覧
(45) 「大江健三郎さん「9条を守ること、平和を願うことが生き方の根本。次の世代につなぎたい」本紙に生前訴え」『東京新聞』二〇二三年三月一三日
(46) 「集団的自衛権を考える（3）「積極的平和主義」って？　安倍首相が提唱」『神奈川新聞』二〇一四年一月三〇日
(47) 「「積極的平和」の真意」『朝日新聞』二〇一五年八月二六日
(48) 同紙
(49) 「炭鉱のカナリア理論」としても知られている「坑内カナリア理論」（The Canary bird in the coal mine theory）とは、昔の炭鉱で毒ガス検出のために、カナリアを坑内に持ち込んだことが由縁。芸術とは、社会全体の表現にほかならないもので、社会が危険な状態になったとき、芸術家は率先して炭鉱のカナリアのように声を上げるべきであるとヴォネガットは主張した（カート・ヴォネガット、大江健三郎「テクノロジー文明と「無垢（イノセンス）」の精神」巽孝之監修、伊藤優子編著『現代作家ガイド6　カート・ヴォネガット』彩流社、二〇一二年、二〇四ページ）。
(50) 同書、六三ページ
(51) カート・ヴォネガット／飛田茂雄訳『ヴォネガット、大いに語る』サンリオ文庫、一九八四年、一三六ページ
(52) 同書、二〇三ページ

（53）同書、二〇三ページ

（54）「坑内カナリア理論（炭鉱のカナリア理論）」は、信濃毎日新聞社編、黒崎正己解説『〔復刻継承版〕この平和への願い―長野県開拓団の記録』（信濃毎日新聞社、二〇二一年）でも触れられている。同書は二〇一九年一二月に他界した筆者の父が、新聞記者時代に同僚の記者たちと世に出した『この平和への願い―長野県開拓団の記録』（信濃毎日新聞社、一九六五年）の復刊となる。父の死をきっかけに復刊が実現した際に、筆者は「炭鉱のカナリアであるために～あとがきに代えて」（前掲『〔復刻継承版〕この平和への願い』、二三八～二四三ページ）という文章を寄せている。

（55）作家の村上春樹は日本人として初めて、スペイン北東部のカタルーニャ州政府が主催する、文化や人文科学の分野で国際的に活躍した人に贈られるカタルーニャ国際賞を受賞した（村上春樹「非現実的な夢想家として」カタルーニャ国際賞スピーチ）。二〇一一年六月一〇日の『報道ステーション』（テレビ朝日）では、授賞式のスピーチが放映された。また、その全文は『毎日新聞』（六月一一日ウェブ版、六月一四日～一六日付夕刊）に掲載された。

（56）肯定的な意見には、「原発反対について、きちんとメディアで話すことは、責任も生じるかもしれないが、やっぱり必要なことだと思う」、「脱原発を望む人たちが感じていることを村上節に翻訳してスピーチしてくれた気がする」、「しっくり来た。あと自分自身にも非難の目を向けるって視点は意外と見過ごされてるから」、「村上さんが本当に言いたいことは「効率」でなにもかもを語ってしまうことの愚かしさなんじゃないか」といったものがあった。その一方で、批判的な意見や疑問として、「「効率」だけを求めて生きてきたから、このような事故を引き起こしてしまったんだろうか。たとえそうであっても僕らは簡単に「効率」を捨てることができるのだろうか」、「彼自身が被災地にいたのなら、もっと違う角度で切り込みが出来ただろうに残念」、「そんなに発言力があるのに反原発を叫ばなかったの？」、「（想定の有無や効率よりも、東電の）事後の対応のまずさも大きいのでは」、「外国で言わずに日本のマスコミの前で言ってください。インタビューを生中継で受けてその場で話して下さい」などがあった（「村上春樹が東電と「効率社会」批判　スペインでのスピーチ内容に賛否両論」『J-CASTニュース』二〇一一年六月一一日［https://www.j-cast.com/2011/06/11098170.html?p=all］二〇二三年四月二日閲覧）。

（57）前掲「非現実的な夢想家として」

（58）同スピーチ
（59）「原発再稼働、賛成51％　震災後初めて賛否が逆転　朝日新聞世論調査」『朝日新聞』二〇二三年二月二〇日
（60）坂本龍一は3・11直後から、木造仮設住宅を支援する「LIFE311」、そして、被災地出身の子どもたちによる「東北ユースオーケストラ」を創設し、被災地支援プロジェクトをおこなってきた（「坂本龍一さん　森と音楽で被災地を支援［あの日を忘れない。東北と私の10年］」『婦人画報』二〇二一年二月一二日［https://www.fujingaho.jp/culture/interview-celebrity/g35357355/higasinihondaishinsai-sakamotoryuichi-210212/］二〇二三年四月二日閲覧）。それと同時に、反原発に対しても強い関心を持ち、抗議集会への参加や反原発を掲げたイベント「NO NUKES」を発足させるなど、積極的な活動をおこなってきた（「NO NUKES」に関しては、第2章で説明している）。また、二〇一一年の「さようなら原発1000万人アクション」では、大江健三郎らとともに、呼びかけ人のひとりとして名を連ねている（前掲『さようなら原発1000万人アクション』）。
（61）「坂本龍一さん　政府の原発回帰に「なぜ」「なぜ」「なぜ」　本紙に寄せたメッセージ全文」『東京新聞』二〇二三年三月一五日
（62）「坂本さん逝く　当たり前にしゃべろう」『朝日新聞』二〇二三年四月六日

あとがき

本来ならば、本書は数年早く刊行されるはずだった。少なくとも僕自身は、そのつもりだった。3・11を起点として、音楽と政治について語ろうとしたものの、その終点が定まらないままに、ただただ時間だけが過ぎ去るばかりだった。そもそも、本書を綴ることになったきっかけは、人文書院の松岡隆浩氏との出会いにあった。3・11をめぐる音楽と政治に関しては、それまで数本の論考をまとめていた。そんな僕の文章に興味を抱いてくれたのが松岡氏だった。二〇一八年六月に開催されたカルチュラル・スタディーズの学会で京都を訪れた際に、松岡氏と本書の出版について打ち合わせをした。当初の目論みでは、少なくとも僕自身は、一年もあれば刊行にこぎ着けるだろうと高を括っていた。もっとも、現実はそれほど甘いものではなかった。

一年が経過した二〇一九年の夏になっても、刊行どころか完稿さえもままならなかった。それでも年内には、せめて原稿だけは仕上がるだろうと、楽観的に考えていた。そんな矢先の二〇一九年一〇月二一日、僕は入院することになってしまった。幸いにも一〇日ほどで退院することができたものの、それから間もなくして、今度は父が入院することになった。そして、その年の暮れに父が他界した。そんな個人的な事情から、執筆作業はすっかり滞ってしまった。明けて二〇二〇年には、コロナ禍という社会的な事情によって、執筆作業はさらなる遅延に追い込まれた。さらに、二〇二二年にはロシアによるウクライナ侵攻がはじまった。なかなか終点が定まらないまま、それでも時間は流れていた。

すでに起点が決まっていた本書の終点を定められないままに、五年の歳月が流れてしまった。もっとも、いまにして思えば、その遅延は必然だったのかもしれない。二〇二三年三月二八日、音楽家の坂本龍一の逝去を受けて、僕は本書の終点が定まったことを確信した。なぜ、それをもって終点と定めることができたのか、具体的な根拠はない。ただ、そう感じただけだ。そして、ようやく、3・11を起点とする音楽と政治に関する文章を締め括ることができた。もちろん、本書が完結したからといって、音楽と政治をめぐる物語が終わるわけではない。止むことなく、時間は流れているのだ。それでも、何かを形に残すという作業を試みるならば、たとえ便宜的であれ、物語の起点と終点を明確に描く必要はあるはずだ。

作家の村上春樹の処女作には、「この話は1970年の8月8日に始まり、18日後、つまり同じ年の8月26日に終る」(『風の歌を聴け』講談社文庫、一九八二年、一三ページ)という一節がある。物語の起点と終点を明確に描いているのだ。それを本書に準えるならば、「この話は2011年の3月11日に始まり、12年と17日後、つまり2023年の3月28日に終る」ということになるだろう。

著者略歴

宮入恭平（みやいり・きょうへい）

1968年、長野県生まれ。学生時代からミュージシャンとして活動。2003年にハワイ大学マノア校でB.A.（社会学）を取得。帰国後、東京経済大学大学院コミュニケーション学研究科博士後期課程単位取得退学。現在、立教大学、国立音楽大学ほか非常勤講師。専攻は社会学、ポピュラー文化研究、カルチュラル・スタディーズ。著書に『J-POP文化論』（彩流社）、『ライブハウス文化論』、『ライブカルチャーの教科書』、『発表会文化論』（編著）、『「文化系」学生のレポート・卒論術』（共編著）、『ライブシーンよ、どこへいく』（共著、以上すべて青弓社）、『「趣味に生きる」の文化論』（共編著、ナカニシヤ出版）、訳書にスージー・J・タネンバウム『地下鉄のミュージシャン』（朝日新聞出版）など。

JIMBUN SHOIN　Printed in Japan
ISBN978-4-409-04125-3 C1010

音楽と政治
――ポスト3・11クロニクル

二〇二三年　八月二〇日　初版第一刷印刷
二〇二三年　八月三〇日　初版第一刷発行

著　者　宮入恭平
発行者　渡辺博史
発行所　人文書院
〒六一二-八四四七
京都市伏見区竹田西内畑町九
電話　〇七五(六〇三)一三四四
振替　〇一〇〇〇-八-一一〇三

印刷　創栄図書印刷株式会社
装丁　村上真里奈

ジャン・デュビュッフェ著／杉村昌昭訳

文化は人を窒息させる

デュビュッフェ式〈反文化宣言〉　二四二〇円（本体＋税一〇％）

芸術の根源へ！「アール・ブリュット」の名付け親による文化的芸術への徹底批判。制度的な文化概念を根底から覆し、真に自由な創造へと向かう痛快なテクスト。フランス現代思想の知られざる原点ともいえる比類なき著作、初の邦訳。